Teneriffa

Zeit für das Beste

Sabine Virgin
Kay Maeritz

BRUCKMANN

Seite 1: Im Frühling blüht die ganze Insel in bunten Farben.
Vorangehende Doppelseite: Feuer und Wasser – Teneriffa vereinigt Naturgewalten.
Oben: Kartoffeln und rote/grüne Mojo gehören zum Traditionsgericht.
Mitte: Basilika von Candelaria
Unten: Die Wellen des Atlantiks

INHALTSVERZEICHNIS

Oben: Über allem thront der 3718 m hohe Teide, das Wahrzeichen der Insel.
Mitte: In den Naturbecken von Garachico lässt es sich gut schwimmen.
Unten: Das Thaidorf des Siamparks ist eine originalgetreue Konstruktion, die von Thailändern gebaut wurde.

Oben: Ein malerisches Idyll ist das Bergdorf Masca. Bis in den 70er Jahren war dieser Teil der Insel nur zu Fuß oder per Maultier zu erreichen.
Mitte: Das Wolkenmeer *Mar de Nubes* ist ein Phänomen.
Unten: Aromatische Wälder duften nach Eukalyptus, Lorbeer und Pinie.

Teneriffa – das Paradies auf Erden

Der Name Tenerife wird aus der Sprache der Ureinwohner abgeleitet. Sie nannten ihre Insel *Chinerfe*, was so viel bedeutet wie »schneebedeckter Berg«. Und genau einen solchen sieht man als Erstes, wenn man sich dem Eiland nähert: Der Gipfel des Teide trägt vor allem im Winter ein weithin sichtbares weißes Mützchen. Mit 3718 Metern Höhe ist der Vulkan nicht nur das Wahrzeichen Teneriffas, sondern auch der höchste Berg Spaniens. Seine feurige Energie ist der Lebenssaft, aus dem diese Insel geboren wurde. Teneriffa trägt auch den Beinamen »Insel der Glückseligkeit« – diese wünscht man jedem Urlauber, der hierher kommt.

Die Entstehungsgeschichte

Die mit 2057 Quadratkilometern größte Insel der Kanaren entstand vor rund zehn Millionen Jahren. Vermutlich waren das heutige Tenogebirge, die Gegend um Anaga und die Berge von Adeje damals drei eigenständige Inseln. Durch die Eruption eines gigantischen Urvulkans mit sagenhaften 6000 Metern Höhe sollen sie zu einer Einheit verschmolzen sein. Bei dieser Verwandlung ist der größte Einsturzkrater der Welt, die Caldera (span. »Kessel«), entstanden. Der Durchmesser von 16 Kilometern und 500 Meter hohe Kraterwände sind bezeichnend für seine Imposanz. Vor einer halben Million Jahren wuchsen der Pico Viejo und der Pico del Teide aus dem Krater hervor. Aus seinen Flanken entweicht ständig Schwefelwasserstoff. Diese beiden sind aber nicht die einzigen Vulkane der Insel. Es gibt noch mehrere aktive Nebenvulkane. Auf Teneriffa hat man sich mit dem Feuer unter der Erdoberfläche arrangiert. Es wird nicht als Bedrohung, sondern als Voraussetzung der Schönheit der Insel empfunden.

Das milde Klima Teneriffas

Teneriffa wird nicht umsonst »Insel des ewigen Frühlings« genannt. Durch den Einfluss des Nordwestpassats ist das Wetter das ganze Jahr über mild. Diese tropischen Fallwinde sind für das bekannte Azorenhoch verantwortlich. Die Durchschnittstemperaturen betragen rund 20 Grad im Winter und 24 Grad im Sommer. Im August, dem heißesten Monat, klettert das Thermometer etwas höher. Allerdings ist selbst die Hitze leicht zu ertragen, denn durch die sanfte Meeresbrise kühlt es spätestens abends wieder angenehm ab. Im Norden ist es im Winter kühler als im Süden und auch Regenschauer sind möglich. Meist gilt aber: Einmal am Tag kommt wenigstens die Sonne heraus.

Das warme Klima ohne nennenswerte Schwankungen mit der salzhaltigen Luft, sorgen für ein ausgesprochen gesundes Klima. Bei Ausflügen sollte man aber daran denken, dass Teneriffa gewissermaßen ein kleiner Kontinent ist, der über viele unterschiedliche Klimazonen verfügt. Eine Jacke sollte man daher immer griffbereit haben.

Eine weitere Wetterbesonderheit ist der *Calima*, eine Wetterkapriole aus Afrika, die auch »trockener Nebel« genannt wird. Sie tritt bei Ostwind auf allen Kanarischen Inseln auf. Von Afrika strömt warme und trockene Luft auf die Insel, die feinsten Sand aus der Sahara mitbringt und die Sicht trübt. Der Himmel ist diesig und von Fernsicht keine Spur. Der feine Sandstaub lässt sich überall nieder – auf Autos, Balkonen, Gartenstühlen. Manchmal kommt die heiße Luft mit starkem Wind, was vor allem für Menschen mit Atembeschwerden unangenehm ist. Besonders in den Bergen Teneriffas ist dann Vorsicht geboten, denn ein unbedachtes Feuerchen kann sich schnell zu einem unkontrollierbaren Waldbrand ausweiten. Zum Glück dauert die Saharaluft meist nicht lange an.

Oben: Von Los Crístianos bis nach Costa Adeje reiht sich ein Strand an den anderen.
Mitte: Die Schwanzflosse eines Seiwal-Skeletts ist in Los Silos zu sehen.
Unten: Auf dem Rücken von »Cesar« – Reiterhof im Landhotel Señorio del Valle in Santiago del Teide

Oben: Die Hohepriester der Guanchen bei ihren Ritualen vergossen zum Beispiel Ziegenmilch, um die Götter wohlgesonnen zu stimmen.
Mitte: Das Höhlendorf Chinamada. Der Wohnbereich der Häuser liegt innerhalb des Berges.
Unten: Iglesia de Santa Ursula in Adeje

Phönizier, Römer, Spanier

Bereits die Phönizier, die 1100 bis 800 vor Christus als kühne Seefahrer bekannt waren, entdeckten die Insel inmitten des Atlantiks. Damals leuchtete sie durch die Orchillaflechte (*Roccella tinctoria*) rot. Deshalb gaben sie dem Archipel den Namen Purpurinseln. Etwa 500 vor Christus kamen die ersten Ureinwohner, die heute als Guanchen bekannt sind, nach Teneriffa.

Obwohl sich bei dem Geschichtsschreiber Ptolemäus Hinweise darauf finden, dass die Insel auch den Römern bekannt war, geriet sie offensichtlich in Vergessenheit. Erst 1341 entdeckten portugiesische Seefahrer Teneriffa wieder, aber auch deren Interesse schien nicht groß zu sein. 1492 begannen die Spanier, die bereits einige der kleineren Kanarischen Inseln besetzt hatten, ihren Angriff auf Teneriffa. Nach einer zunächst schmerzlichen Niederlage gelang ihnen 1495 die Eroberung. Das bedeutete das Ende der Urkanarier, die entweder getötet oder versklavt wurden. Wer auf der Insel blieb, wurde zwangsmissioniert. Die jungen Frauen wurden mit Spaniern verheiratet und ein neues Volk entstand: die *Canarios*. Damit verschwand eine Kultur, die bis zu diesem Zeitpunkt das Inselleben geprägt hat. Auf ihre Spuren trifft man allerdings heute noch. Mehrfach sollte Teneriffa aufgrund seiner günstigen Lage zwischen dem europäischen, dem amerikanischen und dem afrikanischen Kontinent angegriffen werden. Doch bis heute gehört es zum spanischen Königreich.

Woher kamen die Guanchen?

Über die Herkunft der Guanchen wird spekuliert. Kamen sie aus Europa oder aus Nordafrika? Diese Frage ist bis heute nicht geklärt. Ein weiteres Rätsel ist die Tatsache, dass diese Urkanarier offenbar nicht des Schiffsbaus kundig waren und auch später nicht zur See fuhren. Nicht einmal die Bewohner der verschiedenen Inseln untereinander pflegten Kontakte. Dabei können die ersten Bewohner nur auf dem Seeweg auf das Eiland gekommen sein. Es gibt sowohl Übereinstimmungen mit der keltischen und baskischen Kultur wie auch Hinweise auf einen Bezug zum nordafrikanischen Stamm der Berber. Darüber hinaus finden sich Parallelen mit verschiedenen Glaubenskulten – sowohl zur griechischen Mythologie als auch zu keltischen und germanischen Riten. Ihre Physiognomie – groß, blond und blauäugig – wird mit den hellhäutigen Berbern in Verbindung gebracht. In der Sprache fanden sich Ähnlichkeiten zu diesem Volk. Woher sie tatsächlich kamen, weiß man aber immer noch nicht.

Die Religion der Guanchen

Die oberste Gottheit der Ureinwohner hieß Achamán, Gott des Himmels. Daneben gab es den Sonnengott Magec und die mütterliche Figur, die Göttin der Sonne, Chaxiraxi. Der Gegenspieler und böse Dämon war Guayota. Die Götter wurden an speziellen Kultplätzen verehrt, meist auf Bergen. Die Hohepriester, Guañameñe, brachten Opfer dar, allerdings kannte das friedliebende Volk keine Blutopfer. Die Hohepriester galten als Hellseher,

Der christliche Glauben wird auf den Kanaren noch sehr tief empfunden. Häufig sieht man Menschen, die sich bekreuzigen, wenn sie an einem Kreuz vorübergehen.

DER VULKAN TEIDE

Der Gipfel des Teide erwächst aus einer riesigen Caldera mit einem Durchmesser von 17 Kilometern, Las Cañadas genannt. Diese kesselförmigen Gebilde entstehen aufgrund vulkanischer Aktivität entweder durch eine explosive Eruption oder nach einem Ausbruch durch den Einsturz entleerter Magmakammern unter einem zentralen Vulkan. Zunächst vermutete man, dass diese Caldera auf dem Teide nach einer Eruption vor 170 000 Jahren entstand. Neuere Studien weisen aber eher darauf hin, dass der südliche Rand eine Trümmerlawine war, die in Richtung Norden ins Meer abrutschte und den verbleibenden Kessel zurückließ. Dafür spricht auch, dass an den Nordküsten ein gigantisches Plateau unter der Meeresoberfläche liegt. Dies könnte das abgerutschte Vulkangestein sein.

Der Teide ist ein sogenannter Schichtvulkan, das heißt, er entstand im Laufe mehrere Eruptionen. Gemeinsam mit seinem Nachbarn, dem Pico Viejo, bildet er ein beeindruckendes Massiv. Der letzte Ausbruch in der Caldera ereignete sich 1798 an den Narices del Teide, die zu diesem Nebenvulkan gehören. Der jüngste Ausbruch auf Teneriffa ist auf den Chinyero am 18. November 1909 datiert.

Oben: Typischer Innenhof eines kanarischen Landhauses. Hier das Kloster San Sebastián in Los Silos. **Mitte:** Jedes Dorf hat seinen Schutzpatron, der an einem bestimmten Tag des Jahres gefeiert wird. **Unten:** Guanchen im Themenpark Pueblo Chico in La Orotava.

Zauberer und Mittler zwischen Himmel und Erde, zwischen dem Volk und den Gottheiten. Sie sollen über fundiertes astronomisches und meteorologisches Wissen verfügt haben. Auch Seherinnen und Heilerinnen, ihr weiblicher Gegenpart, waren als weise Ratgeber hoch angesehen. Neben einer intensiven Medizin mithilfe wilder und kultivierter Kräuter beherrschten die Ureinwohner die Kunst des Schädelanbohrens. Diesem Heilmittel gegen Kopfschmerzen, Tumore, Epilepsie und böse Geister begegnet man zum Beispiel auch bei den alten Kulturen in Peru und Ägypten.

Die Toten begrub man in Höhlen, ranghohe Persönlichkeiten wurden mumifiziert. Da die Menschen an ein Leben nach dem Tod glaubten, gab man den Verstorbenen Werkzeug und Gegenstände des täglichen Gebrauchs und Persönliches auf die Reise mit. Außerdem wurde immer ein Spalt zur Höhle offen gelassen, damit der »Seelenvogel« davonfliegen konnte. Sie erkannte man in Raben oder Falken wieder. Mumien, die man in Höhlen der Insel fand, geben Aufschluss über die damaligen Bestattungsriten. Einige davon sind im Naturwissenschaftlichen Museum in Santa Cruz zu sehen.

Die Lebensweise der Guanchen

Der König, Mencey genannt, war der Ranghöchste in der Urgesellschaft Teneriffas. An Versammlungsplätzen, dem Tagoror, beratschlagte er mit einem Ältestenrat über wichtige Themen, die das Leben der Menschen betrafen. Die Guanchen werden als sehr friedliebend beschrieben. Sie lebten in Höhlen oder in einfachen Behausungen aus Holz und Ziegenfellen. Ihre bevorzugten Wohngebiete waren grüne Schluchten mit reichlich Weideland. Die Männer hüteten Ziegen, während die Frauen sich um Feld, Trinkwasser und Haus kümmerten. Außerdem beherrschten sie das Töpfern mit bloßer Hand.

Was ist von den Guanchen geblieben?

Zahlreiche archäologische Funde zeichnen die Spur der Guanchen nach. Haushaltsgegenstände, Waffen, Höhlenzeichnungen und andere Überbleibsel lassen Rückschlüsse auf die Lebensweise der Urbevölkerung zu. Im Alltag finden sich Relikte dieser Kultur. So stammen zum Beispiel der Stockkampf, die kanarische Kampfsportart *Lucha Canaria* oder der Lanzensprung aus dieser Zeit. Sie sind heute noch Bestandteil der typisch kanarischen Feste. Auch das geröstete Getreidemehl *Gofio*, das nur auf den Kanaren hergestellt wird, kannten schon die Ureinwohner als nahrhaftes Lebensmittel. Auf der Nachbarinsel La Gomera ist die Pfeifsprache, der *Silbo Canario*, erhalten geblieben und wird sogar in der Schule gelehrt. Die Töpferkunst der Urahnen wurde von ihren Nachkommen übernommen.

Wirtschaftliche Entwicklung

Nach der Eroberung Ende des 15. Jahrhunderts kultivierten die Spanier Teneriffa auf ihre Weise. Es entstanden Orte, Straßen, Felder, kurz: eine erste Infrastruktur. Sie erschlossen Handelswege, und ein reger Schiffsverkehr mit Südamerika und Europa stellte sich ein. Seit Ende des 19. und Anfang des 20. Jahrhunderts begannen erste Urlauber, vor allem aus der europäischen Oberschicht, sich auf der Insel zu erholen. Ab den 60er- und 70er-Jahren begann der Massentourismus, der noch heute die treibende Kraft der Insel darstellt, die den Menschen Arbeit gibt und für einen gewissen Wohlstand sorgt. Ein weiterer Wirtschaftsmotor ist die Landwirtschaft. Vor allem Bananen, Tomaten, Schnittblumen und Wein werden exportiert. Der Wein, der aus zum Teil endemischen Traubensorten gewonnen wird, hat sich einen Platz in den Herzen von Kennern aus aller Welt erobert.

Oben: Der »Finger Gottes«, wie diese skurrile Naturformation im Teide-Nationalpark auch genannt wird.
Unten: Mit Kanonenstellungen, wie hier in Garachico, wehrte man sich einst gegen angreifende Piraten oder feindliche Seemächte.

Oben: Die Skyline von Santa Cruz mit dem berühmten Auditorium, dem modernen Wahrzeichen der Stadt. **Mitte:** Junge Touristinnen genießen ihre Ferientage in vollen Zügen. **Unten:** Ein ausgeprägtes Nachtleben findet man vor allem in den Tourismusgebieten des Südens oder in der Hauptstadt Santa Cruz.

Mittlerweile verlässt man sich aber nicht mehr nur auf diese beiden Standbeine. Weitere Nischen haben sich ergeben und werden kontinuierlich ausgebaut. Dazu zählt die Einrichtung einer steuerbegünstigen ZEC-Zone, die Unternehmen auf die Insel lockt. Zukunftsträchtig ist auch die Forschung auf dem Gebiet der erneuerbaren Energie, außerdem ist Teneriffa der künftige Knotenpunkt für transatlantische Beziehungen zur wirtschaftlichen Erschließung Afrikas. Damit werden Pläne umgesetzt, die unter anderem durch die Kooperation mit dem ehemaligen US-Präsidenten Bill Clinton entstanden sind.

Tourismushochburg

Teneriffa zählt mit fast fünf Millionen Urlaubern pro Jahr zu den beliebtesten Urlaubsregionen Spaniens, dabei sind der Norden und Süden der Insel am beliebtesten. Die neueren Zentren mit einer ausgeprägten touristischen Infrastruktur findet man im Süden, während der Norden mit seiner Metropole Puerto de la Cruz auf die längste Tourismustradition zurückblickt. Einst waren Sonne und Strand die Hauptanziehungspunkte, doch inzwischen ist die Insel auch für Aktivurlauber interessant. Zahlreiche Sportarten wie Tauchen, Wandern, Mountainbiking, Windsurfen, Paragliding und vor allem Golf machen Teneriffa zu einer attraktiven Urlaubsdestination. Durch das milde Klima kann man seinen Lieblingssport das ganze Jahr über praktizieren. Parallel dazu hat sich eine Nische für Luxusurlauber etabliert, die mit Fünf-Sterne-Hotels, Wellnesszentren und exzellenten Golfanlagen eine betuchte Zielgruppe erschließt. Teneriffa bietet für Urlauber jeden Alters und Interesses das Richtige: Egal ob Singles oder Paare und Familien, ob Senioren oder jüngere Menschen – alle finden hier ideale Voraussetzungen für den individuellen Traumurlaub.

Wer soll wo Urlaub machen?

Ob man sich für den Norden oder den Süden Teneriffas entscheidet, hängt von den eigenen Vorlieben und Urlaubswünschen ab. Wer Sonne und Strand in den Mittelpunkt stellt, sollte sich vor allem in den Wintermonaten für den Süden entscheiden. Wer aber Natur und Ursprünglichkeit sucht und auch mal einen kühleren Tag verkraften kann, ist im Norden besser aufgehoben. Der Urlauber im Süden lebt in eigens für ihn entstandenen Zentren mit all ihren Vor- und Nachteilen. Einem aktiven, bei Tag und Nacht ausgefüllten Urlaub steht dort nichts im Weg, dafür wird man weniger Kontakt zu den Einheimischen bekommen und verbringt die Urlaubstage sozusagen unter Gleichgesinnten.

Im Norden hingegen mischt sich der Urlaubsgast viel mehr mit der einheimischen Bevölkerung. Man begegnet sich auf der Straße, in den Restaurants und Cafés: Während die einen sich vom Strand oder Tagesausflug erholen, verbringt der andere dort seine Kaffee- oder Mittagspause. Auch hier gibt es ein Kultur- und Nachtleben, das allerdings nicht so ausgeprägt ist wie im Inselsüden. Jeder muss also selbst entscheiden, was für seinen Traumurlaub die richtigen Inhalte sind und sich dann orientieren, wo er was findet.

Die Golfplätze der Insel lassen Golferherzen höher schlagen.

TENERIFFA – DAS VERSUNKENE ATLANTIS?

Der Sage nach gab es einst eine Insel namens Atlantis, die vom Meeresgott Poseidon regiert wurde. Ihre Bewohner, die Atlanter, werden als reiches und großzügiges Volk beschrieben. Vor allem sollen sie sehr weise, gerecht und friedliebend gewesen sein. Man spricht von einer hoch entwickelten Zivilisation und einer sehr fürsorglichen Gesellschaftsform. Irgendwann wendete sich aber das Blatt und aus dem tugendhaften Volk wurden geizige, kriegerische und unversöhnliche Individualisten. Darüber soll sich der Götterkönig Zeus so erbost haben, dass er Vulkanausbrüche und Meeresbeben über die Insel hinwegfegen ließ. In einer einzigen Nacht soll Atlantis zerstört worden und untergegangen sein.

Lange hielt sich die Legende von Atlantis und lange Zeit glaubte man, Teneriffa könnte eine Spitze dieses versunkenen Reichs sein. Heute noch kursiert diese Version bevorzugt in Esoterikerkreisen. Der Mythos von Atlantis lebt auf Teneriffa jedenfalls weiter, auch wenn es nicht ein reeller Teil des sagenumwobenen Reichs ist.

Oben: Gemütliche Cocktailbars, Restaurants direkt am Meer – das ist Urlaubsfeeling pur.
Mitte und unten: Das Thaidorf des Siam Parks beherbergt ein Teehaus, einen Souvenirbasar oder bietet Thai-Massagen zur Entspannung an.

All-inclusive auf Teneriffa

Selbstverständlich wird auch auf Teneriffa All-inclusive-Urlaub angeboten. Schon vor Reiseantritt ist alles bezahlt, und man kann essen oder trinken, ohne dass zusätzliche Kosten entstehen. Für Familien mit Kindern mit einem begrenzten Budget ist dies eine Überlegung wert. Ansonsten bringt man sich mit dieser Entscheidung um wunderschöne Reiseerinnerungen außerhalb der Hotelwände.

Teneriffa ist in jeder Hinsicht sicher. Es gibt kaum Kriminalität, die Straßen sind gut ausgeschildert und vor allem gibt es viel zu entdecken. Wer seine Ferien nutzen möchte, um Land und Leute kennenzulernen oder Wanderungen und Ausflüge plant, braucht keine Rundumversorgung. Viel spannender ist es, in einer urigen Kneipe oder einem besonders hübschen Restaurant einzukehren. Auf diese Weise lernt man die Insel sehr viel intensiver kennen und meist auch lieben.

Land und Leute

Die Canarios sind ein sehr gastfreundliches Volk, das den Umgang mit Fremden gewohnt ist. In den meisten Fällen sind sie äußerst aufgeschlossen und hilfsbereit. Selbst wenn man kein Wort Spanisch spricht und sich mit Hand und Fuß verständlich macht, wird man versuchen zu verstehen. Besonders stolz sind die Inselbewohner auf ihre Kultur und ihre überlieferten Traditionen. Bei Dorf- und Stadtfesten werden sie lebendig und ausgelassen gefeiert. Wer als Urlauber zuschauen und mitmachen möchte, ist herzlich willkommen. Man freut sich, das, worauf man so stolz ist, zu zeigen und mit anderen zu teilen. Vermeiden sollte man eine Besserwisserei, die darauf abzielt, alles effizienter zu machen. Ist es nicht gerade die typisch südländische Gelassenheit, die manches langsamer und nicht so tierisch ernst nimmt, die man im Urlaub sucht? Vielleicht nimmt man sich diese Lebenseinstellung zumindest in den Ferien ein bisschen zu Herzen und lässt sich von der Leichtigkeit anstecken.

Kulinarisches à la Teneriffa

Teneriffa kann man schmecken, nicht nur in Form der salzigen Brise, die sich bei einer Wanderung oder am Strand auf die Lippen legt, sondern auch durch die Köstlichkeiten der Landesküche. Zwar gibt es auch Paella und Sangria, doch als Importe vom spanischen Festland. Zu den typisch kanarischen Spezialitäten zählen die *papas arugadas*, kleine runzlige Kartoffeln, die in Salzwasser gekocht werden. Die Kartoffel wird mit ihrer salzigen Schale zu Fleisch und Fisch gegessen. Dazu reicht man rote oder grüne Soße, *Mojo* genannt. Die rote Version ist eher pikant, die grüne eine milde Kräutersoße.

Natürlich steht Fisch auf der Atlantik-Insel ganz oben auf dem Speisezettel. Verschiedene Brassenarten und vor allem der Papageifisch führen die Beliebtheitsskala an. Unabhängig von der Zubereitungsart – frittiert, gekocht oder klassisch gegrillt: Fisch zählt zu den Delikatessen. Die Landesküche kennt aber auch ganz typische Fleischgerichte. Dazu gehören zweifelsohne Ziegenfleisch und eingelegte Kaninchen in Soße, *conejo en salmorejo*. Zum Abschluss kann man auch bei den Desserts kanarisch schlemmen. Wie wäre es zum Beispiel mit dem leckeren *quesillo*, einem hausgemachten Pudding? Eine Art Fastfood auf Kanarisch findet man, wenn man die Dorffeste besucht. Dort sind nämlich *Pinchos* der Hit, Fleischspieße, die auf dem Grill gegart und vor dem Verzehr mit Zitronensaft beträufelt werden.
Auf jeden Fall hat man kein Problem damit, die mühsam vor dem Urlaub erkämpfte Bikinifigur um ein paar Pfunde zu bereichern.

Oben: Auf der Kamikaze-Rutsche »Tower of Power« im Siam Park geht es im freien Fall 28 m in die Tiefe.
Mitte: Das uriges Restaurant »El Guanche« in Masca
Unten: Kanarische Folklore bei Christine, die in Masca die Taverne »Casa Riquelme« betreibt.

Oben: Die Nacht in den Städten erweckt völlig neue Bilder.
Mitte und unten: Die besten Wein-Tröpfchen der Insel reifen in alten Holzfässern. Endemische Traubensorten sorgen für einen exklusiven »Teneriffa-Geschmack«.

Auf Serpentinen schlängelt man sich von der Küste in die Berge Teneriffas.

Kanarische Weinseligkeit

Weinliebhaber und Spanienkenner mögen versucht sein, den bekannten Rioja zu bestellen. Aber mal ehrlich: Es wäre doch ein Verlust, nicht die Bekanntschaft mit den hervorragenden Inselweinen zu machen. In den letzten Jahren hat sich die Kunst des Kelterns und der richtigen Traubenmischungen so verfeinert, dass etliche Weine der Insel auf nationalem und internationalem Niveau ausgezeichnet wurden. Es stehen Weiß-, Rot- und Roséweine zur Auswahl, und zum Nachtisch könnte es auch ein Gläschen süßer Malvasier sein. Die meisten Bodegas sind für Besucher geöffnet und freuen sich, ihre Erzeugnisse vor Ort zur Verkostung und zum Verkauf anzubieten.

Knigge für den Teneriffa-Urlauber

Richtiges Benehmen will gelernt sein – das gilt auf Teneriffa wie in Mitteleuropa gleichermaßen. Doch manchmal muss man sich leider fragen, ob der Deutsche (respektive Österreicher oder Schweizer) sein korrektes Verhalten zu Hause vergessen hat. Niemand hat etwas dagegen, wenn man sich bei sommerlichen Temperaturen in leichter Sommerbekleidung an der Sonne erfreut. Es geht auch nicht darum, ob das knallbunte Hawaii-Hemd unbedingt zur karierten Bermuda-Short passt. Über Geschmack lässt sich ja bekanntlich streiten. Aber ein bisschen Niveau sollte man zumindest beim Besuch eines Restaurants oder einer Bar an den Tag legen. Man setzt sich zu Hause ja auch nicht mit freiem Oberkörper an den Tisch. Die Canarios am Nachbartisch würden sich zwar eher auf die Zunge beißen, als derartiges Verhalten zu kritisieren, aber insgeheim schütteln sie dann doch den Kopf. Gleiches gilt übrigens, wenn man auf der Straße bummeln oder im Supermarkt einkaufen geht. Welche Dame läuft denn in der Heimat mit einem BH in der Öffentlichkeit herum? Wohlgemerkt, gemeint ist nicht das Bikinioberteil, das schon schlimm genug wäre, sondern tatsächlich Unterwäsche. Die Herren der Tourismusgemeinde führen gerne ihre Unterhemden oder Brustbehaarung an der frischen Luft spazieren. Auch das muss doch nicht sein, oder? Ein bisschen Etikette, aus Rücksicht und Respekt gegenüber dem Mitmenschen ist auch im Urlaub angebracht.

Verkehr auf Teneriffa

Auf Teneriffa fährt man wie in den meisten europäischen Ländern auf der rechten Straßenseite. In der Regel ist die Beschilderung gut und wird auch ständig verbessert. Zum Teil finden sich eigene Hinweisschilder für Landhotels, Sehenswürdigkeiten oder Aussichtspunkte. Damit auf den Straßen auch alles rundläuft, hat man unzählige Kreuzungen mittels Kreisverkehr geregelt und entschärft. Keine Bange, das System Reißverschlussverfahren funktioniert auf der Insel richtig gut. Man muss nicht lange warten, bis man vorgelassen wird.

Infos und Adressen

WOHER BEKOMME ICH INFORMATIONEN?

Auf Teneriffa finden Besucher ein weit verzweigtes Netz von Tourismusbüros. In jedem größeren Ort stehen die Mitarbeiter den Besuchern gerne mit Rat und Tat zur Seite, sei es, um generell Auskünfte zu erteilen oder um gezielt bei der Planung und Reservierung von Aktivitäten zu helfen.

Darüber hinaus unterhält die Inselregierung unter www.todotenerife.es eine Informationswebseite, auf der man Aktuelles oder Generelles in verschiedenen Sprachen nachlesen kann.

Wer sich vor Ort informieren oder erfahren möchte, was gerade los ist, kann auf deutschsprachige Insel-Zeitungen zurückgreifen. Sie wissen, wo wann welches Fest stattfindet oder was sich sonst Interessantes auf Teneriffa ereignet. Man hat die Wahl zwischen dem konservativen, seit Jahrzehnten etablierten »Wochenblatt« und dem moderneren »Kanaren Express«, der auch eine täglich aktualisierte Webseite unter gleichem Namen anbietet (www.kanarenexpress.com).

Weitere Tipps, Infos und eine große Auswahl an Fincas oder Ferienwohnungen, die an manch verstecktem Örtchen liegen, können auf der Webseite www.teneriffa.com nachgelesen werden.

Der kanarische Autoverkehr hat zwar den Ruf, etwas chaotisch zu sein, aber wer sich eingefahren hat, merkt, dass es gar nicht so schlimm ist. Abgesehen von ein paar Rowdys, die es überall gibt, fährt der Canario sogar meistens sehr defensiv. Man lässt mal jemanden einfädeln oder bremst, wo man es eigentlich nicht müsste. Dafür kann es geschehen, dass man mitten auf der Straße anhalten muss, weil der Vordermann einen Bekannten gesehen hat, mit dem er ein Schwätzchen halten muss. Wer sieht, dass sich weiter vorne etwas staut oder Ungewöhnliches geschieht, warnt seinen Hintermann mit dem linken Blinker, damit er rechtzeitig abbremsen kann. Wer eine Panne hat, muss beim Aussteigen eine knallgelbe oder orangene Weste tragen. Ansonsten ist auf Teneriffa der Abschleppdienst in der normalen Autoversicherung inbegriffen. Am besten setzt man sich sofort mit seinem Autovermieter in Verbindung.

Die Gesellschaft auf Teneriffa

Die meisten Einheimischen auf Teneriffa sind Katholiken und begeisterte Marienverehrer. Galt Spanien einst als konservativ-katholisch, hat sich in dieser Richtung mittlerweile einiges geändert. Auch auf Teneriffa räumen die jüngeren Generationen der Kirche nicht mehr den gleichen Stellenwert ein wie noch vor wenigen Jahrzehnten. Das bezieht sich allerdings nicht auf die Feste und Traditionen, die mit erstaunlichem Engagement auch von den Jungen mitgetragen werden. Die klassische Familienstruktur mit dem Mann als Ernährer, der Mutter als Hausfrau und den Kindern bricht durch die gute Ausbildung der Mädchen auf. Die Frauen lassen sich auch auf der Insel nicht mehr nur an den heimischen Herd verweisen. Berufliche Karriere und Unabhängigkeit stehen bei vielen ganz oben auf der Wunschliste. Dadurch geht die Anzahl der Kinder zurück und die jungen Mütter

Oben: El Cardón, eine Kakteenart, die zu großen buschähnlichen Gruppen heranwachsen kann.
Unten: Gewaltige Bullen ziehen die Wagen bei den Erntedankumzügen. Sie werden bunt geschmückt und folgen ihren Besitzern mit stoischer Ruhe durch den Festtumult.

werden immer älter. War es vor rund zehn Jahren noch üblich, dass der Mann in der Bar saß, während die Frau geduldig im Auto wartete, ist dies heute kaum noch zu sehen. Nach Ende der Franco-Diktatur hat ein entschiedener Wandel sowie eine Modernisierung der Gesellschafts- und Familienstruktur stattgefunden. Dennoch steht bei den Canarios die Familie auf der Werteskala noch ganz obenan. Vor allem in ländlichen Gebieten trifft man typische Großfamilien mit mehreren Generationen unter einem Dach an.

Die kanarische Flora

Die Vegetation auf Teneriffa ist sehr vielfältig und weist durch das subtropische Klima einige Exoten auf. Palmen gibt es in den verschiedensten Varianten und die Strelitzie ist zum Wappenzeichen des Tourismus geworden, ist sie doch als Schnittblume oder Setzling ein beliebtes Reisesouvenir. Zahlreiche Pflanzen sind endemisch, das heißt, es gibt sie nur auf den Kanaren, einige davon sogar nur auf Teneriffa. Dazu gehört die Kanarische Kiefer, die ganze Wälder bildet, oder der legendäre Drachenbaum. Im trockenen Süden wachsen zwischen normalen Kakteen kanarische Wolfsmilchgewächse.

Die Vielfalt exotischer Pflanzen und Früchte ist groß.

Oben: Die Tajinaste blüht im Mai in den Cañadas. Sie verwandelt die vulkanische Mondlandschaft in ein purpurrotes Blütenmeer.
Unten: Die Strelitzie oder Papageienblume ist ein weiteres botanisches Wahrzeichen Teneriffas.

Um den Golfplatz Buenavista del Norte führt ein Spazierweg die Steilküste entlang.

Mitte: Der Schwiegermuttersitz ist eine beliebte Kakteenart, die man allerdings seiner Schwiegermutter nicht tatsächlich anbieten sollte.
Unten: Panorama der Bergwelt um Masca

Die meisten einheimischen Arten stehen unter Naturschutz, um sie vor dem Aussterben zu bewahren. Darüber hinaus trifft man in Gärten und in der Wildnis alte Bekannte an, die man aber aufgrund ihrer Größe kaum wiedererkennt: Geranien wachsen in wilden Büschen und werden meterhoch. An ihren dicken, verholzten Stengeln erkennt man, dass sie schon sehr alt sein müssen. Oleander und Hibiskus, die in Deutschland auf der Fensterbank oder im Wintergarten mühsam gedeihen, entfalten ihre volle Blüten- und Farbenpracht manchmal einfach so, am Straßenrand.

Wenn in Deutschland der November seinen grauen Alltag bringt, erwacht die Natur auf Teneriffa nach den ersten Regenschauern zu neuem Leben. Plötzlich beginnt es dort, wo es noch bis vor Kurzem staubig und trocken war, üppig zu sprießen. Eine besondere Pracht stellen im Dezember die leuchtend roten Weihnachtssterne dar, die ihre Farbklekse weithin sichtbar in die Landschaft streuen. Es sind keine kümmerlichen Topfpflanzen, sondern meterhohe Bäume, die auf ihre Art die Weihnachtszeit ankündigen. Die kleine Topfversion gibt es als Weihnachtsdekoration zu kaufen.

Die kanarische Fauna

Die Tierwelt der Kanaren ist weniger artenreich, das heißt aber nicht, dass es nicht trotzdem Besonderheiten gibt. Vor allem Reptilien sind durch verschiedene Echsenarten, darunter einige endemische, reichlich vertreten. Besonders häufig kommt die recht zutrauliche Westkanareneidechse vor, die sich schon mal in die Nähe von Menschen wagt. Die meisten Echsenarten stehen auf Teneriffa unter Schutz. An den Hauswänden kleben manchmal Geckos, die Insekten fressen und als Glücksbringer und Geldboten gelten. Eher unterrepräsentiert sind die Säugetiere: Außer ein paar Kaninchen, Igeln und einer selten gesehenen Wildkatze am Teide gibt es kaum Außergewöhnliches. Vor einigen Jahren wurden einige Mufflons rund um den Teide ausgesetzt, um die Jagd auf Teneriffa attraktiver zu machen. Doch damit hat man sich und der Insel eher ein Ei gelegt, als einen Gefallen getan. Mittlerweile gelten die Tiere als Bedrohung der geschützten Pflanzenarten.

Unter den Insekten stößt man ebenso auf einheimische Besonderheiten wie in der Vogelwelt. Zu ihnen zählen der Kanaren-Weißling, das Kanaren-Waldbrettspiel oder der Kanarische Admiral. Für zwitschernde Hintergrundkulisse sorgen der Teidefink oder der Kanaren-Girlitz. Er ist übrigens die Wildform des beliebten Kanarienvogels. Eher majestätisch bewegen sich Bussarde, Falken und noch einige streng geschützte Adler in der Luft, und in der Nacht kann man Eulen und Käuzchen rufen hören.

Übrigens: Giftige Tiere oder Pflanzen gibt es auf Teneriffa oder generell auf den Kanaren nicht. Auch Raubtiere oder andere gefährliche Tierarten kennt man nicht.

Oben: Es wird karg, wenn man in Richtung Teide fährt.
Mitte: Wer den Teide aus dieser Perspektive sieht, kann verstehen, weshalb ihn die Einheimischen auch »Die Brustwarze« *(La teta)* nennen.
Unten: Die kanarische Kiefer ist Hauptbestandteil vieler Waldgebiete.

Oben: Spa und Wellness: Teneriffa bietet zahlreiche Möglichkeiten der Entspannung.
Mitte: Thai-Gefühle kommen im Oriental SPA Garden des Hotels Botánico in Puerto de la Cruz auf.
Unten: Das Botánico Hotel setzt auf exotische Elemente.

Teneriffa – Reich der Fledermäuse

Nicht nur Menschen fühlen sich auf Teneriffa besonders wohl, sondern auch so manche Tierart hat die Insel als Heimat auserkoren. Dazu zählen die tierischen Nachtschwärmer – die Fledermäuse. Insgesamt sieben verschiedene Arten, darunter auch endemische wie die kanarische *Plecottus teneriffae*, die *Pipistrellus maderensis*, die nur auf dem Makronesischen Archipel vorkommt, und eine Unterart der Waldfledermaus mit dem klangvollen Namen *Basbastella barbastellus guanchae* fühlen sich auf Teneriffa zu Hause. Besonders im Norden, wo ihnen verlassene Häuser, Vulkanröhren, Baumhöhlen in den waldreichen Bergregionen oder Nischen in zerklüfteten Felsformationen ein sicheres Zuhause bieten, hängen sie in Trauben kopfüber. Von der Küste bis hinauf auf rund 2500 Meter Höhe zieht sich ihr Lebensraum.

Entgegen alter Gruselgeschichten sind Fledermäuse keine grausigen Vampire, die sich über Mensch und Vieh her machen. Von den rund 1000 Arten, die weltweit verbreitet sind, sind lediglich drei sogenannte Blutsauger. Die anderen Mitglieder der Fledermausfamilie ernähren sich von Insekten. Dabei legen sie einen gesunden Appetit an den Tag (beziehungsweise an die Nacht). Bis zur Hälfte ihres eigenen Körpergewichts fressen sie pro Nacht und sind deshalb nicht nur ungefährlich, sondern richtig nützlich. Mancherorts werden sie gezielt zur Bekämpfung von Insektenplagen angesiedelt – eine Maßnahme, die wunderbar funktioniert und demonstriert, wie perfekt die Symbiose zwischen Mensch und Tier sein kann. Sie sind wichtiger Bestandteil eines intakten Ökosystems und sollten deshalb willkommen geheißen anstatt aus Unwissenheit vertrieben werden. Im kanarischen Volksmund heißt es übrigens, dass es Glück bringt, wenn beim nächtlichen Spaziergang eine Fledermaus über den Kopf eines Menschen fliegt.

Heimat der Delfine und Wale

Nirgendwo auf der Welt sind so viele verschiedene Wale und Delfinarten zu Hause wie vor der kanarischen Küste. Insgesamt 27 verschiedene Arten konnten nachgewiesen werden. Manche leben ständig in der Region, andere sind nur auf der Durchreise. Besonders das Gebiet zwischen der Westküste Teneriffas und La Gomera ist für seine Meeressäuger bekannt, weshalb hier Wal- und Delfinsafaris eine beliebte Attraktion darstellen. Am weitesten verbreitet sind der Große Tümmler oder der Pilotwal. In Küstennähe tummeln sich die gemeinen Delfine oder Großen Tümmler meist in kleineren Familienverbänden, während man auf hoher See ganze Rudel mit bis zu hundert Tieren sichten kann. Dort ist auch der Lebensbereich der imposanten Pottwale. Sie werden bis zu 18 Meter lang und bis zu 50 Tonnen schwer. Diese Meeresgiganten tauchen bis zu zwei Kilometer tief und können bis zu zwei Stunden unter Wasser bleiben. Gelegentlich durchziehen auch Orcas auf ihrer Reise über die Weltmeere am kanarischen Archipel vorbei, was selbst auf den Wal verwöhnten Kanaren eine seltene Attraktion darstellt. Der Pilot- oder Grindwal hält sich am liebsten in den fischreichen Gewässern an der Südwestspitze Teneriffas auf. Ihm gefällt es dort so gut, dass er, wie viele andere Arten auch, das ganze Jahr über bleibt.

Oben: Frei lebende Wale und Delfine sind eine der größten Urlaubsattraktionen der Insel.
Mitte: Steilklippen von Los Gigantes. In den Felsen haben die letzten Seeadlerpärchen Zuflucht gefunden.
Unten: Delfinshow im Loro Parque

Kreuzfahrten ab Teneriffa

Kreuzfahrten boomen wie kaum ein anderer Tourismuszweig, längst ist diese Urlaubsvariante nicht mehr nur der Highsociety vorbehalten. Dieser Trend ist auch im Hafen von Teneriffa spürbar, wo

Oben: Urlaub unter Palmen und einem attraktiven Pool? Der typische Urlaubsmix, den die Hotels bieten. **Mitte:** Wenn auf Teneriffa gefeiert wird, dann richtig. Auf der Fiesta del Carmen in Puerto de la Cruz. **Unten:** An Karneval mutieren die meisten Canarios zu Frauen.

immer mehr dieser schwimmenden Luxushotels vor Anker gehen. Sie legen einen Tag Besichtigungstour ein, bevor sie zu neuen Zielen auslaufen. Auch diejenigen, die lieber festen Boden unter den Füßen haben, fühlen sich von den prächtigen Schiffen angezogen. Wenn sie im Hafen liegen, macht man sich zum Spaziergang auf, um sich die Urlaubsschiffe einfach mal aus der Nähe zu betrachten. Für Teneriffa erschließt sich aus diesem Boom eine völlig neue Zielgruppe. Die deutsche Reederei Aida läuft den Hafen zum Beispiel in wöchentlichem Rhythmus zur Kanaren-Rundfahrt an. Passagiere gehen von Bord, um von Teneriffa aus nach Hause zu fliegen oder von dort aus in See zu stechen. Dabei wird eine Woche Teneriffa vor oder nach der Kreuzfahrt gerne angeschlossen.

Teneriffa für Gays

Eine der angenehmsten Charaktereigenschaften der Canarios ist die Toleranz gegenüber Fremden und deren vielleicht anderen Verhaltensweisen. Vermutlich ist dies darauf zurückzuführen, dass es seit dem 16. Jahrhundert Handel und Austausch mit anderen Kulturen und Völkern gab. Die Menschen sind aufgeschlossen in der Begegnung, gerade deshalb haben die Kanaren generell und mit ihnen auch Teneriffa einen guten Ruf in der Homosexuellenszene. Ehen gleichgeschlechtlicher Paare sind möglich und werden nicht selten praktiziert. Manchmal wird sogar der Urlaub als genau der richtige Zeitpunkt für eine kleine Zeremonie ausgewählt. Aufgrund dieser Toleranz ist die Insel zum Wohnort für viele schwule oder lesbische Pärchen geworden. Sie werden als Nachbarn genauso respektiert wie jeder andere. Einige Gemeinden rühren sogar gezielt in Homokreisen die Werbetrommel für Teneriffa.

Geselliges Teneriffa

Kaum ein Volk versteht es so wunderbar zu feiern wie die Canarios. Ein Gläschen Wein und die Traditionen, die sich durch das Jahr ziehen, stehen hoch im Kurs. Geselligkeit, Musik und Tanz sind wichtige Bausteine der Kultur. Gefeiert wird, wann immer sich ein Grund dafür bietet. Besonders beliebt dafür sind die Grillplätze, die man vielerorts am Ortsrand oder in den Wäldern antrifft. Dort versammelt man sich gerne im Freundes- und Familienkreis, um einen Geburtstag zu feiern oder einfach nur gemütlich beisammen zu sein. Jeder bringt etwas mit und dann brutzeln Fleisch, Würstchen oder Fisch über dem Feuer. Hier kristallisiert sich übrigens eine Gemeinsamkeit mit den Mitteleuropäern heraus: Am Grill ist der Mann der Chefkoch – im Gegensatz zum heimischen Herd. Auch auf diesen Plätzen sind Urlauber, die es sich mit ihrem Picknickkorb gemütlich machen, immer willkommen. Wer Glück hat, bekommt vor allem am Wochenende eine Kostprobe tinerfenischer Hausmusik. Dann werden Gitarren und Trommeln ausgepackt und es wird lauthals gesungen.

Es gibt keinen Grund, den Kontakt mit den Einheimischen während der Urlaubstage zu meiden. Im Gegenteil, man sollte sich die bereichernde Begegnung nicht entgehen lassen.

Kanarische Fischerromantik im »El Monasterio« in Los Realejos.

Oben: Das gibt es noch – einkaufen in der Markthalle in echt südländischer Manier.
Mitte: Viele Hotels bieten kulinarischen Hochgenuss im modernen Stil, wie hier im Restaurant des Hotels »Reserva San Blas«.
Unten: Badevergnügen

SANTA CRUZ

Vorangehende Doppelseite: Die Avenida Marítima at night – pulsierende Lebensader im Herzen der Stadt.
Mitte: Die Avenida, am Tag ist sie viel befahrene Hauptstraße.
Unten: An der Plaza del Principe, wo man tagsüber ein Päuschen einlegen kann.

1 Santa Cruz

Hauptstadt mit Herz

Die Hauptstadt Santa Cruz ist nicht nur die wichtigste Stadt Teneriffas, sondern gleichzeitig Provinzhauptstadt der dazugehörigen Nachbarinseln La Palma, La Gomera und El Hierro. Die charmante Metropole besitzt südländisches Flair, eine angenehme Prise mondäner Lebensart und vor allem eine perfekte Kombination aus Tradition und Moderne.

Wie alles begann …

An dem Ort, an dem die spanischen Eroberer unter dem Feldherrn Alonso Fernandéz Lugo am 1. Mai 1492 erstmals den Boden Teneriffas betraten, rammten sie ein Holzkreuz in den Boden. Damals ahnte noch niemand, dass an dieser Stelle einmal die Hauptstadt der Provinz Teneriffa entstehen würde. Lugo und seinen rund tausend Soldaten, die mit 15 Schonern an der Küste vor Anker gingen, erschien dies der ideale Ausgangspunkt, um das Landesinnere zu erobern.

Auch in späteren Jahren war Santa Cruz ein strategisch wichtiger Punkt. Immer wieder wurde es von Piraten oder holländischen, französischen und britischen Schiffen angegriffen. Den letzten nennenswerten Versuch unternahm am 22. Juli 1797 Admiral Lord Nelson im Namen der englischen Krone. In dem erbitterten Kampf gegen die Spanier verlor der Admiral durch eine Kanonenkugel den rechten Arm. Die Kanone, aus der der entscheidende Schuss abgefeuert wurde, wird *El Tigre* genannt und kann noch heute im Hafen von Santa Cruz bestaunt werden.

Die Plaza Europa mit dem künstlichen See im Vordergrund und dem Regierungsgebäude im Hintergrund

Santa Cruz heute

In der Großstadt mit rund 220 000 Einwohnern leben viele unterschiedliche Nationalitäten friedlich zusammen. Santa Cruz, wirtschaftlicher Motor und Herz des kulturellen Lebens Teneriffas, vermittelt seinen Besuchern den Charme südländischer Lebensart. Hektischer Berufsalltag pulsiert in den Straßen, während gemütliche Cafés und Restaurants einen Ruhepol bilden. Moderne Boutiquen laden zum gemütlichen Einkaufsbummel ein, und die zahlreichen Plazas oder Parkanlagen bieten ein schattiges Plätzchen inmitten bunter Blütenpracht.

Im Stadtzentrum

Die Plaza España bildet den östlichen Abschluss zum Atlantik hin und öffnet zugleich den Weg in die Innenstadt mit ihren historischen Gebäuden. Genau an diesem bevorzugten Standort befindet sich im Palacio Insular der Sitz der Inselregierung. Die Plaza erblickt die vielen Kreuzfahrturlauber zuerst, wenn sie an Land gehen. Darüber hinaus bildet sie den Mittelpunkt vieler Festivitäten. 2008 wurde sie nach Plänen der Architekten Jacques Herzog und Pierre de Meuron remodeliert, ihr

AUTORENTIPP!

MÄRKTE IN SANTA CRUZ
Wie es sich für eine Stadt mit südländischem Charme gehört, kann man wochentags in den Hallen des Mercado Nuestra Señora de Africa frisches Obst und Gemüse, aromatische Kräuter, Käse, Fleisch, Fisch, kurzum alles, was die Insel kulinarisch zu bieten hat, erstehen (C/ San Sebastián – Mercado, Mo–So 9 bis 14 Uhr). Wer lieber auf Schnäppchenjagd geht, sollte sich sonntags in das muntere Marktgetümmel des Flohmarktes stürzen. Händler von der ganzen Insel kommen dann zusammen, um in der Innenstadt ihre Secondhand-Artikel oder auch Selbstgefertigtes oder Gebrauchtes anzubieten. Er zieht sich entlang der Avenida José Manuel Guímera und deren Nebenstraßen. Bei einem netten Spaziergang mit Lokalkolorit lässt sich so manches originelle Souvenir finden (So 8–14 Uhr).

Frisches Fleisch, Wurstwaren, aber auch Obst und Gemüse erhält man im Mercado de Nuestra Señora de África.

Herzstück bildet ein 13 000 Quadratmeter großer See mit Wasserfontänen.

An der Südseite der Plaza, unweit des Palacio Insular, findet man die Touristeninformation in einem der neuen Gebäude, die durch die völlige Begrünung fast nicht als solche wahrgenommen werden. Von dort aus ist es nur ein Katzensprung in die Fußgängerzone, die zu einem ausgedehnten Einkaufsbummel einlädt. Santa Cruz hat weitere zahlreiche kleinere Plazas rund um die Innenstadt zu bieten, die zwar nicht so bekannt, aber deshalb nicht weniger charmant sind. Man bemüht sich, die historischen Gebäude zu erhalten, und so setzt sich das Stadtbild aus alten und modernen Elementen zusammen. Ebenfalls in der Innenstadt, in der Nähe des Kulturzentrums La Recova, befindet sich die Fressgasse Calzada de la Noria. Dort laden zahlreiche Cafés und unterschiedliche Restaurants zur Einkehr ein.

Die grüne Lunge von Santa Cruz

Unter den vielen kleinen und größeren grünen Oasen ragt zweifellos der Parque Garcia Sanabría heraus. Anfang des 19. Jahrhunderts vom gleich-

Mal ehrlich …

BADEPLÄTZE MANGELWARE

Obwohl Santa Cruz sozusagen mit dem Rücken zum Meer liegt, bietet es seinen Besuchern kein typisches Bade- und Stranderlebnis. Man genießt den Blick auf den Atlantik, findet aber keine geeignete Stelle, um sich in die Fluten zu stürzen. Der nächste Strand, und zwar der Traumstrand Teresitas, liegt circa sechs Kilometer von der Innenstadt entfernt. Wer beim Besuch der Hauptstadt eine Erfrischung möchte, muss auf das Freibad Parque Marítimo gleich neben dem Auditorium ausweichen.

Oben: Wie auf dieser Hauswand fusionieren die Moderne und das Geschichtsträchtige der Stadt: Graffitis auf einer alten Fassade.
Mitte: Zahlreiche Straßencafés und Restaurants laden ein.
Unten: Plazas und kleine Grünflächen sind beliebte Treffpunkte.

namigen Bürgermeister gegründet, wurde er im Jahr 2006 komplett renoviert. Der Besucher wird mit einer farbenfrohen Blumenuhr empfangen und wandelt unter Schatten spendenden Eukalyptus- oder Lorbeerbäumen, zwischen Akazien und Zypressen. Die verschiedensten Palmen strecken ihre langen Wedel und manchmal auch herrliche Blüten in den Himmel. Dazwischen wachsen aromatisch duftende Stauden, Sträucher und Büsche, um die Sinne zu verwöhnen. Doch der Park bietet nicht nur einen Naturgenuss, sondern zieht auch Kunstliebhaber an. Zum Jahreswechsel 1973/74 rief die Vereinigung der kanarischen Architekten zur ersten internationalen Skulpturenausstellung auf. Seither wurden nicht nur im Park, sondern auch an anderen markanten Plätzen dieser Stadt insgesamt 40 Werke nationaler und internationaler Künstler aufgestellt. Einige sind danach wieder verschwunden, aber viele wurden für immer in das Stadtbild eingefügt und verleihen ihm einen besonderen Touch. Allein 13 Figuren und Gebilde bereichern den Parque Garcia Sanabria bis zum heutigen Tag. Wer möchte, kann den Park auch per Bimmelbahn entdecken (Abfahrt jeweils 10, 13.45, 17 und 20.45 Uhr; Fahrpreis 1 €) oder per Fahrrad bzw. Tandem (inkl. Helm und Versicherung 1 Euro pro Stunde).

Plaza 25 de Julio: Neben Parks und Grünanlagen sind Wasserspiele und Monumente eine Passion der Stadtväter.

Vor dem Tor des Afrikamarktes ehrt die Statue einer traditionellen Marktfrau deren Mühen.

AUTORENTIPP!

BESSER SONNTAGS

Wie jede Großstadt herrscht auch in Santa Cruz meist eine chaotische Verkehrssituation und Parkplätze sind Mangelware. Daher ist es ratsam, das Auto möglichst auf dem bewachten Parkplatz am Hafen abzustellen und die Stadt zu Fuß zu erkunden. Von dort aus kann man zentral in alle Richtungen schwenken. Wer nicht unbedingt einkaufen gehen will, kann den Besuch der Hauptstadt auch auf einen Sonntag verlegen. Dann sind viele Städter aufs Land gefahren, und es gibt sogar mitten in der Stadt freie und kostenlose Parkplätze. Übrigens ist am Sonntag auch der Eintritt zu allen staatlichen Museen frei!

Stadtrundgang Santa Cruz

Ⓐ Hafen
Der Hafen ist immer einen Spaziergang wert. Häufig sieht man Kreuzfahrtschiffe oder andere schwimmende Sehenswürdigkeiten vor Anker liegen. Dort findet man auch einen Parkplatz.

Ⓑ Plaza España
Der zentrale Treffpunkt der Stadt mit künstlichem See, Gartenanlage und dem Gebäude der Inselregierung. Auch ein Denkmal zur Erinnerung an die Gefallenen des Bürgerkrieges findet man dort.

Ⓒ Calle Castillo
Fußgängerzone; lädt zum Einkaufsbummel ein. Zahlreiche Geschäfte auch in den Parallelstraßen.

Ⓓ Plaza Weyler
Kleine Plaza am Ende der Fußgängerzone mit Brunnen und Bäumen, eingerahmt von Häusern mit historischen Fassaden. Gleich daneben ist die Captanía General, das Militär-Hauptquartier.

Ⓔ Parque García Sanabria
Die grüne Lunge der Stadt: eine besonders hübsche Parkanlage mit zahlreichen Statuen, Wasserspiel und Kinderspielplatz.

Ⓕ Tenerife Espacio de las Artes (TEA)
Das futuristische, von Herzog & de Meuron entworfene Gebäude des Kunstmuseums ist von außen und innen sehenswert für Kunstfreunde. Avda. de San Sebastián 8, Di–So 10–20 Uhr, www.teatenerife.es

Ⓖ Museo de la Naturaleza y el Hombre
Im Naturkundemuseum lernt man Teneriffa näher kennen. U. a. ist dort eine Mumiensammlung der Ureinwohner untergebracht. C/ Fuentes Morales s/n, Di–So 9–19 Uhr, www.museosdetenerife.org

Ⓗ Mercado Nuestra Señora de África
Markthalle mit südländischem Einkaufsflair. C/ San Sebastián – Mercado, Mo–Sa 9–14 Uhr.

Ⓘ Auditorium
Im Auditorium schlägt das kulturelle Herz der Stadt. Konzerte unterschiedlichster Couleur werden geboten. In der Wintersaison stehen regelmäßig Konzerte des Symphonieorchesters auf dem Programm. Avda. Constitución 1, Kartenvorverkauf: www.auditoriodetenerife.com

Ⓙ Parque Marítimo
Schwimmbadanlage, von César Manrique entworfen. In drei verschiedenen Poolanlagen kann man sich erfrischen, außerdem gibt es einen eigenen kleinen Zugang zum Atlantik. In der sehr gepflegten Anlage kann man auf 22 000 Quadratmetern einen gemütlichen Tag im Liegestuhl verbringen. Avda. Constitución 5, Tel. 922 20 32 44, tägl. 10–18 Uhr.

Ⓚ Plaza de la Iglesia
Von dieser kleinen Plaza aus gelangt man in die Calzada de la Noria, die als Fressgasse bekannt ist. Viele kleine Restaurants mit Tischen in der Fußgängerzone laden zum Verweilen ein.

Infos und Adressen

INFORMATION

Cabildo Insular de Tenerife. Plaza de España, s/n, Santa Cruz de Tenerife, Tel. 922 23 95 92, 922 23 98 11.

ESSEN UND TRINKEN

El Libano. Exzellente und relativ günstige libanesische Küche. C/ Santiago Cuadrado 36, in der Nähe der Hauptstraße Las Ramblas, Tel. 922 28 59 14.

Tasca El Callejon. Callejon del Combate 9, verstecktes Lokal in der Innenstadt. Hervorragende Tapa-Küche – ein echter Geheimtipp für Gourmets. Tel. 922 24 49 76

Fressgasse Noria. Mehrere schöne Restaurants in einer Fußgängerzone, die meisten mit Außenbereich. Gemütliches Ambiente und günstige Preise bietet das El Lagar de Noria (Nr. 37), oder wie wäre es mit einem Cocktail? Im Mapangoclub (Nr. 5) gibt es nur Drinks, aber dafür stilvolles Flair auf mehreren Stockwerken (Mo–Fr ab 16.30 Uhr, Sa ab 22 Uhr).

ÜBERNACHTEN

Iberostar Hotel Mencey. Einziges Fünf-Sterne-Haus in Santa Cruz. Luxus im typisch kanarischen Stil. Direkt an der Prachtstraße Rambla und dem Parque García Sanabria gelegen. C/ Dr. José Naveiras 38, Tel. 922 60 99 00, www.iberostar.com

Silken Atlántida. Modernes, neues Haus der Vier-Sterne-Kategorie nahe dem Auditorium und der Innenstadt. Großzügige Zimmer, moderner Komfort, Panoramaaufzüge. C/ Tres de Mayo, Ecke Aurea Díaz Flores, Tel. 922 29 45 00, www.hoteles-silken.com

NH Tenerife. Zentrales Stadthotel in unmittelbarer Nähe zum historischen Stadtkern. C/ Candelaria esq. Doctor Allart, Tel. 922 53 44 22 www.nh-hotels.com

Santa Cruz legt großen Wert auf seine geschichtsträchtigen Gebäude und Hausfassaden, aber es gibt auch die andere, futuristisch-moderne Seite.

Hotel Contemporaneo. Gepflegtes Drei-Sterne-Hotel direkt am Stadtpark. Rambla Santa Cruz 116, Tel. 922 27 15 71, www.hotelcontemporaneo.com

EINKAUFEN

El Aderno. Handgearbeitete Pralinés, köstliche Kuchen und lokaler Wein. Av. Bravo Murilla 16, 922-53 60 31.

El Corte Inglés. In diesem Kaufhaus gibt es alles, aber nicht ganz billig. Avda. Tres de Mayo 7, Mo–Sa 10–22 Uhr, eigenes Parkhaus.

NACHTLEBEN

La Puerta Verde. Treff der mittleren Altersklasse. Cocktails und gediegenes Ambiente, Do Livemusik. Avda. de Anaga 41, Nähe Hafen.

A Saudade. Angesagte Diskothek mit mehreren Sälen unterschiedlichster Musikrichtungen. C/ Fernando Arozena Quintero 3, Fr/Sa ab 22.30 Uhr, www.asaudade.es

Das Auditorium deckt ein breites kulturelles Spektrum ab. Ausstellungen und Konzerte von Klassik bis modern befriedigen fast jeden Kunstgeschmack. Beliebt ist auch das meist im Herbst stattfindende Opernfestival der Insel.

2 Santa Cruz – Auditorium

Futuristische Stadtarchitektur

Schon von Weitem sticht der extravagante Bau vor den Toren von Santa Cruz, der an die berühmte Oper von Sydney erinnert, ins Auge. Das direkt am Meer gelegene Auditorium mit seinen eindrucksvoll gewölbten Betonsegeln bildet seit Mai 2003 den kulturellen Mittelpunkt der Insel. 64 Millionen Euro sind in dieses markante Wahrzeichen geflossen.

Futuristisch und imposant mutet es mit seinem überdimensionalen Bogen an. Dieses Gebäude unterstreicht das moderne Image der Stadt. Im Inneren empfängt den Besucher eine kühle, minimalistische Atmosphäre. Das Hauptaugenmerk liegt auf dem Genuss der dargebotenen Veranstaltungen und nicht auf nutzlosen Schnörkeln. Neben dem eigentlichen Konzertsaal, auf dessen Bühne Opern, Konzerte, Ballettabende und Gala-Aufführungen inszeniert werden, stehen kleinere Räumlichkeiten für Kammerkonzerte oder moderne Jazz- und Musikabende zur Verfügung. Das bekannte Symphonieorchester Teneriffas, kurz OST, hat hier seinen Stammsitz und gibt während der Theatersaison ab Herbst regelmäßige Konzerte. Vor allem in den Wintermonaten wird das Angebot gerne von ausländischen Residenten und Besuchern genutzt.

Der Künstler Santiago Calatrava

Entworfen wurde das Monument von dem spanischen Architekten und Ingenieur Santiago Calatrava Valls aus Valencia. Nach dem Studium der Architektur widmete er sich aufgrund seiner Liebe zur Mathematik dem Ingenieurwesen. Diese Kombination kam ihm nach seinem Abschluss zugute.

Als er damals mit seiner Frau in Zürich lebte, gewann er seinen ersten Architekturwettbewerb und baute den Bahnhof von Stadelhofen in Zürich. Später sollten ihn vor allem Brücken berühmt machen. Unter anderem baute er die Bach-Brücke für die Olympischen Spiele in Barcelona (1992) und die Brücke Alamillo in Sevilla. Schon in jungen Jahren mischte sich sein Interesse für Architektur mit den schönen Künsten, sodass er seine Bauten bis heute als kleine Kunstwerke sieht. Ausgefallene Ideen nehmen durch ihn Gestalt an. Charakter und Kreativität sind die Attribute, mit denen er einem Stadtbild seinen Stempel aufdrückt. Auch auf Teneriffa hat die Hauptstadt Santa Cruz durch das von ihm entworfene und realisierte Monument einen neuen charismatischen Gesichtszug bekommen.

Das Programm

Das Auditorium steht trotz seines futuristischen Äußeren für Tradition und Klassik. Größen aus aller Welt, darunter das russische Staatsballett, Montserrat Caballé und viele andere Solisten und weltbekannte Orchester standen hier schon auf der Bühne. Gleichzeitig bietet das Auditorium auch Raum für andere Musikrichtungen wie neue Musik oder Jazz-Sessions. Ebenso werden in den Hallen Ausstellungen oder Kongresse abgehalten.

Wer nach oder vor dem Konzertabend ein wenig auf der weit ausladenden Plattform rund um den Eingangsbereich spazieren geht und dabei dem sanften Wellenschlag des Atlantiks lauscht, kann sich einer romantischen Stimmung einfach nicht erwehren. Zusätzlich sorgt die kunstvolle Beleuchtung des Auditoriums für die ideale Hintergrundkulisse. Kunstliebhaber sollten sich einen kleinen musikalischen Leckerbissen während des Urlaubs auf jeden Fall zu Gemüte führen und dabei die Gedanken in andere Sphären schweifen lassen.

Bögen und weiche Rundungen schmiegen sich ineinander zu einem futuristischen Gebäude, das schon von Weitem ein Blickfang ist.

Infos und Adressen

Auditorio. Avda. Constitución 1, Santa Cruz de Tenerife, Tel. 922 56 86 00. Das aktuelle Programm wie auch der Ticketverkauf finden sich auf der Webseite www.auditoriodetenerife.com.

Parken. Wer mit dem PKW anreist, braucht sich keine Parkplatzsorgen zu machen, denn unter dem Gebäude befindet sich ein Parkhaus, das die Besucher gebührenpflichtig nutzen können.

3 Santa Cruz – Hafen und Strand

Der Balkon zum Atlantik

Eng mit der Hauptstadt verwoben ist der Hafen von Santa Cruz, der direkt vor der Plaza de España liegt und sich von dort aus die Küste entlang bis hin zum Auditorium zieht. Der rege internationale Schiffsverkehr prägt die Stadt maßgeblich: Weltoffenheit, Toleranz gegenüber fremden Kulturen sowie das pulsierende Leben gehören zur eigenen Dynamik einer Hafenstadt.

Mitte: Der Hafen von Santa Cruz ist die Drehscheibe der Insel in Punkto Im- und Export. Riesige Containerschiffe gehören zu den regelmäßigen Besuchern.
Unten: Vieler Kreuzfahrtschiffe gehen gerne in Santa Cruz vor Anker.

Der Hafen: Geschichte

Erst nach der Eruption des Trevejo 1706, bei der die damalige Hafenmetropole Garachico verschüttet wurde, entwickelte sich Santa Cruz zum Zentrum des internationalen Schiffsverkehrs. Zahlreiche Abenteurer und Wissenschaftler legten in diesem Hafen an. So hat Christoph Kolumbus vor seiner Transatlantiküberquerung seine Vorräte in Santa Cruz aufgefüllt und auch Alexander von Humboldt betrat an dieser Stelle kanarischen Boden, um zu seiner berühmten Expedition auf den Teide aufzubrechen. Gegen Ende des 19. Jahrhunderts, als viele Canarios zu neuen Ufern in Lateinamerika aufbrachen, um der Armut zu entfliehen, stachen von Santa Cruz aus zahlreiche Menschen in See. Noch heute sieht man auf dem Hafengelände zwischen den Anlegestellen den alten Anlegesteg mit seinem verschnörkelten Metallgerüst.

Der Hafen heute

Das Hafenareal ist unterteilt in die Anlegestellen für Reiseverkehr, einen Fischer- und privaten Motor- und Segelbootbereich sowie in die industrielle Abfertigung großer Frachtschiffe. Aufgrund seiner geografischen Lage ist er ein Umschlagplatz für Warenlieferungen weltweit. Von hier aus vernetzt sich Europa mit dem afrikanischen und amerikanischen Kontinent.

Im Hafen von Santa Cruz treffen aber Reisende von anderen Kanaren oder Zielen der ganzen Welt aufeinander. Vor allem in der Wintersaison, zwischen Oktober und April, laufen regelmäßig Kreuzfahrtschiffe die Insel an, um entweder einen Zwischenstopp einzulegen oder den Passagierwechsel durchzuführen. Von Schiffen, die abends auslaufen, bietet sich ein eindrucksvoller Panoramablick auf die Skyline von Santa Cruz.

Für Einheimische und Besucher ist der Hafen Drehscheibe zu den anderen Kanaren-Inseln und zum spanischen Festland gleichermaßen. Einmal wöchentlich verbindet eine Fähre Teneriffa mit Cádiz in Südspanien, und mehrmals täglich verkehren Fährschiffe nach La Palma oder Gran Canaria. Darüber hinaus liegt der Hafen auf der Transatlantikroute und ist häufig Zwischenstopp für Weltumsegler. Bei internationalen Regatten ist Santa Cruz oft ein wichtiges Etappenziel. So waren zum Beispiel das deutsche Segelschulschiff »Gorch Fock« oder die berühmte »MS Bounty« zu Besuch. Es lohnt sich einen Spaziergang im Hafen einzuplanen, sich die Seeluft um die Nase wehen zu lassen und einen Blick auf die ankernden Schiffe zu werfen.

Stadtrundgang vom Hafen aus

Der beste Ausgangspunkt ist die Plaza de España südlich des Hafens. Sie entstand 1929 anstelle der Festung Castillo de San Cristóbal, von der heute nur noch das Wappen übrig ist. Genau dort ist linker Hand das Regierungsgebäude der Inselregierung, in dem auch das Tourismusbüro untergebracht ist. Von dort schlendert man die Hauptge-

AUTORENTIPP!

FKK AN DER PLAYA DE LAS GAVIOTAS

Freunde des FKK-Badens treffen sich an der Playa de las Gaviotas. Man erreicht sie, wenn man an Teresitas vorbei nur etwa 15 Autominuten weiter in Richtung Igueste fährt. Eine abenteuerliche, aber gut befahrbare Serpentinenstraße führt die Steilküste hinunter in die abgeschiedene Badebucht an der Ostspitze der Insel. Wilde Romantik und typischer schwarzer Vulkansand prägen den Nudistentreffpunkt. Hier kann man ungestraft und ohne neugierige Schaulustige die Hüllen fallen lassen. Der Strand ist an dieser Stelle naturbelassen und auch nicht durch Wellenbrecher geschützt.

Die Idylle wird von einem urig-gemütlichen Kiosk mit einer improvisierten, aber umso sympathischeren kleinen Terrasse direkt am Parkplatz komplettiert. Bei einem riesigen Obstteller aus vielen verschiedenen exotischen Früchten wird man leicht zu zweit satt. Daneben gibt es natürlich auch Kaffee und andere Kleinigkeiten. Wer nicht den ganzen Tag am Strand verbringen möchte, dem empfiehlt sich eine Weiterfahrt zurück über San Andrés in das wild-romantische Anagagebirge in Richtung Taganana.

Oben, Mitte und unten: Teneriffas Traumstrand Playa de las Teresitas im Stadtteil San Andrés in Santa Cruz ist künstlich entstanden. Mit seinen Palmen und dem weißen Sand ziert er so manche Postkarte.

schäftsstraße Calle Castillo entlang bis zur Plaza Candelaria. Ein kleiner Schaufensterbummel oder eine Pause in einem der netten Cafés bietet sich an. Direkt an der Plaza blickt man auf den Palacio de Carta. Das Gebäude aus dem 18. Jahrhundert besticht durch seine traditionellen Balkone und den Innenhof im neoklassischen kanarischen Stil. Weiter geht es auf der Calle de San Francisco zur gleichnamigen Kirche, die im Barockstil gebaut und im 18. Jahrhundert restauriert wurde. Direkt dahinter lockt das Museum der Schönen Künste mit einer interessanten Ausstellung europäischer und kanarischer Künstler. Direkt vor dem Eingang liegt die Plaza del Príncipe. Sie wirkt eher wie eine Gartenanlage und beherbergt zwei aus Genua stammende Statuen, die den Sommer und den Winter repräsentieren. Folgt man der Calle de San Francisco, passiert man auf dem Weg zum Militärmuseum den Brunnen von Königin Isabel II., der 1844 von Pedro Mafiotte im neoklassizistischen Stil erbaut wurde. Vor blauem Mauerwerk ragen fünf Wasserleitungen in Form von Löwenköpfen in das Becken. Im Militärmuseum, das in einer ehemaligen Festung untergebracht ist, kann man die berühmte Kanone *El Tigre* bewundern, durch die Admiral Nelson 1797 einen Arm verlor.

Vom Museum aus wendet man sich nach Westen und folgt der Prachtstraße Rambla bis zum Stadtpark Parque García Sanabria und weiter bis zur Plaza de la Paz. Dann schwenkt man in die Rambla de Pulido ein. Dieser folgt man bis zum Sitz der Militärführung an der Plaza Weyler, in deren Mitte ein schöner Marmorbrunnen plätschert. Von dort aus führt die Calle Castillo bis zum Parlament der Kanarenregierung, das im neoklassischen Stil erbaut ist. Über die Calle de Santo Domingo geht es nun wieder in Richtung Meer und zur fünfschiffigen Iglesia Nuestra Señora de la Concepción (1652) mit ihrem hoch aufragenden Turm. In der Herz-

Jesu-Kapelle wird das Holzkreuz (*santa cruz*) gezeigt, das Alonso Fernández de Lugo bei seiner Landung auf Teneriffa in den Boden rammte.

Weiter westlich führt die Puente del Gen. Serrador über den Barranco de Santos. Auf der anderen Seite stößt man auf den Mercado de Nuestra Señora de África und den Museumskomplex TEA. Über die Calle José Hernandez erreicht man zunächst den Busbahnhof und dann das Castillo de San Juan Bautista aus dem 17. Jahrhundert. Die kleine Burg liegt genau zwischen der Schwimmbadanlage Parque Marítimo César Manrique und dem Auditorium. Am Meer entlang führen die Straßen Avenida de la Constitución und Avenida Pedro de Rivera zum Ausgangspunkt zurück.

Der Strand von Santa Cruz

Was wäre eine Hauptstadt am Meer ohne einen Badestrand? Santa Cruz hat den Traumstrand der Insel schlechthin – die Playa de las Teresitas. Man erreicht ihn, indem man in Santa Cruz auf der Avenida Marítima Richtung Norden in den Stadtteil San Andrés fährt. Der Weg ist gut ausgeschildert. Hier erwartet den Sonnenhungrigen ein Traum in Weiß mit Palmen und einer ruhigen, blau glänzenden Bucht. Im Gegensatz zu den für Teneriffa typischen schwarzen Stränden präsentiert sich der Teresitas-Strand strohblond. Das ist keine Kapriole der Natur, sondern wurde in den 70er-Jahren von Menschenhand geschaffen. Tausende Tonnen feinster Sand, verpackt in rund vier Millionen Sandsäcken, wurden aus der Sahara nach Teneriffa verschifft und entlang des anderthalb Kilometer langen Küstenstreifens aufgeschüttet. Seinem Zauber tut das keinen Abbruch. Ein Wellenbrecher vor der Küste hält die manchmal recht ungestümen Atlantikwellen fern und sorgt dafür, dass der Ozean den Sand nicht wieder zurück nach Afrika trägt.

Sonnenaufgang am Hafen von Santa Cruz. Der Tag und das muntere Treiben beginnen im Morgengrauen.

Infos und Adressen

Das Hafengelände ist zu bestimmten Zeiten gleichzeitig ein kultureller Schauplatz. So finden hier häufig Konzerte nationaler und internationaler Künstler statt. An Silvester ist es der ideale Ort, um sich von dem farbenprächtigen Feuerwerk um Mitternacht beeindrucken zu lassen, und am ersten Weihnachtsfeiertag findet alljährlich ein kostenloses Konzert des bekannten Symphonieorchesters Teneriffas statt. Zum Karneval ist entlang der Hafenpromenade ein gigantischer Rummelplatz aufgebaut.

Was jeweils wann am Hafen stattfindet, entnimmt man am besten der örtlichen Presse. Ein umfassendes Veranstaltungsprogramm rund um Santa Cruz bietet unter anderem die zweiwöchentlich erscheinende deutschsprachige Zeitung »Kanaren Express«, auch online unter www.kanarenexpress.com.

4 Santa Cruz – Museen Geschichte und Moderne

In der Hauptstadt konzentrieren sich nicht nur Menschen und Geschäfte, sondern auch das kulturelle Leben. Zu diesem gehören die Theater, Konzerthallen und vor allem die Museen mit ihren spannenden Ausstellungen. Die beiden wichtigsten in Santa Cruz sind das Naturkundemuseum Museo de la Naturaleza y el Hombre und das Kunstmuseum TEA – beide in unmittelbarer Nähe des afrikanischen Marktes gelegen.

TEA – Inbegriff moderner Kunst

TEA ist die Abkürzung für *Tenerife Espacio de las Artes*. Der helle, lichtdurchflutete Gebäudekomplex wurde von dem Schweizer Architekturbüro Herzog & de Meuron in Zusammenarbeit mit dem kanarischen Architekten Virgilio Gutiérrez geschaffen. Er besteht aus verschiedenen geometrisch geformten Riegeln, die wie überdimensionale Kuchenstücke nebeneinander platziert wurden, und zahlreiche verschiedene Ebenen und Diagonalen durch ein harmonisches System verbindet. Seine Fassade ist mit rund 1200 Kristallbausteinen in 720 verschiedenen Größen bestückt, die Helligkeit und Lichtreflexe erzeugen. Die fast 21 000 Quadratmeter umfassende Kunstgalerie verbindet den historischen Stadtteil am Barranco de Santos mit dem modernen Umfeld. Diese Kulturstätte bietet zeitgenössischen Künstlern Raum, um ihre Ideen und Visionen der Öffentlichkeit vorzustellen. Sie wird daher nicht nur als Bindeglied zwischen zwei Stadtteilen, sondern vor allem als Verbindung zwischen alter und neuer Kunst gesehen. Die verschiedenen Aspekte machen den Besuch nicht nur für Kunstfreunde zu einem besonderen Ereignis.

Mitte: Das TEA-Museum: Wechselnde und permanente Ausstellungen auf hohem Niveau sind im modernen Bauwerk zu sehen.
Unten: Die Einrichtung ist minimalistisch. Dadurch wird das Interesse genau darauf gelenkt, was im Mittelpunkt steht – die Kunst in ihrer vielfältigen Ausdrucksform.

TEA-Kollektionen

Der Museumspart gliedert sich in drei Teile mit wechselnden Ausstellungen. Der erste Part ist dem wohl bekanntesten kanarischen Maler, dem Surrealisten Oscar Domínguez gewidmet – zweifelsohne der international bekannteste Künstler, den Teneriffa je hervorgebracht hat. Die zweite Konstante bietet eine Auswahl der besten zeitgenössischen Maler Teneriffas und dokumentiert gleichzeitig die Entwicklung der kanarischen Kunst im Lauf des 21. Jahrhunderts. Ein dritter Sektor beherbergt Kunstwerke, die seit 1975 von Teneriffa aus signifikant zur Bereicherung der internationalen Kunstszene beigetragen haben. Zudem finden ständig wechselnde Ausstellungen internationaler Künstler statt. Zum TEA gehört auch das Zentrum für Fotografie, das über ein eigenes Laboratorium sowie Archiv verfügt.

Lebendige Kunst im TEA

Das Konzept des Museums basiert nicht nur auf der Begegnung mit der Kunst in verschiedenster Form, sondern will auch das Zusammentreffen der Menschen fördern. Dazu laden eine Cafetería, ein Kino und die rund um die Uhr geöffnete Bibliothek ein. Dort finden Besucher Tagespresse und das größte Archiv der Insel, darunter nicht nur Fachliteratur, sondern auch Belletristik. Vor allem von Studenten wird das breit gefächerte Angebot gerne angenommen. Tatsächlich gibt es Studenten, die die Nacht zum Tag machen und bis zum Morgengrauen in der Bibliothek pauken, bestätigt das Personal. In dem offenen und lichtdurchfluteten Raum stehen den Nutzern Computer mit kostenlosem Internetzugang zur Verfügung, und die Jüngsten finden im Untergeschoss Leseecken, wo sie – in Begleitung eines Erwachsenen – die Lust an Büchern für sich entdecken können.

AUTORENTIPP!

KINO IM MUSEUM

Das TEA zeigt am Wochenende (Fr–So) Filme in Originalversion mit spanischen Untertiteln. Das engagierte Programm mit oft sozialkritischem Hintergrund zieht viele Ausländer an, die auf der Insel leben. Die Vorführungen beginnen jeweils um 19 und 21 Uhr. Welche Filme demnächst gezeigt werden, erfährt man auf der Webseite www.teatenerife.com.

Die geräumige und offene Bibliothek bietet einen Fundus an Wissen und Internetanschluss. Sie ist rund um die Uhr geöffnet.

Das Naturkundemuseum von Santa Cruz

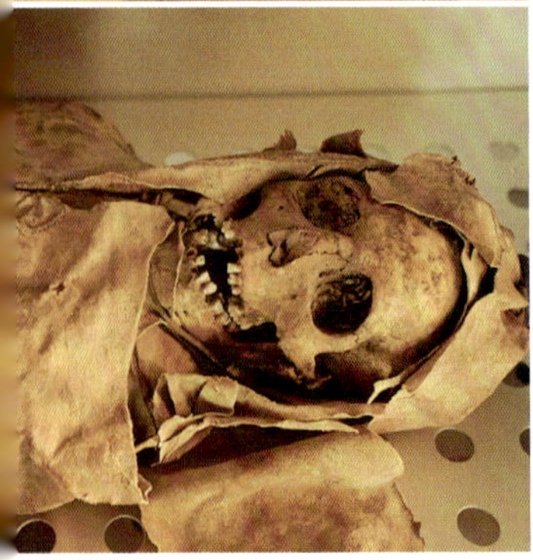

Mitte: Schätze und Relikte vergangener Zeiten finden sich im Naturkundemuseum. Es ist gleich neben dem TEA-Museum zu finden.
Unten: Besonders stolz ist das Naturkundemuseum auf seine außergewöhnliche Sammlung gut erhaltener Mumien.

Ausflug ins Naturkundemuseum

Das Museum für Natur und den Menschen, Museo de la Naturaleza y el Hombre, wurde 1997 von der spanischen Königin Sofía persönlich eingeweiht. Es befindet sich im neoklassizistischen Gebäude des ehemaligen Hospitals. In modernem Ambiente bieten hier das Naturwissenschaftliche und Archäologische Museum unter demselben Dach spannende Ausstellungen. Viele Informationen über die Flora und Fauna der Kanaren in Bild und Gestalt geben einen umfassenden Einblick in die natürliche Vielfalt der Inselgruppe.

Im 18. und 19. Jahrhundert zeigten zahlreiche Forscher aus aller Welt, darunter auch Darwin, Alexander von Humboldt und Verneau, Interesse an Teneriffa. Dank ihrer Studien verfügen wir heute über umfangreiches naturkundliches Wissen. Auf großen Bildschirmen kann man die Entstehung der sieben Inseln nachvollziehen und betrachtet dabei gebannt den Lavastrom, der die Grundlage allen kanarischen Lebens war. Rund die Hälfte der einheimischen Flora und Fauna sind endemisch, also einzigartig auf der Welt. Die Tierwelt mit ihren besonderen Exemplaren wird in nachgebildeten lebensechten Figuren oder ausgestopften Exemplaren veranschaulicht.

Auch die reiche Welt der Wale und Delfine rund um den Archipel ist in Lebensgröße zu bewundern. Wer schon immer einmal einen Blick in das Maul eines Hais riskieren oder sich über die Geschichte der Riesenschildkröten schlau machen wollte, die vor rund 700 Millionen Jahren den Archipel bevölkerten, kann dies hier auf unterhaltsame Weise tun.

Das Museum verfügt zudem über die größte Mumiensammlung Europas. Eine Sammlung wertvoller Relikte aus der Zeit der Guanchen gibt einen Einblick in das Leben der Ureinwohner, bevor sie von den spanischen Eroberern zivilisiert wurden. Alte Keramiktöpfe, Schmuck und Felsmalereien, die unter anderem bei El Tanque entdeckt wurden, geben Zeugnis längst vergangener Zeiten.

Nicht nur die Kostbarkeiten der Insel, sondern auch afrikanische und südamerikanische Kunstwerke von ethnologischem Wert werden ausgestellt und erklärt. Eine umfangreiche Sammlung zeigt Kristalle und Mineralien aus der ganzen Welt. Das Museum ist auf jeden Fall einen Besuch wert, wenn man sich für ethnologische und naturwissenschaftliche Themen interessiert.

Kino des TEA Museums

Infos und Adressen

INFORMATION

Generell. Der Besuch aller Museen Teneriffas ist sonntags kostenlos. Die meisten Museen sind an den Weihnachtstagen, Silvester, Dreikönig und am Faschingsdienstag geschlossen.

TEA Museum. Avda. de San Sebastián 8, Tel. 922 84 90 57, www.teatenerife.com, Di–So 10–20 Uhr. Die Bibliothek ist täglich 24 Stunden geöffnet, das Museum jedoch nur zu den angegebenen Zeiten. Je nach Ausstellung werden kostenlos geführte Rundgänge angeboten (Info auf der Website). Die Cafeteria ist öffentlich zugänglich. Angeschlossen ist auch ein Souvenirshop mit hochwertigen Handarbeiten.

Museo de la Naturaleza y del Hombre. C/ Fuente Morales, Tel. 922 53 58 16, www.museosdetenerife.org, Di–So 9–19 Uhr. An der Kasse gibt es für 3 € einen Audio-Guide, der die einzelnen Themenbereiche erläutert. Ein Miniführer in Deutsch wird zur Orientierung kostenlos angeboten. Unter der Telefonnummer 922 20 93 20 können Führungen in deutscher und englischer Sprache vereinbart werden.

Nackte Haut, prächtige Kostüme Salsa – das ist Karneval in Santa Cruz.

Infos und Adressen

MÄNNER IN FRAUENKLEIDERN

Wer sich an Karneval unter das Volk mischt, wird feststellen, dass sich ungewöhnlich viele Männer in Frauenkleider schwingen. Diese Tradition liegt nicht darin begründet, dass man einmal im Jahr das tut, was man schon immer mal tun wollte, sondern rührt daher, dass zu Zeiten der Diktatur Francos der Karneval verboten war. Erlaubt waren hingegen die sogenannten Winterfeste, zu denen aber nur Frauen gehen durften. Um nun dennoch einen lustigen Tanzabend verleben zu können, plünderten die Männer die Schränke ihrer Frauen, Schwestern und Mütter, um sich als Frauen verkleidet in die Ballsäle zu schmuggeln. Deshalb gilt: Nicht alles, was wie eine Frau aussieht, ist tatsächlich weiblichen Geschlechts.

5 Santa Cruz – Karneval
Rio lässt grüßen

Die fünfte Jahreszeit wird auf der Insel mit sprühender Lebensfreude gefeiert. Nicht umsonst gilt der Karneval in Santa Cruz als das europäische Pendant von Rio. Die Hauptstadt befindet sich im Ausnahmezustand, und zahlreiche Veranstaltungen füllen die Straßen mit Leben. Salsa und Samba gehören ebenso dazu wie herrliche Kostüme voller Farbenpracht.

Für Urlauber, die zur Karnevalszeit auf der Insel sind, ist der Umzug am Faschingsdienstag ein Muss. Einmal sollte man dieses glamouröse Geschehen live erlebt haben, bei dem neben der Karnevalskönigin auch alle Konkurrentinnen teilnehmen, die sie auf die Plätze verwiesen hat. Tausende säumen die Straßen und lassen sich vom Rhythmus der Trommeln anstecken.

Die Kür der Karnevalskönigin

Die Königin des Karnevals wird jedes Jahr zu Beginn der närrischen Saison in einer aufwendigen Gala gekürt. Obwohl sie stundenlang dauert, wird die Show mit vielen Glanzpunkten und der Präsentation der rund zehn bis fünfzehn Anwärterinnen nie langweilig. Im Gegenteil: Viele Tinerfeños stellen sich stundenlang an, um Karten zu bekommen. Die Liveübertragungen in den lokalen Fernsehsendern erreichen Rekordeinschaltquoten.

Schönheit ist nicht das alleinige Kriterium bei der Wahl. Bewertet werden vor allem die Kostüme mit ihren prachtvollen Aufbauten, die manchmal mehrere Hundert Kilo schwer sind plus noch mehrere Kilo Kopfschmuck obendrauf. Was anmutig und elegant aussieht, ist körperliche Schwerstarbeit.

Karnevalsgruppen ohne Ende

Teneriffas Karneval enthält sich jeglicher politischer Aussage. Einzige Ausnahme bilden die sogenannten Murgas, die als lustige Chöre auftreten und selbst gedichtete Lieder schmettern. Sie basieren auf bekannten Melodien, aber im Text finden sich versteckte Kritikpunkte. Um diese zu verstehen, muss man allerdings gut Spanisch sprechen. Anders verhält es sich mit den Tanzgruppen, die im Salsa- und Sambatakt mit tollen Choreografien, bunten Kostümen und viel nackter Haut Stimmung machen. Ihre Ausscheidungswettbewerbe sind auch bei Ausländern beliebt.

Die Beerdigung der Sardine

Als Schlussakt des Karnevals findet das *entierro de la sardina* statt. Dazu benötigt man einen Riesenfisch aus Pappmaschée, der auf einen geschmückten Wagen geschnallt und durch die Straßen gezogen wird. Begleitet wird dieses Prachtexemplar von einer Schar schwarz gekleideter, trauernder Witwen, die lautstark jammern und Krokodilstränen vergießen. In Wirklichkeit sind es meist Männer, die Ihren Spaß haben. Am Ende des Trauerzuges wird die Sardine und damit der Winter symbolisch verbrannt und mit einem pompösen Feuerwerk verabschiedet.

Alternativen zu Santa Cruz

Wer erst nach der Karnevalswoche auf die Insel kommt, muss sich nicht grämen, denn an vielen Orten beginnen die Feierlichkeiten erst, wenn das Spektakel in Santa Cruz vorbei ist. Die Karnevalsgruppen ziehen tanzend und singend über die ganze Insel, um an anderen Umzügen teilzunehmen. Weitere Hochburgen sind Puerto de la Cruz, La Orotava, Los Realejos und Icod de los Vinos sowie Los Cristianos und Los Gigantes. Fast überall gibt es dabei lokale Besonderheiten.

AUTORENTIPP!

NÄRRISCHE HIGHLIGHTS

Den Karneval sollte man sich auf keinen Fall entgehen lassen. Besonders geeignet für ausländische Besucher ist eindeutig der Karnevalszug in Santa Cruz oder auch der eine oder andere Tanzabend, wenn man sich gerne ins Getümmel stürzt. Nur keine Scheu – die Canarios freuen sich über alle, die mitfeiern.
Die Gala zur Wahl der Karnevalskönigin ist ein imposantes Spektakel, aber die Eintrittskarten sind oft schwer zu bekommen. Diesen Aufwand kann man sich als Urlauber getrost sparen, denn bei der Übertragung im lokalen TV bekommt man einen ebenso guten Eindruck. Spannend sind vor allem die tollen Kostüme, die man auf dem Bildschirm sogar besser sieht.

Viele Frauen träumen davon ein Mal Karnevalskönigin von Santa Cruz zu sein. Die schweren Kostüme zu bewegen ist Schwerstarbeit.

6 Anagagebirge

Wilde Romantik

Das wildromantische Anagagebirge im Norden von Santa Cruz ist ein beliebtes Ausflugsziel, das sowohl zu Fuß als auch per Auto erkundet werden kann. Man vermutet, dass vor rund zehn Millionen Jahren drei eigenständige Inseln, nämlich das heutige Tenogebirge, das Anagagebirge und die Berge rund um Adeje, durch die Eruption eines gewaltigen Urvulkans zum heutigen Teneriffa verschmolzen sind. Die Kombination von schroffer Gesteinswelt mit herrlichen Ausblicken und aromatisch duftenden Lorbeerwäldern lockt am Wochenende zahlreiche Besucher an.

Die bezaubernde Bergwelt kann sowohl von Santa Cruz als auch von Laguna aus über schmale, gut ausgebaute Bergstraßen erreicht werden. In Serpentinen windet man sich über die Bergrücken und erlebt dabei so manch spektakulären Ausblick. Unterwegs findet man immer wieder Rastplätze, die zu einer kurzen Picknickpause einladen. Der größte Teil des Gebirges ist als Naturschutzgebiet ausgewiesen und mit zahlreichen Wanderwegen erschlossen, die gut ausgeschildert sind.

Lorbeer, Eukalyptus sowie wild wachsende Büsche und Kräuter verströmen ihren betörenden Duft. Diesen Wald muss man nicht nur gesehen, sondern vor allem gerochen haben. Eine Mischung aus Kräutertee und Hustenbonbon, in der es gut tut, mal so richtig tief Luft zu holen. Dazwischen fangen bizarr geformte Felsformationen, Schluchten oder ein plötzlicher Ausblick auf die zu Füßen liegende Hauptstadt Santa Cruz den Blick ein. Man fühlt sich zurückversetzt in eine Zeit ohne Zivilisation, in der die Natur die Oberhand hatte.

Mitte: Das Anagagebirge ist eine eigene Welt, die durch ihre schroffen Felswände, tiefen Barrancos, aber auch durch ihre aromatischen Wälder an Berghängen fasziniert.
Unten: Auf engen Bergstraßen schlängelt man sich in die idyllische Bergwelt.

Anagagebirge

Zweifelsohne zählt dieser Landstrich zu den zauberhaftesten der Insel, der jeden Naturfreund gefangen nimmt. Die Gewächse, die Düfte und die Bergspitzen, die im höchsten Punkt, dem 1024 Meter hohen Taborno, gipfeln, vereinbaren sich zu einem harmonischen Ganzen, das den Atem raubt.

Am Wochenende finden sich zahlreiche Städter zum Sonntagsausflug ein, aber unter der Woche ist man meist ungestört. Ein Tag im Anagagebirge bedeutet Abgeschiedenheit, unberührte Natur und Schönheit pur. Genau die richtige Umgebung, in der die menschliche Seele auftanken und Kraft schöpfen kann.

Taganana

Mitten in dieser Einöde, auf 240 Metern Höhe, liegt der malerische Ort mit dem klangvollen Namen Taganana. Etwa 700 Einwohner haben sich mit der rauen Kraft der Natur arrangiert und sich auf dem Bergrücken bis hin zur Küste ihr bescheidenes Leben eingerichtet. Eine beschauliche Plaza, eine respektable Kirche mit einem wertvollen Tryptichon aus dem 16. Jahrhundert, drum herum ein paar weiß gestrichene Häuschen – und schon ist ein Dörfchen mitten in den Bergen fertig. Die Bewohner haben stets die bizarren Felsformationen und die wildromantische Küste zu ihren Füßen im Blick.

Noch bis in die 1960er-Jahre führte keine Straße in dieses Bergidyll. Wer bis nach Taganana vordringen wollte, konnte den Ort je nach Budget nur zu Fuß oder auf dem Rücken eines Esels erreichen. Auch heute noch ist Taganana nicht wirklich auf Autoverkehr eingerichtet. Die Gassen sind eng und zum Teil sehr steil. Eine Durchfahrt mit dem Auto ist nahezu unmöglich beziehungsweise sehr gefährlich. Eigens deshalb wurde vor den Toren des Dörfchens ein Parkplatz angelegt, auf dem

AUTORENTIPP!

ÜBERNACHTEN IM GEBIRGE

Wer sich den Naturgenuss des Anagagebirges nicht nur für einen Tagesausflug gönnen möchte, kann in der Wanderherberge Albergue Montes de Anaga übernachten. Mitten im Naturschutzpark bei El Bailadero gelegen bildet sie den idealen Ausgangspunkt für Wanderungen oder Klettertouren. Sie bietet bis zu 40 Personen Platz, die in Zwei-, Vier-, und Sechsbettzimmern untergebracht werden. In einem kleinen rustikalen Restaurant kann man sich sogar mit Halbpension verköstigen lassen. Besonders frequentiert ist diese einfache und preisgünstige Unterkunft in den Monaten Mai und August. Neben Wanderern finden sich Jugendgruppen ein, die an geführten Aktivitäten in der Natur teilnehmen. Wer Ruhe sucht, sollte lieber an Wochentagen kommen.
Albergue Montes des Anaga. Reservierungen unter Tel. 922 82 20 56 oder 922 82 32 25, Fax 922 31 01 93, www.alberguestenerife.net. DZ mit eigenem Bad 30 €.

Igueste ist ein verstecktes Idyll im Norden, das sich zu entdecken lohnt.

man das Auto auch abstellen sollte. Es versteht sich von selbst, dass man diese Gegend nur mit festem Schuhwerk und nicht etwa auf Stöckelschuhen erkundet.

Die Menschen hier leben vom Anbau der Süßkartoffel, von ihren Ziegenherden und dem schmackhaften Fisch. Außerdem wächst auf den Hängen ein köstlicher Wein, der ebenso authentisch ist wie die Bewohner dieser Gegend. Mancherorts entdeckt man Hinweisschilder von kleinen Winzern, die ihre Erzeugnisse zum Kauf anbieten. Etwa drei Kilometer sind es bis zum Meer hinunter, wo in Las Bodegas mehrere kleine Fischrestaurants vorzügliche und preiswerte Küche bieten.

Playa de Benijo

Hier unten an der Küste locken mehrere kleine Badebuchten mit Kiesel- oder sogar natürlichen Sandstränden. Eine der schönsten Buchten ist die Playa de Benijo. Wenn man vom Ortsteil Las Bodegas aus um die nächste Kurve fährt, fällt der

Mal ehrlich …

ATLANTIK MIT TÜCKEN

Vorsicht, gefährliche Strömung!

Im Ozean entlang der Küste des Anagagebirges gibt es gefährliche Strömungen und manchmal einen recht rauen Wellengang. Es wird daher unbedingt empfohlen, am Strand auf die Fahnen zu achten und bei Rot auf keinen Fall ins Wasser zu gehen. Außerdem sollte man sich beim Baden ausschließlich in der Nähe der Bucht bewegen und nicht zu weit von der Küste wegschwimmen. Wenn man sich an diese Vorsichtsmaßnahmen hält, dann steht dem Badevergnügen nichts im Wege. Auch die kühnen Wellenreiter, die sich vom Atlantik auf einem wilden Ritt tragen lassen, leben besser, wenn sie die Sicherheitsregeln beachten.

Oben: Die Playa de Benijo ist ein verstecktes Badeörtchen, das nur über Treppen zu erreichen ist.
Mitte: Weiß getünchte »Dörflichkeit« schmiegt sich in Taganana an die schroffen Hänge.
Unten: Playa de las Bodegas

Blick auf diese romantische Bucht, die das ganze Jahr über mit Sand bedeckt ist. Blickfang ist dabei der Roque de Anaga, der vor der Küste im Atlantik steht. Daneben gibt es weitere Felsbrocken, die von der Natur willkürlich in der Landschaft oder im Ozean verteilt scheinen. Eine malerische Kulisse für ein paar idyllische Sonnenstunden.

Playa de las Bodegas

Dieser Küstenstrich ist wie die ganze Gegend von gigantischen Felsen geprägt. Rund um die schwarzsandige Bucht von Las Bodegas windet sich wie eine Art Landzunge ein Felsbrocken, auf dem man einen kurzen Spaziergang in der Ozeanbrise unternehmen kann. Beliebt ist diese Bucht übrigens nicht nur bei Sonnenanbetern, sondern auch bei Anglern, die von lauschigen Plätzchen aus auf einen reichen Fang hoffen. Vor allem in den Wintermonaten können die Strömungen in diesem Bereich sehr stark sein, und man sollte sich beim Schwimmen nicht zu weit hinauswagen. Im Sommer lässt der Sog etwas nach. Vorsicht ist aber dennoch angebracht. Entlang der Küstenstraße finden sich kleine Restaurants, die vor allem auf Fisch spezialisiert sind.

Chinamada – das Höhlendorf

In Chinamada leben die Menschen nicht nur auf und mit dem Berg, sondern im wahrsten Sinne des Wortes im Berg. Gäbe es auf der Insel Füchse, würden sie hier bestimmt den Hasen gute Nacht sagen. In der totalen Abgeschiedenheit des westlichen Anagagebirges stellt dieser Ort auf 500 Metern Meereshöhe eine absolute Rarität dar, deshalb ist Chinamada ein Ausflugsziel für Freunde des Außergewöhnlichen. Nur noch etwa fünfzehn Seelen leben in diesem Dörfchen, und zwar in Höhlenhäusern. Dabei handelt es sich nicht etwa

Oben: Von außen sieht alles normal aus, doch hinter der Haustür leben die Menschen in Chinamada wie in einer Höhle im »Bauch« des Berges.
Mitte: Die Felder des Anagagebirges verlangen den Menschen viele Mühen ab.
Unten: Kaktusfeigen

Oben: Nur Pflanzen, die Trockenheit und raue Winde aushalten, haben in dieser Wildnis eine Chance.
Mitte: Lorbeer und Eukalyptus
Unten: Die Mystik von einst zieht auch heute noch wie ein Schauder über das Gemüt, wenn sich die Welt in Nebelwolken hüllt, wie hier in der Nähe bei Los Bailaderos.

um primitive Höhlen, wie sie einst von den Ureinwohnern bewohnt wurden, sondern um Wohnungen, die in den Berg hinein gehauen und dann ausgebaut wurden. Auf den ersten Blick sehen die Fassaden der Häuser ganz normal aus. Bunt gestrichen, Geranientöpfchen oder ein Stuhl vor der Tür, wo man sich von den Mühen des Alltags erholen kann. Erst bei genauerem Hinsehen erkennt man, dass sich hinter der Fassade gar kein Haus befindet, sondern Bergmassiv und tatsächlich, sobald man den Wohnraum betritt, setzt man den Fuß in das Innere des Berges.

Einst, als man hier noch von der Landwirtschaft und Ziegenherden lebte, konstruierten die Urahnen diese Behausungen im Stein, um vor den rauen Winden, Sturm und Regen geschützt zu sein. Man fühlte sich sicher im Bauch des Berges und sah auch den größten Unwettern gelassen entgegen. So geht es auch heute den meisten Bewohnern. Zwar sind sie durchwegs im Rentenalter und müssen sich nicht mehr abmühen, dem kargen Boden eine Ernte abzuringen, aber trotzdem kann sich keiner vorstellen, sein Kopf auf einem anderen Kissen zu betten als dem in seiner Höhle. Wanderer fragen sich hier übrigens manchmal zu Recht, ob sie nicht gerade jemandem auf dem Kopf herumtanzen. Wer möchte, kann auch rechts um den Bergrücken herum bis zu einem Mirador (Aussichtspunkt) laufen und den grandiosen Ausblick genießen.

Das i-Tüpfelchen dieses eigenwilligen Dörfchens ist der Panoramablick, der sich dem begeisterten Naturfreund bietet. Wild zerklüftete Felswände, Kaktusfeigen, die als wilde Hecken wandern, schweift der Blick über den tiefblauen Atlantik an der Küste von Punta de Hidalgo, die man über einen rund 90-minütigen Fußmarsch erreichen kann. Wer dies vorhat, sollte von La Laguna aus mit dem Bus nach Las Carboneras fahren, von dort rund zwei Kilometer nach Chinamada laufen. Dort kann man dann dem Fußweg an die Küste folgen.

Wer lieber mit dem Auto unterwegs ist, fährt in La Laguna auf der TF 13 Richtung Las Mercedes und von dort weiter ins Anagagebirge hinauf. Vor Taborno biegt man links auf die TF 145 nach Las Carboneras ab und erreicht über eine sehr wenig befahrene kleine Straße Chinamada, den letzten Außenposten der Zivilisation inmitten der wilden Natur.

Die Anaga-Legende

Den alten Überlieferungen zufolge sollen im Anagagebirge drei alte Seherinnen in einer verborgenen Höhle gelebt haben. Bei ihnen und ihrem Orakel suchten die Ureinwohner Rat in schwierigen Lebenslagen. Sie sollen auch die Guanchenfürsten vor der Eroberung durch die Spanier gewarnt haben. Diese Warnung wurde allerdings nicht ernst genommen.

Abendstimmung im Anagagebirge mit seinen bizarren Felsen, steilen Schluchten und dem Märchenwald, der sich aus den Nebelwolken die nötige Feuchtigkeit zieht.

AUTORENTIPP!

AFUR – DAS MATTERHORN TENERIFFAS

Mitten in der Bergwelt des Anagagebirges ragt der gewaltige Roque de Taborno auf. Seine charakteristische Form hat dem Felsen den Spitznamen »Matterhorn von Teneriffa« eingebracht. Eine Wanderung zu diesem Urgestein beginnt in rund 900 Metern Höhe oberhalb von La Laguna beim Ausflugslokal »Casa Carlos«. Von dort aus führt ein Wanderweg zunächst zum Dorf Taborno. Der Pfad schlängelt sich durch dichten grünen Lorbeerwald und Eukalyptusbäume, was die Geruchsnerven aufs Angenehmste stimuliert. Nach etwa 45 Minuten erreicht man Taborno, das schöne Aussichten auf die Bergwelt bietet. Vom zentral gelegenen Kirchplatz steuert man zunächst einen Aussichtspunkt an, der den Blick auf den berühmten Felsen, der dem Matterhorn so ähnlich ist, freigibt. Nächstes Ziel ist das Dörfchen Afur, das man nach einem etwa anderthalbstündigen Fußmarsch erreicht. Einsam gelegene Häuser, Terrassenfelder und Natur pur, so weit das Auge reicht, charakterisieren diese Route. Im unteren Ortsteil, Afur Bajo, gibt es eine urige Bar, in der man einkehren kann, bevor man den Bus zurück nach La Laguna nimmt.

7 La Laguna

Metropole mit historischen Fassaden

Die Stadt San Cristobál de La Laguna, kurz La Laguna genannt, ist nach der Hauptstadt die bedeutendste Stadt Teneriffas. Aufgrund ihrer vielen historischen Gebäude zählt die Universitätsstadt seit 1999 zum UNESCO-Weltkulturerbe. Neben ihrer ausgeprägten Fußgängerzone profitiert sie von ihren vielen Studenten. Hier kann man leicht einen ganzen Tag voller interessanter Highlights verbringen.

Aufgrund ihrer Lage rund 550 Meter über dem Meeresspiegel sowie durch den Nord-Ost-Passatwind ist es in La Laguna meist um einige Grade kälter als in der benachbarten Hauptstadt. Im Winter kann es kühl und feucht sein, während sich im Sommer die Hitze breitmacht. Die belebte 150 000-Einwohner-Stadt zieht vor allem am Wochenende viele Besucher an. Häufig werden Modenschauen oder Open-Air-Musiknächte angeboten, die den Stadtkern attraktiv machen. Mit Santa Cruz ist sie durch eine Straßenbahnlinie verbunden.

Mitte: Die Iglesia de Nuestra Señora de la Concepción in der Altstadt La Lagunas liegt am Ende einer Fußgängerzone.
Unten: Hoch auf dem Glockenturm dieser Kirche hat man einen herrlichen Ausblick auf die gesamte Stadt und das Umland.

Wie alles begann ...

Nach der Eroberung der Insel durch die Spanier Ende des 15. Jahrhunderts wurden auf dem Hochplateau von La Laguna die ersten Siedlungen gegründet. Hier sicherte eine Süßwasserlagune, die der Stadt später den Namen gab, die Trinkwasserversorgung. Außerdem bot der fruchtbare Boden ideale Voraussetzungen für Ackerbau. Ein weiteres wichtiges Argument war die Entfernung zum Hafen, die einen guten Schutz vor angreifenden Piraten bot. Nach den ersten armseligen Behausungen entwarf der italienische Ingenieur Leonardo Torriani 1588 einen ersten Stadtplan zur künftigen Besiedelung. La Laguna ist im Zeichen der Windrose angelegt, und die Straßen folgen in geraden Linien einem Schachbrettmuster. Im Lauf des 16. und 17. Jahrhunderts entstanden herrschaftliche Gebäude, Kirchen und Klöster. Später bewährte sich, dass La Laguna direkt auf der Route zwischen Garachico, dem damaligen Haupthafen, und Santa Cruz lag. Bis 1822 war sie Hauptstadt der Insel, und noch heute ist es das Zentrum der religiösen Macht: Der Klerus hat sich mit zahlreichen Klöstern und Kirchen etabliert, auch der Bischofssitz Teneriffas ist im historischen Stadtkern.

Das Herzstück des Stadtlebens

Die Calle Obispo Rey Redondo mit ihrem Kopfsteinpflaster führt direkt zum Herzstück der historischen Stadt, der Plaza del Adelantado mit einem Marmorbrunnen von 1870. Auf dem Weg kommt man an der Casa Alhóndiga aus dem 18. Jahrhundert vorbei, deren Fassade etwa Mitte des 19. Jahrhunderts im neoklassizistischen Stil renoviert wurde. Die Casa Alvarado Bracomonte wurde Anfang des 17. Jahrhunderts erbaut und beherbergt heute das Tourismusbüro. An der Ecke zur Plaza Adelantado sticht vor allem das Rathaus, Casa de los Corregidores (16. Jahrhundert), im platteresken Stil ins Auge. Seine Fassade ist mit blauen Mosaiksteinen aus dem Ortsteil Tegueste verziert.

Rund um die Plaza del Adelantado gruppieren sich wichtige historische Gebäude wie der Palacio Nava y Grimón aus dem 16./17. Jahrhundert. Auch an seiner Fassade findet man die blauen Bruchsteine aus Tegueste, bezeichnend sind vor allem die Balustraden und das Familienwappen. Auch das Kloster und die Kirche Santa Catalina sind hier zu finden.

AUTORENTIPP!

GESCHICHTSMUSEUM PALACIO LERCARO

Das Museo de Historia de Tenerife ist in einem der ältesten Häuser der Stadt, dem Palacio Lercaro, untergebracht. Es wurde 1593 von einer reichen Kaufmannsfamilie gebaut und repräsentiert ein typisches Wohnhaus der höheren Gesellschaftsschicht. Auf kurzweilige Weise wird man in die geografische, zivile, religiöse und militärische Entwicklung Teneriffas eingeführt. In dem prächtigen Innenhof mit seinen Holzbalustraden aus Lorbeerholz fanden einst zur Belustigung der oberen Gesellschaftsschichten Hahnenkämpfe statt. Heute befindet sich dort eine zur Jahrtausendwende von dem kanarischen Bildhauer Paco Palomino geschaffene Jahrhundertuhr.
Das Museum beherbergt aber auch eine schaurige eigene Geschichte. Demnach soll Catalina, die 17-jährige Tochter der Familie Lercaro, zu einer Vernunftehe mit einem viel älteren Geschäftsfreund gezwungen worden sein. Noch in der Hochzeitsnacht stürzte sie sich in den Brunnen und ertrank. Heute noch soll ihr Geist durch die Räume wandern. Man erzählt sich von einem spürbaren eisigen Windhauch, der ihren Geist umgibt, und manch einer will eine weiße Gestalt oder ihr Gesicht im Brunnenwasser gesehen haben.

Oben: Der Brunnen ist das zentrale Wahrzeichen des Plaza Adelantado in der Innenstadt. Alle wichtigen Prozessionen ziehen an ihm vorbei.
Mitte: Eine weitere Kirche ist Santo Domingo, ebenfalls in der Altstadt
Unten: Der Kreuzgang im ehemaligen Kloster San Águstin

Mal ehrlich ...

FROSTBEULE LA LAGUNA

La Laguna ist eine kalte Stadt. Vor allem im Winter und Frühjahr kann es häufig zu Nebelbildung und Nieselregen kommen. Dann wird es ungemütlich. Von Teneriffas Sonne ist meist weit und breit nichts zu spüren. Tipp: Nach La Laguna sollte man immer eine Jacke mitnehmen.

Die zweite wichtige Plaza der Stadt, die Plaza de la Concepción, ist am westlichen Ende der Calle Obispo Rey Redondo. Sie dient als Vorplatz zur gleichnamigen Kirche. Auf dem Weg passiert man eine Reihe historischer Gebäude, allen voran das Teatro Leal (1915) mit seiner Jugendstilfassade, und die eleganten Häuser des Bürgertums.

Als dritter Platz im Bunde schließt sich nördlich die Plaza del Cristo an. Dort befindet sich die Markthalle, in der man jeden Vormittag (außer sonntags) in das typische Alltagsleben der Canarios eintauchen kann.

Iglesia de Nuestra Señora de la Concepción

Die älteste und wichtigste Kirche ist die Iglesia de Nuestra Señora de la Concepción. Bereits 1496 entstand an dieser Stelle die erste Kapelle, das heutige Bauwerk wurde im 16. bis zum 18. Jahrhundert errichtet. An dem Taufbecken aus Majolika wurden 1496 die ersten Ureinwohner zum christlichen Glauben bekehrt. Die Kirche und der dazugehörige Turm aus Haustein sind markantes Wahrzeichen der Stadt. Letzterer kann täglich von 9 bis 16.30 Uhr bestiegen werden. Von oben hat man einen grandiosen Blick auf die historische Altstadt und das weite Umland.

Convento San Agustín

Wendet man sich von La Concepción aus nach Norden, trifft man nach wenigen Metern auf das ehemalige Kloster aus dem 16. Jahrhundert, das vom Augustinerorden errichtet wurde. Schon früh wurde hinter diesen Mauern Mathematik und Grammatik gelehrt, im 18. Jahrhundert beherbergte das Kloster die erste Universität der Kanaren. Im Lauf der Geschichte wurde es für die unterschiedlichsten Zwecke genutzt. Heute ist in einem Trakt die Sekundarschule Canarias Cabrero Pinto untergebracht, in der bedeutende Persönlichkeiten die Reifeprüfung ablegten. Der Convento San Agustín bezaubert durch zwei wunderschön gestaltete Innenhöfe, den einstigen Kreuzgängen: Die sieben toskanischen Säulen auf jeder Seite sind aus rotem Quaderstein gefertigt und ruhen auf Holzfüßen. Im Mai bilden hier die farbig blühenden Kamelienbäume eine malerische Kulisse. Teile des Klosters und der dazugehörigen Kirche wurden 1964 durch einen Brand zerstört. Von Letzterer sind heute nur noch die Außenmauern und das Hauptportal mit einem Marmorrelief der Virgen de Gracia zu sehen.

Real Santuario d. Santisimo Cristo

Die Klosterkirche Real Santuario del Santisimo Cristo de La Laguna ist am nördlichen Ende der historischen Altstadt, an der Plaza del Cristo. Dieses unscheinbare Gotteshaus, das zum Kloster San Miguel gehört, beherbergt einen der größten Kunstschätze Spaniens: einen versilberten Altaraufbau aus dem Barock. In der Nische des reich verzierten Altars ist das versilberte Holzkreuz, das die Skulptur des Allerheiligsten Christus von La Laguna trägt. Jedes Jahr am 14. September findet ihm zu Ehren ein großes Fest statt, bei dem Kreuz und Figur durch die Straßen der Stadt getragen werden.

An der Holzdecke der Iglesia de la Concepcion kann man die Einflüsse des maurischen Stils gut erkennen.

AUTORENTIPP!

ERLEBNISPARK PEDRO GONZÁLEZ

Ein ungewöhnlicher Stadtpark befindet sich an der Peripherie des Stadtkerns: Der nach dem ehemaligen Bürgermeister und zeitgenössischem Künstler benannte Parque Pedro González ist nicht nur ein Park mit großer botanischer Vielfalt, darunter unzählige Wasserpflanzen und 15 verschiedenen Ulmenarten, sondern vor allem ideal für aktive Menschen oder Familien mit Kindern. Hier gibt es Kinderspielplätze für alle Altersstufen, Fahrradpisten, Plätze für alle Ballsportarten, einen Kletterfelsen und sogar einen Skaterparcours. Ideal für alle, die spazieren gehen, joggen, spielen oder Sport betreiben möchten. Ausruhen kann man sich in einem Café mit Außenterrasse. Das eingezäunte Gelände ist täglich von 9 bis 18 Uhr geöffnet.

Stadtrundgang La Laguna

Ⓐ Plaza del Adelantado
Die Erkundungstour startet man am besten vom zentralen Platz im Herzen der Altstadt. In der Kirche des Klosters Santa Catalina auf der Westseite der Plaza ruht die Nonne Sor María Jesú.

Ⓑ Casa Alhóndiga
Der Eingang dieses Hauses aus dem 18. Jahrhundert ist mit kanarischen Mühlensteinen verziert. Über dem Eingang prangt das Wappen des spanischen Königshauses. Heute ist es Teil des Rathauses.

Ⓒ Teatro Leal
Dieses Gebäude, das Anfang des 20. Jahrhunderts im Stil des Eklektizismus erbaut wurde, ist das kulturelle Zentrum der Stadt. Hier finden Konzerte und Theateraufführungen statt.

Ⓓ Nuestra Señora de la Concepción
Eine der Hauptkirchen der Stadt mit einem begehbaren Kirchturm. Von dort aus hat man einen wunderschönen Panoramablick auf die Stadt.

Ⓔ Convento San Agustín
Der Ursprung der Kirche und des ehemaligen Klosters geht auf das 16. Jahrhundert zurück. Heute beherbergt es das Insituto Cabrera Pinto, eine Sekundarschule, und ist teilweise zu besichtigen.

Ⓕ Casa Salazar / Palacio Episcopal
Dieses Haus aus dem 17. Jahrhundert ist der Bischofssitz der Diözese Teneriffa. Nach einem Brand wurde es komplett renoviert und 2009 wiedereröffnet.

Ⓖ Palacio Lercaro
Im Palacio Lercaro ist das Geschichtsmuseum der Stadt untergebracht. Außerdem soll ein Geist durch das alte Gemäuer spuken.

Ⓗ Mercado Municipal
Die Markthalle von La Laguna ist täglich geöffnet.

Ⓘ Casa Montañés
Dieses Haus wurde im 18. Jahrhundert von der Kaufmannsfamilie Montañés erbaut. Es gilt als typisches Beispiel des Baustils der nicht adeligen Oberschicht.

Ⓙ Santuario und Convento San Francisco
Franziskanerkloster, das vor allem durch seine zunächst eher unscheinbare Klosterkirche bekannt ist. Im silbernen Hochaltar ist die berühmte Figur des Allerheiligsten Christus von La Laguna integriert.

Infos und Adressen

INFORMATION

Oficina de Turismo. C/ Carrera/Obispo Rey Redondo 7, Casa Alvarado Bracamonte, Tel. 922 60 11 06, www.visitalalaguna.es. Von hier starten die Stadtführungen. Allgemeine Führung in Deutsch: Mo–Fr um 11.30 Uhr. Alternative: für 3 € erhält man ein Ticket, das speziell Zugang zu Kirchen und Klöstern gewährt (Führungen derzeit nur in Spanisch).

Oficina de Turismo. C/ Carrera 7, im Turm der Kirche La Concepción, Tel. 922 63 11 94, allgemeines Informationszentrum.

Parkhaus. Direkt an der Hauptzufahrtsstraße zum Stadtkern kann man das Auto abstellen. Zur Altstadt sind es nur rund fünf Gehminuten. An der gleichen Straße befindet sich auch die Straßenbahnhaltestelle.

ESSEN UND TRINKEN

Bodegón Viana. Gemütliche Atmosphäre und typische kanarische Gerichte. Seit Jahrzehnten etabliertes beliebtes Lokal. C/ Viana 35, Tel. 922 26 42 13.

Patio Canario. Etwas außerhalb der Altstadt gelegenes, aber vom Ortskern zu Fuß erreich-bares Restaurant mit Tradition. Das Gebäude aus dem 18. Jahrhundert gibt dem Lokal ein besonderes Flair. Urig und typisch kanarisch, auch auf der Speisekarte. C/ Manuel de Ossuna 8, Tel. 922 26 46 57.

Casa Viña Norte. Ladenlokal mit den Spezialitäten der Weinkellerei Viña Norte. Tapas und Wein zum Probieren und Mitnehmen. Historisches Gebäude an der Plaza de La Concepción 16, direkt gegenüber der Iglesia de la Concepción. Tel. 922 63 02 16

La Perla Negra. Erlebnislokal für die ganze Familie, das einem Piratenboot nachempfunden wurde. Verschiedene Bereiche mit italienischer oder mexikanischer Küche, hausgebrautem Bier. Separate Kinderecke. CC Alcampo s/n, im Einkaufszentrum Alcampo. Man fährt in La Laguna auf die Autobahn in Richtung Puerto de la Cruz und verlässt sie nach wenigen Kilometern wieder in Richtung Centro Comercial (ausgeschildert mit einem Einkaufswagen), Tel. 922 021 019.

ÜBERNACHTEN

Nivaria. Familienfreundliches Aparthotel mit drei Sternen. Hübsch eingerichtet im kanarischen Stil. Zentrale Lage inmitten der historischen Altstadt. Plaza del Adelantado 11, Tel. 922 26 42 98, www.hotelnivaria.com

Aguere. Hübsches Drei-Sterne-Haus in einem denkmalgeschützten Gebäude aus dem 18. Jahrhundert, das an sich eine Sehenswürdigkeit ist. Die antik anmutende Einrichtung orientiert sich an der kanarischen Tradition, dennoch kann man modernen Komfort erwarten. C/ La Carrera / Obispo Rey Redondo 55, Tel. 922 25 94 90, www.hotelaguere.es

NACHTLEBEN

Aufgrund der vielen Studenten gibt es in der Innenstadt von La Laguna zahlreiche Bars und Kneipen mit viel Abwechslung. Am Wochenende gibt es in einigen Livemusik.

Dominga und ihr Mann führen die Besucher auf Deutsch oder Spanisch durch »ihre« Stadt.

Mitte: Hochwertige Intarsien und Holzarbeiten zieren die Decke der zum Kloster Santa Catalina de Siena gehörenden Kirche.
Unten: Nur durch ein Gitter dürfen die in strenger Klausur lebenden Nonnen ihre Familienangehörigen sprechen.

8 La Laguna – Kloster S. Catalina

Die unversehrte Nonne

Das Kloster Santa Catalina an der Westseite der Plaza Adelantado, mitten im Herzen der Stadt, ist nicht nur ein wunderschönes historisches Gebäude, sondern gleichzeitig eine wichtige Kultstätte der Insel. Hier lebte einst eine Nonne, die zur Kultfigur Teneriffas geworden ist.

Das ehrwürdige Kloster

Das Monasterio de Santa Catalina de Siena stammt aus dem 17. Jahrhundert und wurde vom Dominikanerorden erbaut. Am 23. April 1611 zogen die ersten Nonnen aus Sevilla ein. Später haben die Erbteile begüterter Nonnen den Orden, der eine enge Beziehung zum spanischen Königshaus unterhält, vermögend gemacht. Nach und nach wurde die Anlage erweitert, wobei der Bauplan der typischen hermetischen Klosterarchitektur folgte. Die mit Holzgittern geschlossenen Außenbalkone erinnern an den maurischen Stil.

Die hier lebenden Nonnen grenzen sich in strenger Klausur von der Außenwelt ab. Während es in den letzten Jahrhunderten auch in reichen Familien üblich war, wenigstens eine Tochter als Braut Christi abzugeben, leben heute nur noch sechs Dominikanerinnen nach den strengen Ordensregeln. Durch eine Klappe im Innenhof des Gebäudes kommunizieren Händler, Ratsuchende und Besucher mit den Dominikanerinnen oder geben Spenden ab. Das sogenannte Sprechzimmer im ersten Stock, das vom Innenhof aus zugänglich ist, zeugt von der Abgeschiedenheit, der die Nonnen in den vergangenen Jahrhunderten ausgesetzt waren. Ein Gitter sowie ein drei Meter breiter Korridor zwischen dem Nonnenzimmer und dem Besucherzimmer – meist waren es Familienmitglieder – zwingen zur Distanz und strikten Disziplin, die von den Nonnen gegenüber allen weltlichen Bindungen erwartet werden. Außerdem durften sie den Besuchern nur verschleiert gegenübertreten. Am besten sollte man das Kloster im Rahmen einer Stadtführung besuchen, da die Türen zum Innenhof auch heute noch nur begrenzt geöffnet sind.

Der wunderschöne Kreuzgang im Inneren des Klosters bleibt Normalsterblichen verborgen und dient lediglich den Exerzitien der Ordensfrauen. Ebenso der große Gemüse- und Kräutergarten, der von ihnen zur Verpflegung und Herstellung von Heilmitteln genutzt wird. Die Nonnen haben im Lauf der Jahrhunderte eine bedeutende Rolle in der medizinischen Versorgung der armen Bevölkerungsteile gespielt. Frauen, die sich diesem Leben verpflichteten, waren zumindest in früheren Zeiten vollkommen von der Außenwelt isoliert, in Krisen- und Seuchenzeiten waren sie allerdings eine wichtige Stütze der Not leidenden Gesellschaft.

Das Gotteshaus ist für Gläubige ein besonderer Zufluchtsort.

AUTORENTIPP!

GEBURTSHAUS DER LEGENDÄREN NONNE

Das unscheinbare Haus, in dem Sor María de Jesús aufgewachsen ist, steht in El Sauzal. Es wurde von der Gemeinde liebevoll restauriert und zu einer Museumsstätte umfunktioniert. Beim Übertreten der Türschwelle fühlt man sich in das Alltagsleben des 18. Jahrhunderts versetzt. Die Erinnerungsstätte besteht aus einem kleinen Park mit der Statue der Nonne, dem Wohnhaus und einem angeschlossenen Mini-Museum, in dem noch einmal auf die Geschichte der Nonne eingegangen wird.

Der Ort weist eine seltene Mischung aus Museum und Anbetungsstätte auf. Er wird regelmäßig von Neugierigen oder Gläubigen aufgesucht, die von ihr Hilfe erbitten oder eine Kerze anzünden. Man kann die altertümliche Küche, das Wohn- und Schlafzimmer betreten. Ganz abgesehen davon, dass man sich an dem Ort befindet, in dem die berühmte Nonne aufgewachsen ist, erhält man einen Einblick, wie die Menschen einst in einfachen Verhältnissen gelebt haben. In der Nähe des Elternhauses befindet sich ein Fußpfad, den die Schwester als Mädchen täglich gegangen ist. An der Stelle, an der sie immer gebetet haben soll, ist ein Holzkreuz errichtet.

Casa de Sor María Jesú. Museo de la Sierva de Dios, Pasaje Sierva de Dios, El Sauzal. Vom Rathaus aus sind es keine fünf Minuten zu Fuß. Souvenirverkauf. Mo–Fr 11–13 und 17–19 Uhr.

Der Innenhof des Klosters Santa Catalina ist der einzig öffentlich zugängliche Platz.

Die Dienerin Gottes

In den ehrwürdigen Gemäuern lebte vor rund 400 Jahren die legendäre Sor María de Jesús. Sie ist die wohl bekannteste Nonne, die je hinter diesen Klostermauern gebetet hat. Ihr werden viele Wunderheilungen zugeschrieben, und derzeit prüft der Vatikan einen Antrag auf Heiligsprechung. Sie wurde am 23. März 1643 als Tochter einer einfachen Familie in El Sauzal geboren und soll schon als Kind sehr religiös gewesen sein. Nach ihrem Eintritt ins Kloster als 26-Jährige legte sie sich selbst noch rigorosere Regeln auf. So soll sie wochenlang streng gefastet haben und regelmäßig ein Holzkreuz den Kreuzweg entlanggeschleppt haben. Die Nacht verbrachte sie auf einem Nagelbrett, und als Ruhekissen diente ihr ein Zementstein. Sie verstarb am 15. Februar 1731, im Alter von 87 Jahren. Um ihre Gestalt ranken sich mehr als 2000 Geschichten und Legenden über Wunder, die sie, auch nach ihrem Tod, vollbracht haben soll.

Mitte: Die Nonnen leben noch immer in strenger Klausur.
Unten: Jedes Jahr am 15. Februar wird der Schrein der toten und immer noch unversehrten Nonne geöffnet.

Die Heilige und der Pirat

Am bekanntesten und wichtigsten ist die Legende von der Unverwesbarkeit ihres Leichnams, durch die die tote Nonne quasi zur lebendigen Figur in der kanarischen Kultur wurde: Der tinerfenische Pirat Amaro Rodríguez Felipe, der als spiritueller Freund der Nonne galt und nie einen Streifzug antrat, ohne sich von ihr segnen zu lassen, bat nach ihrem Tod um die Erlaubnis, sie auszugraben. Er wollte sie in einen besonderen, mit Blattgold verzierten Sarg betten. Als man den Sarg der Verstorbenen öffnete, stellte man überrascht fest, dass der Leichnam auch nach vier Jahren noch keinerlei Verwesungsspuren aufwies. Im Gegenteil: Ein zarter Veilchenduft soll die tote Nonne umgeben haben, zudem soll noch Blut in ihren Adern geflossen sein.

Schnell kursierten Geschichten über Wunder, und man nannte die Verstorbene nur noch Santa (die Heilige). Amaro Pargo erzählte immer wieder von seiner wundersamen Rettung, die er auf den Schutz der Dienerin Gottes zurückführte. Auf einem seiner Piratenkreuzzüge in der Karibik schob sich das Bild der toten Nonne während eines erbitterten Kampfes zwischen ihn und seinen Gegner und schlug diesen vor Schreck in die Flucht. Der Korsar war gerettet.

Pilgerziel

Jedes Jahr an ihrem Todestag, dem 15. Februar, wird der Schrein in der Klosterkirche geöffnet und tausende Pilger strömen vom Morgengrauen bis in die späten Abendstunden in die Kirche, um bei der Verstorbenen Trost und Beistand zu finden. Gläubige schwören darauf, dass sie an ihnen Wunder gewirkt habe. Damit ist nicht nur die Nonne selbst, sondern auch das Kloster Santa Catalina de Siena zur Legende geworden, die ein geheimnisvolles Mysterium umgibt.

Oben: Während in La Laguna das Leben dynamisch pulsiert ...
Unten: ... leben die Nonnen mitten in der Stadt hinter dicken Mauern völlig abgeschieden von der Alltagswelt.

Infos und Adressen

Convento de Santa Catalina.
C/ Nava y Grimón s/n, La Laguna. Das Kloster kann aufgrund der strengen Klausur nicht besichtigt werden. Vormittags kann man in den Innenhof eintreten. Am besten ist ein Besuch im Rahmen einer Stadtführung.

9 Fiestas in La Laguna

Katholischer Prunk

In La Laguna ist der Sitz des Erzbischofs von Teneriffa. Kein Wunder, dass eine Stadt mit so viel religiösem und geschichtsträchtigem Hintergrund sehr eng mit der Kirche verwoben ist. Die Hauptfeste, die mit viel Prunk und Glorie gefeiert werden, sind das Osterfest, Fronleichnam und das Fest des Santísimo Cristo im September.

Mitte: Die religiösen Bruderschaften treten in unheimlichen Kapuzenkostümen auf. Diese Tradition wurde aus Sevilla importiert.
Unten: Auf geschmückten Wägen werden die Stationen des Kreuzwegs an Karfreitag durch die Altstadt von La Laguna getragen.

Ostern in La Laguna

Zu Ostern finden zahlreiche Umzüge rund um die verschiedenen Kirchen und Kapellen statt. Bei der Hauptprozession am Karfreitag wird der gesamte Kreuzweg auf bunt geschmückten Wagen dargestellt und durch die Innenstadt getragen. Allein die üppige Blumenpracht und die fantasievollen Blütenarrangements sind sehenswert. Die einzelnen Stationen werden mit lebensgroßen Figuren nachgestellt. Den Zug begleiten unter anderem die verschiedenen Bruderschaften, die einst eine zentrale Stellung in der Gesellschaft einnahmen und meist nach Berufsgruppen geordnet waren. Zu den Festumzügen tragen sie ihre typischen Trachten aus weiten Umhängen und Spitzhüten, die an die Kutten des Ku-Klux-Klans erinnern. Manche laufen barfuß und tragen Holzkreuze.

Frauen und Mädchen kleiden sich in den typischen Tunikas der damaligen Zeit und reihen sich in den Zug ein. Sie treten vor allem mit Palmenwedeln auf und stellen den Einzug Jesu in Jerusalem dar. Begleitet wird die Zeremonie vom Trommelschlag der Musikkapellen und weltlichen, politischen sowie kirchlichen Würdenträgern der Insel. Es herrscht eine feierlich-ernste Stimmung, die unter die Haut geht.

Fiestas in La Laguna

Blumen- und Sandteppiche

Berühmt sind die Sandteppiche, die an Fronleichnam in La Orotava entstehen. Mit einer Woche Verschiebung davor oder danach feiert man auch in La Laguna das Fronleichnamsfest mit unzähligen Sand- und Blütenteppichen, die in der gesamten Fußgängerzone ausgelegt werden. Die Mitglieder von Vereinen, Nachbarschaften, Firmen oder Schulen knien auf dem harten Pflaster nieder, um ihrer Fantasie bei der Gestaltung freien Lauf zu lassen. Blüten, Blätter, gefärbtes Salz und andere organische Materialien kommen zum Einsatz. Die Vielfalt der Bilder und Ornamente ist beeindruckend. So wird das Fronleichnamsfest zu einem Sonntagsspaziergang der besonderen Art, der Einheimische und Besucher aus allen Teilen der Insel anlockt.

Fest des Allerheiligsten Christus

Der höchste Feiertag der Stadt La Laguna kann bis ins Jahr 1607 zurückverfolgt werden. Zentrale Figur ist der *Santísimo Cristo*, die Gestalt Jesu, an einem silbernen Kreuz. Das Schmuckstück wurde 1520 auf Wunsch des Eroberers Alonso Fernández de Lugo von Sevilla nach Teneriffa gebracht und ist seitdem Mittelpunkt der Christus-Verehrung in La Laguna. Es ist im gotischen Stil mit typischen Flamenco-Elementen gearbeitet. Das wertvolle Silber und die ausdrucksvolle Figur machen das Kreuz nicht nur für gläubige Christen zu einem Kunstwerk. Normalerweise ist es im Königlichen Sanktuarium in der Kapelle San Miguel, neben dem gleichnamigen Kloster, zu bewundern. Doch einmal im Jahr, am 14. September, wird es in einer feierlichen Prozession durch die Straßen der Stadt getragen. Neben tausenden Gläubigen wohnen diesem Ereignis zahlreiche Würdenträger Teneriffas bei sowie Repräsentanten des spanischen Königshauses und der Zentralregierung in Madrid.

Das silberne Kreuz mit der Christusfigur Mitte September bei der Fiesta del Crísto in La Laguna.

AUTORENTIPP!

DIE SCHÖNSTEN FESTE

Ostern. Die Sehenswerteste unter den vielen kleineren und größeren Prozessionen ist die Karfreitags-Prozession. Am besten postiert man sich in der Nähe der Plaza Adelantado.

Fronleichnam. Das Corpus-Christi-Fest findet meist Mitte Juni statt, orientiert sich aber nicht unbedingt am exakten Termin, sondern wird mit Veranstaltungen in anderen Gemeinden abgestimmt. Info zu Termin und Programm in der lokalen Presse oder im Festprogramm der Stadt.

Fest des Allerheiligsten Christus. Das wichtigste Fest der Stadt wird am 14. September gefeiert. Auch hier ist die zentrale Plaza Adelantado ein perfekter Ausgangspunkt.

10 La Laguna - das bergige Umland

Der Märchenwald Teneriffas

Rund um La Laguna grünt und blüht es das ganze Jahr über. Besonders der Bosque de las Mercedes, der Lorbeerwald auf den zerklüfteten Berghängen des Anagagebirges, bietet ein breites Wandernetz unter einem grünen Dach. In dem Nebelwald fangen sich die Passatwolken und hinterlassen feinste Wassertröpfchen auf dem Blattwerk der Bäume und Büsche. Gewaltige Lorbeer- und Eukalyptusbäume verströmen ihren betörenden Duft.

Neben Baumheide und Kanarischer Myrten wachsen hier viele andere Pflanzen. Moose und Flechten überwuchern Boden und Baumstämme. Herrliche Ausblicke bieten sich dem Wanderer von den Aussichtspunkten Cruz del Carmen, Pico del Inglés oder hinter dem Pass El Bailadero. Von dort genießt man ein grandioses Panorama auf das Anagagebirge, die Küste und auf den Teide.

Bauernmarkt Las Mercedes

Wer am Wochenende oder an Feiertagen in diese Gegend kommt, dem empfiehlt sich ein Zwischenstopp am Bauernmarkt in Llano de los Loros. Er ist direkt an der Hauptstraße zwischen der La Laguna und Las Mercedes und daher nicht zu verfehlen. Frisches Obst und Gemüse aus der Region, Wein und Honig sowie Ziegenkäse kann man direkt von den einheimischen Bauern kaufen.

Mit allen Sinnen genießen

Die reizvolle Waldlandschaft kann man aber nicht nur auf herkömmlichen Wanderwegen genießen,

Mitte: Verlassene Gehöfte sind in der Einöde nicht selten. Viele junge Menschen kehren der Bergwelt den Rücken, um in den Trubel der Städte einzutauchen.
Unten: Knorrige Stämme und aromatischer Duft – das ist der Märchenwald Teneriffas.

Herrlicher Blick vom Mercedeswald auf La Laguna

sondern gleich gegenüber dem Bauernmarkt in Llano de los Loros beginnt ein Abenteuerpfad, der speziell für Kinder und teilweise sogar für Rollstuhlfahrer konzipiert wurde. Drei Rundwege, die zwischen 30 Minuten und zweieinhalb Stunden in Anspruch nehmen, laden zu einem abwechslungsreichen Waldspaziergang ein, bei dem man diese besondere Landschaft auf Holzbrücken, Seilbahnen und Laubengängen entdecken kann. Dazwischen wird auf Schautafeln erklärt, welche einheimischen Pflanzenarten man vorfindet und von welchen aromatischen Düften man umweht wird. So wird aus einer Wanderung ein Erlebnis für die ganze Familie.

Infos und Adressen

INFORMATION

Bauernmarkt Las Mercedes. Sa, So und an Feiertagen 10–15 Uhr.

Waldlehrpfad Llano de Loros. Die insgesamt drei Rundwege sind zwischen rund 900 Meter und drei Kilometer lang. Der Kürzeste ist sogar für Rollstuhlfahrer geeignet.

MTB active. C/ Mazaroco 26, Puerto de la Cruz (gegenüber vom Busbahnhof), Tel. 922 37 60 81 von 17–19 Uhr oder Tel. 620 00 59 98, www.mtb-active.com. Mountainbike-Verleih und geführte Mountainbike-Touren.

Wandern. Spezielle Wanderführer sind angebracht, wenn man mehrere Touren begehen möchte. Man kann sich aber auch einer Wandergruppe anschließen. Geführte Touren werden von mehreren deutschen Spezialreiseveranstaltern angeboten, z. B. Aventura Wandern, www.aventura-wandern.de

FAHRRADTOUR IM LORBEERWALD

Der waldreiche Bergrücken nördlich von La Laguna lässt sich auch per Fahrrad erkunden. Wie wäre es zum Beispiel mit der etwa 37 Kilometer langen Tour von La Laguna nach Mesa de Tejina und zurück? Diese abwechslungsreiche Route beginnt auf der Plaza Adelantado in La Laguna auf circa 535 Metern und führt bis in eine Höhe von rund 1100 Meter.

Man fährt zunächst auf der Hauptstraße in Richtung Norden bis zum Mirador de Jardina. Von dort aus führt ein Waldweg nach Cruz del Carmen. Weiter geht es ein Stück nordwärts auf der asphaltierten Straße, bis man auf den gut ausgeschilderten Paseo de las Hiedras stößt. Von dort aus orientiert man sich nach links und folgt der Abfahrt nach Mesa de Tejina, von wo es über Pedro Álvarez wieder zurück nach Laguna geht. Diese mittelschwere Tour mit insgesamt 2428 Metern Steigung und weiteren 2415 Metern Gefälle ist nichts für Anfänger. Wer allerdings geübt ist, erlebt eine herrliche Fahrt mit tollen Aussichten und fällt am Abend müde, aber zufrieden ins Bett.

11 La Laguna – die Küste

Im Dornröschenschlaf

Die Stadt La Laguna liegt 550 Meter über dem Meeresspiegel. Das heißt aber nicht, dass es keinen Küstenabschnitt gäbe, denn die nördlichen Ortsteile Punta de Hidalgo und Bajamar liegen nämlich sehr wohl an der Küste und begeistern durch ihre Ursprünglichkeit. Ende der 1960er-Jahre war dies eines der ersten Gebiete, die für den Tourismus erschlossen wurden, doch inzwischen hat sich der Rummel in den Süden verlagert. Punta de Hidalgo ist vor allem bekannt für Gesundheits- und Wellnessferien.

Mitte: Von Weitem kann man den Leuchtturm von Punta de Hidalgo sehen. Er dient sowohl den Seeleuten als auch den Wanderern als Orientierungspunkt.
Unten: Klatschmohn

Punta de Hidalgo

Hier ehrt man noch die alten Traditionen, denn in dem einfachen Fischerort wird dem Altbewährten ein höherer Stellenwert eingeräumt als modernen Trends. Bunte Fischerboote schaukeln friedlich in der Bucht und dienen vielen Anwohnern als Arbeitsplatz. Reich an Fischen sollen die Fanggründe vor der Küste von Punta de Hidalgo sein, und die vielen vorgelagerten Felsen bieten Vögeln ein kleines Paradies.

Mal ehrlich …

VERBLÜHTE URLAUBSWELT

Der Tourismus vergangener Zeiten hat einige wenige hübsche Ruinen hinterlassen: Halb verfallene Appartementhäuser oder heruntergekommene und verlassene Hotels fallen immer wieder negativ auf. Aber davon sollte man sich nicht abschrecken lassen, denn trotz allem übt die naturbelassene Küste mit ihren Naturschwimmbecken einen besonderen Reiz aus.

La Laguna – die Küste

Das markanteste Bauwerk im Dorfzentrum von Punta de Hidalgo ist die Kirche San Mateo, die 1946 erbaut wurde. Alle Bürger des Dorfes halfen mit, um dieses Gotteshaus zu errichten. Sand und Steine wurden mühsam aus den umliegenden Orten herbeigeschleppt. Heute ist sie das religiöse Zentrum aller Festlichkeiten, allen voran der Festtag zu Ehren des Schutzpatrons am 21. September. Schon von Weitem sieht man das Terracotta-Rot ihrer Außenfassade leuchten.

Sehenswert ist auch das Denkmal für die bekannten Folkloremusiker Los Sabadeños, die aus dieser Gegend stammen und sich nach einem der umliegenden Bergzüge benannt haben. Man ist stolz auf den Erfolg der Musiker, die zahlreiche Alben mit Volksweisen zu Timple- und Gitarrenklängen eingespielt haben und bei Festivitäten häufig live zu hören sind.

An der Küste von Punta de Hidalgo kann man sich sowohl im offenen Atlantik erfrischen als auch das Meerwasserschwimmbad nutzen, das auf natürliche Weise Schutz vor den manchmal hohen Wellen bietet. Wer möchte, kann stundenlang an der Küste von Punta de Hidalgo entlangspazieren, vorbei an dem hoch aufragenden leuchtend weißen Leuchtturm und dabei den Ausblick auf das bizarre Felsmassiv des Anagagebirges genießen. Erfahrene Wanderer finden hier einen idealen Ausgangspunkt für zahlreiche interessante Touren. Ein enger, malerischer Bergpfad führt zum Beispiel bis hinauf ins Höhlendorf Chinamada, ein weiterer nach Batán, wo neben einer prächtigen Aussicht auch ein kleines Flachsmuseum zu bestaunen ist.

Häufig sieht man bunte Gleitschirme vor den dunklen Felsen schweben. Im Hotel Océano Vitality steht den Kurgästen ein eigenes Ärzteteam zur Verfügung, das Stammpublikum setzt sich aus

Oben: Bajamar's Glanzzeiten sind vorbei.
Mitte: Der Stadtkern von Punta de Hidalgo hat seinen dörflichen Charakter behalten.
Unten: Chinamada: Hinter der fast normalen Hausfassade verschwindet die Wohnung der Menschen im Berg.

Oben: Wo die Zivilisation in Punta de Hidalgo aufhört, fängt die Wildnis an.
Mitte: Rauer Atlantik trifft auf »Wellenbändiger« vor der Küste von Bajamar.
Unten: Die Strandpromenade ist ideal für einen Spaziergang.

Bajamar und sein Strandstückchen

überwiegend älteren Gästen zusammen. Rehabilitation, Betreuung bei chronischen Krankheiten, Diätprogramm oder einfach ein richtiges Ausspannen mit Massage sind direkt im Haus möglich.

Fischerromantik in Bajamar

Das Leben in Bajamar geht seinen einfachen und ruhigen Gang, Hektik ist hier noch unbekannt. Stattdessen findet man Idylle und Romantik, gepaart mit einem herrlichen Ausblick auf den tiefblauen Atlantik. Ganzjährig herrscht ein mildes Klima auf dieser Landzunge, die sich in den Ozean streckt, um auch wirklich jeden Sonnenstrahl aufzufangen. Dem Badevergnügen kann man je nach Belieben und Wellengang im Naturschwimmbecken oder in der Bucht mit Vulkansand frönen. Bajamar bietet ideale Bedingungen für viele Wassersportarten. Deshalb kommen vor allem Taucher, Schnorchler und Surfer hierher, um die aufregende Wasserwelt zu erkunden. Man kann sich aber auch einfach entspannt in die Sonne legen und stundenlang die Seele baumeln lassen, ohne jemals Langeweile zu empfinden. Die Berge und der Ozean bieten allen Sinnen so vieles zu entdecken, dass man nicht müde wird, sich umzuschauen. An der Bucht machen übrigens auch Zugvögel auf ihrer Reise zwischen Europa und Afrika gerne Station – manche überwintern sogar in der Gegend.

Infos und Adressen

Tourismusbüro. Direkt am Ende der Hauptstraße am Aussichtspunkt San Mateo, Punta de Hidalgo, Tel. 922 15 78 32, Mo–Fr 9–17 Uhr.

ÜBERNACHTEN

Océano Vitality Hotel & Medical Spa. Vier-Sterne-Hotel unter der deutschen Leitung von Océano Reisen. Besonders geeignet für alle, die ihren Urlaub mit Wellness verbinden möchten. Eigenes Ärztezentrum im Haus. C/ Océano Pacífico1, Punta del Hidalgo Tel. 922 15 60 00, www.oceano.de

Aparthotel Atlantis Park. Hübsches Aparthotel der Vier-Sterne-Kategorie, großzügige Zimmer mit Wohnraum, Balkon und Teeküche. Schwimmbad im Garten, Hallenbad. C/ Océano Artico1, Punta del Hidalgo, Tel. 922 15 64 11, www.atlantis-park.com

Hotel Rural Costa Salada. Valle Guerra gehört zu La Laguna, doch dieses Hotel liegt in einer renovierten Finca, direkt am Meer. Ideal für alle, die Ruhe suchen. Das ausgesprochen geschmackvolle Ambiente orientiert sich an kanarischer Tradition; sehr gemütlich und ein echter Geheimtipp für Liebhaber eines stilvollen und doch ländlichen Ambientes. Camino la Costa s/n, Finca Oasis, Valle Guerra – La Laguna, Tel. 922 69 00 00, www.costasalada.com

Campingplatz. Ideal für junge Leute und Rucksacktouristen. Geöffnet ist der Platz allerdings nur drei Monate im Jahr, vom 30. Juni bis zum 30. September, Stellplätze für Caravan und Zelte sowie sanitäre Anlagen. Direkt an der Küste, Punta de Hidalgo. Tel. (mobil) 629 13 92 03.

ESSEN UND TRINKEN

La Caseta. Familiäres Restaurant mit einheimischer Küche. Verschiedene Ambiente und vor allem eine hervorragende Aussicht direkt aufs Meer. Spezialität des Hauses ist fangfrischer Fisch. Avda. Marítima 1, Punta del Hidalgo, Tel. 922 15 66 32.

Casa Pepe. Restaurant im Bodega-Stil mit einer guten Auswahl kanarischer und spanischer Weine. Spezialität des Hauses sind Sardellen nach Malaga-Art, mediterrane und vegetarische Küche, nicht teuer. Avda. Werner Rautenberg 5, Bajamar. Tel. 922 54 09 58.

Charco del Arena. Dieses einfache, aber gute kanarische Restaurant liegt direkt an der Küste hinter dem Leuchtturm. Sein Besuch lässt sich wunderbar mit einem Spaziergang verbinden. Das Highlight hier ist eine große Terrasse direkt am Meer. Camino de la Costa s/n, Punta de Hidalgo, Tel. 922 15 68 34.

Café Melita. Hier weht ein Hauch von Heimat, für alle, die es nach deutschem Filterkaffee und Kuchen gelüstet. Kuchen, Torten, deutsches Brot und Eis stammen aus eigener Herstellung, und an Weihnachten gibt es sogar Plätzchen und Stollen. Besonders beliebt ist das Frühstück auf der Aussichtsterrasse. Das Café ist leicht zu finden, denn es liegt direkt am Ortsausgang von Bajamar in Richtung Punta de Hidalgo. Ctra. General, Bajamar, Tel. 922 54 08 14.

Das Naturschwimmbad von Bajamar lädt zum ausgedehnten und geschützten Wellenbad ein.

DER NORDEN

Vorangehende Doppelseite: El Pris an der Nordküste ist noch ein echtes Fischeridyll am Atlantik. **Mitte:** Der Bikepark ist nicht einfach zu finden; auf den letzten Metern sind Hinweisschilder. **Unten:** Eine gute Vorbereitung und Ausrüstung sind Plicht.

12 Tegueste

Downhill im Bikepark

Das verträumte Dörfchen Tegueste in der Nähe von La Laguna hat nicht viel Aufregendes zu bieten. Um die Plaza San Marcos mit der gleichnamigen Kirche aus dem 16. Jahrhundert drapieren sich typische Häuser mit kanarischen Holzbalkonen. Doch der wahre Grund, weshalb Tegueste bei Aktivtouristen in hohem Ansehen steht, ist sein Bikepark, der die Herzen von Mountainbikern höher schlagen lässt.

Sicher, die dreischiffige Kirche an der Plaza ist mit ihrer Kassettendecke im Mudejar-Stil sowie einer aus dem 17. Jahrhundert stammenden Figur des Apostels Andreas durchaus einen Besuch wert. Aber die meisten Besucher von Tegueste wollen nur eines: auf dem Mountainbike richtig Gas geben.

Bikepark – wilde Abfahrtspisten

Hier findet der Urlauber den absoluten Adrenalinkick, vorausgesetzt natürlich, er ist Fahrrad- und Mountainbike-Fan. Auf einer Fläche von 130 000 Quadratmetern entstand 2007 der erste Bikepark Teneriffas, auf dem sich Montainbiker nach Herzenslust austoben können.

Mehrere Downhill- und Freeride-Trails, eine zwei Kilometer lange 4-Cross-Strecke, mehrere Dirtjumps und North Shore Lines runden das breite Angebot unterschiedlichster Fahrrad-Parcours ab. Die Downhill-Pisten sind in verschiedene Schwierigkeitsgrade eingeteilt und können zum Teil sogar von Rollstuhlsportlern auf vier Rädern genutzt werden. Wem es bei so viel Aufregung zu heiß wird, kann sich bei einem Wassersprung abkühlen: Von der Rampe geht es direkt in einen Wasserteich.

Der Park ist so konzipiert, dass sowohl Anfänger wie auch Profis Spaß haben. Viele Biker der internationalen Szene nutzen ihn als Trainingscamp, vor allem im Winter. Die Pisten schlängeln sich in bis zu 180 Grad Neigung durch die urwüchsige, von Kakteen bewachsene Landschaft. Kakteen? Ja, die gibt es hier. Doch keine Angst: Nach mehrjähriger Erfahrung weiß man hier, dass sie ideal sind, um Stürze abzufangen. Ihre Stacheln durchdringen nicht die vorgeschriebene Schutzkleidung, dafür federn die biegsamen Pflanzen den Sturz ab, falls sich tatsächlich jemand unfreiwillig von seinem Fahrrad trennt.

Zum Park gehören ein kleines Gästehaus im Jugendherbergsstil sowie ein Campingplatz. Lagerfeuerromantik gibt es am Abend gratis dazu.

»Der Bikepark Teneriffa ist der einzige Park weltweit, der das ganze Jahr über genutzt werden kann und unsere Abfahrten sind ausschließlich für Mountainbiker konzipiert. Außerdem fallen wir in eine neue Nische, die gut zu dem neuen Tourismus-Image von Teneriffa passt, das einen Akzent auf Sportangebote setzt. Mountainbiking zählt zwar zu den Extremsportarten, aber dennoch ist es für alle geeignet, die Spaß an Sport auf zwei Rädern haben«, bestätigt Parkbetreiber Zeno Zrenner.

Künstliche und natürliche Hindernisse machen den Bikepark zu einer echten Herausforderung

Infos und Adressen

BIKEPARK TENERIFE

Tel. (mobil) Tel. 656 40 62 64, www.bikeparktenerife.com. In der Regel nur am Wochenende geöffnet. Bevor man sich auf den Weg macht, sollte man sich vorher erkundigen und anmelden. Auch wer sich für die Herberge interessiert, sollte sich vorher per E-Mail informieren.

ANFAHRT

Autobahn TF-2, Abfahrt Guamasa. Unter der Brücke durch, Richtung La Laguna. Links abbiegen Richtung El Portezuelo und El Socorro. Dieser Straße folgen bis zum Restaurant »El Parralito«. Gleich danach rechts abbiegen, nach etwa 2 km wieder rechts (dort befindet sich ein Hinweisschild) und danach der Beschilderung folgen.

SICHERHEIT

Vorgeschrieben sind unter anderem ein Full-Face-Helm sowie Knie-, Arm- und Körperpolster sowie eine Versicherung. Die Ausrüstung kann ebenso wie das Bike direkt vor Ort angemietet werden.

RESTAURANT-TIPP

Auf dem Weg zum Bikepark passiert man das Restaurant »Mi suegra«, das mit vielen liebevollen kanarischen Details eingerichtet ist. Dort empfiehlt sich eine Einkehr bei kanarischer, aber modern zubereiteter Hausmannskost und einem Gläschen Landwein. C/ San Ignacio 17, Tegueste. Tel. 922 63 69 02.

Mitte: Zwischen El Pris und Mesa del Mar kann man wunderbar an der Nordküste entlangspazieren. **Unten:** Der Strand von Mesa del Mar: an Werktagen ein wenig besuchter Sandstrand, am Wochenende ein beliebtes Ausflugsziel kanarischer Familien aus Tacoronte.

13 Tacoronte
Die Perle des Weinanbaus

Tacoronte, 350 Meter über dem Meer gelegen, ist vor allem als Weinregion bekannt, der Tourismus spielt hier nur eine untergeordnete Rolle. Urlauber sieht man am ehesten in Mesa del Mar, einem Ortsteil direkt an der Küste. Von dort erstreckt sich der Ort bis hinauf zu den Lorbeerwäldern von Aqua García auf 1200 Metern Höhe, das mit einer Vielzahl endemischer Pflanzen ein Paradies für Wanderfreunde ist.

Geschichte

Der Name Tacoronte stammt von dem ursprünglichen Namen Tagoror ab. So bezeichneten die Ureinwohner Versammlungsplätze, an denen sich die Ältesten berieten. Vor der Eroberung durch die Spanier wurde die Insel von einem einzigen König im Süden regiert. Er teilte das Gebiet unter seinen neun Söhnen auf und schuf so Untergebiete, die *Menceyatos*. Auch die Gegend von Tacoronte war ein solches Fürstentum, das zuletzt von dem Königssohn Acaymo regiert wurde.
Die Ureinwohner lebten in den natürlichen Höhlen, die sie in den *Barrancos* (Trockenschluchten) in Küstennähe vorfanden. Sie wählten die mittleren Höhenlagen bis etwa 500 Meter, vor allem wegen des milden Klimas, aber auch, weil sie dort ausreichend Nahrung und Wasser für ihre Ziegenherden fanden.

Das heutige Tacoronte wurde von Sebastian Machado aus Guimarães gegründet, der sich 1496 in dieser Gegend niederließ. Erstmals erwähnt wurde die Stadt in einem Dokument vom Oktober 1497, der als offizielles Gründungsdatum gefeiert wird.

Die einfache Kapelle Santa Catalina war die erste Kirche der Gegend. Von diesem ersten Ortskern aus wurde das Umland erschlossen und neu besiedelt. Nach frühen Aufzeichnungen lebten im 16. Jahrhundert 342 Menschen in Tacoronte. Ein Dokument, das zu Zeiten der Inquisition, anno 1629, erstellt wurde, listete bereits 300 Seelen auf, und bis Ende des 17. Jahrhunderts lebten schon 2780 Menschen in rund 600 Häusern in dieser Gegend. Aus dieser Zeit stammt die renovierte Casa Alhóndiga in der Calle Calvario. Sie diente als Kornspeicher, in dem Getreide und andere landwirtschaftlichen Erzeugnisse aufbewahrt wurden. Im Lauf der Zeit beherbergte das Haus zeitweise eine Schule, eine Metzgerei und diente als Gefängnis. Heute wird die Casa Alhóndiga wegen ihres historischen Ambientes gerne als Veranstaltungsort genutzt.

In Tacoronte waren im 18. Jahrhundert ein königliches Infanterieregiment und eine berittene Einheit stationiert. Als Santa Cruz 1797 von Lord Nelson angegriffen wurde, trugen diese Truppen maßgeblich zur Abwehr der Attacke bei. Im 19. Jahrhundert lebten hier nur noch 816 Menschen. Dieser Bevölkerungsrückgang war Teil der großen Auswanderungswellen. Damals lebte die Gegend von der Landwirtschaft, vom Anbau von Getreide, Mais, Kichererbsen, Wein und Kartoffeln sowie der Erzeugung von Honig, Käse, Wolle, Wachs und vom Fischfang. 1911 besuchte der damalige König Alfonso XIII. Tacoronte und ernannte es aufgrund seiner landwirtschaftlichen und industriellen Bedeutung zur Stadt. Im Übrigen hatte sich Tacoronte durch seine Königstreue einen Namen gemacht.

Wein und Blumen

Heute ist Tacoronte eine lebendige Kleinstadt, die ihren Bewohnern eine gute Lebensqualität bietet. Wegen der geografischen Nähe zu La Laguna und

AUTORENTIPP!

FISCHERROMANTIK IN EL PRIS

Über einen etwa halbstündigen Fußmarsch von Mesa del Mar aus, direkt an der Küste entlang, erreicht man das idyllische Fischerdörfchen El Pris. Für Autofahrer ist der Ort von Tacoronte aus gut ausgeschildert. In dem idyllischen Fischerdörfchen mit seinen Häusern ganz nah am Atlanik scheint die Zeit stillzustehen. Die Männer ernähren ihre Familien vom Fischfang, und die Frauen stellen sich einen Stuhl vor die Tür und halten ein Schwätzchen, während Kinder und Hunde auf der fast autofreien Straße tollen. Die Senioren sitzen meist im Schatten alter Gummibäume beim Karten- oder Dominospiel. Außer in den Sommermonaten, wenn sich die beiden an den Steilhang gebauten Appartementhäuser mit Städtern der Insel füllen, dämmert El Pris in einem verträumten Schlaf vor sich hin. Wer möchte, kann in einem der kleinen und einfachen Restaurants einkehren. Vor allem empfiehlt sich natürlich Fisch. Im Winter trifft man im Schutz der bizarren Felsformationen zahlreiche Zugvögel, die einen Zwischenstopp einlegen. Baden kann man hier auch, allerdings muss man mit einem Kieselstrand vorliebnehmen.

Oben und unten: Einkaufen in echt südländischem Flair – die Markthalle von Tacoronte öffnet am Samstag und Sonntag ihre Türen. Frisches von Baum und Feld aus der Region werden angeboten.

Santa Cruz sind in den letzten Jahren viele Menschen hierher gezogen. Die Region ist allerdings noch immer von der Landwirtschaft geprägt. Vor allem vom Weinanbau: Zahlreiche Weinberge mit den dazugehörigen Bodegas gruppieren sich rund um das Städtchen. Auf den Hängen wachsen klangvolle und typisch kanarische Traubensorten wie *Listan Negro* oder *Listan Blanco*, *Negramoll*, *Tintilla*, *Malvasía*, *Gual* oder *Marmajuelo*. All diese Sorten sind einzigartig auf der Welt. Kein Wunder, dass der Weintourismus hier eine große Rolle spielt. Ein weiterer, im wahrsten Sinne des Wortes blühender Wirtschaftszweig ist die Produktion von Schnittblumen, die auf riesigen Feldern wachsen und eine leuchtende Farbenpracht entfalten. Von hier aus werden sie vor allem auf den spanischen und europäischen Markt verschickt.

Florierende Kleinstadt

Der Ortskern der charmanten Kleinstadt entfaltet mit seinen vielen historischen Bauten ein zauberhaftes Flair. Allerdings sind die meisten nicht zu besichtigen, sondern in privatem oder kommunalem Besitz. Ein Zeugnis alter Baukunst bietet die Kirche Santuario del Cristo, direkt an der gleich-

Mal ehrlich …

VORSICHT IST DIE MUTTER DER BADEFREUDEN

Die östlich von El Pris gelegene Bucht, El Rincon, ist vor allem im Winter mit Vorsicht zu genießen. Unter der Wasseroberfläche lauern versteckte Felsbrocken und gefährliche Strömungen, die aufs Meer hinausziehen. Aber das Naturbecken oder die kleine geschützte Bucht La Laja mit schwarzem Sand laden zum unbesorgten Bad in der Sonne und im Atlantik ein. Das wildromantische Ambiente kann man auch von dort aus genießen.

namigen Plaza. Der Bau wurde im 17. Jahrhundert begonnen und erst im 18. Jahrhundert vollendet. Das dreischiffige Gotteshaus grenzt direkt an das ehemalige Augustinerkloster.

In unmittelbarer Nähe zur Plaza del Crísto gibt es einen kleinen Stadtpark, der zum gemütlichen Bummel zwischen Vogelgezwitscher und aromatischen Düften einlädt. Interessant ist er vor allem, weil im unteren Teil verschiedene Weinanbaumethoden der Kanaren vorgestellt werden. Gegenüber dem Eingang in der Calle Calvario gelangt man, an der Casa Alhóndiga vorbei, zum Kreuzweg von 1674. Umrahmt von hundertjährigen Pinien, schweren Asphaltsteinen und dicken Mauern sieht man hinter Glas die Abbildungen des Leidens Christi. In der Osterwoche findet hier eine Prozession statt. Im September wird in Tacoronte das wichtigste Fest des Ortes, die Fiesta del Crísto, gefeiert. Religiöse und traditionelle Elemente vermischen sich dann zu einem harmonischen Ganzen mit einem abwechslungsreichen Programm.

Mercadillo del Agricultor

Bekannt ist Tacoronte auch durch seinen Bauernmarkt, *Mercadillo del Agricultor*, der von Einheimischen wie Ausländern gerne besucht wird. Er öffnet samstags und sonntags zwischen 9 und 14 Uhr und bietet eine Fülle an erntefrischen Erzeugnissen aus der Region. In der Markthalle kann man Obst und Gemüse ebenso kaufen wie Wein und frischen Käse, hausgemachte Kuchen, Marmeladen oder die typisch kanarischen Mojo-Soßen. Daneben werden Schnittblumen, Topfpflanzen oder Kunsthandwerk angeboten. Je nach Jahreszeit kann man sogar frisch gesammelte Pilze aus den Bergwäldern ergattern. Die Markthalle liegt direkt an der Hauptstraße von Tacoronte nach Tejina und ist daher nicht zu verfehlen.

Oben: Die typischen roten Westen der tinerfenischen Damentracht werden mit Blumenmustern bestickt und in Miederart geschnürt.
Mitte: Schnittblumen aus dem Valle Guerra bei La Laguna sind ein echter Exportschlager.
Unten: Kürbisse der verschiedensten Art

Oben: Im Naturschwimmbecken von El Pris kann man geschützt vor Strömungen schwimmen.
Mitte und unten: Nur noch selten findet man solch typische und ursprüngliche Fischerorte wie in El Pris unterhalb von Tacoronte.

Die malerische Küste

In dem kleinen Ort Mesa del Mar, etwa sechs Kilometer nordöstlich von Tacoronte, fällt direkt an der Küste zuerst ein blaues zwölfstöckiges Appartementhaus ins Auge. Es ist eines der ersten Gebäude, die zu Beginn des Tourismus in den 1970er-Jahren gebaut wurden und bietet heute einen eher traurigen Anblick. Wenn man allerdings den Blick schweifen lässt, entdeckt man auch malerische Ecken wie etwa die Naturbecken, direkt an der Küste, die zu jeder Jahreszeit zum Baden und Schwimmen einladen. Vorgelagerte Wellenbrecher aus Beton sorgen dafür, dass vor allem in den Wintermonaten große Wellen abgefangen werden. Direkt unter der Straße, die zum Strand führt, wurden kurioserweise Wohnungen in den Berg hineingebaut. Außer einigen kleinen Restaurants, einem kleinen Supermarkt und wenigen Wohnhäusern gibt es nichts Sehenswertes, und dennoch ist der Ort einen Besuch wert. Vor allem seine Badebucht erfreut sich großer Beliebtheit, und am Sonntag wird es hier sehr voll. An Wochentagen genießt man dagegen ein Idyll und kann das besondere Flair der Abgeschiedenheit und der bizarren Felsformationen, die diesen Strand umgeben, ungestört genießen. Der Strand verfügt über sanitäre Anlagen, eine Rotkreuzstation, einen kleinen Spielplatz und eine Bar.

Entlang der Befestigungsmauer, die um das Hochhaus herumführt, finden sich regelmäßig passionierte Angelfreunde ein, um dem Meer ein kostbares Abendessen zu entlocken. Der kleine Hafen von Mesa del Mar verfügt auch über einen Kran. So besteht die Möglichkeit, Boote zu Wasser zu lassen. Genutzt wird der kleine Hafen deshalb auch von Wassersportbegeisterten, die ihre Boote oder Jet-Skis zu Wasser lassen, um zu einer Spritztour über die Wellen des Ozeans aufzubrechen.

Infos und Adressen

INFORMATION

Tourismusbüro. Crta. Tacoronte – Tejina, bei La Estación, Tel. 922 57 00 15, geöffnet Mo–Fr 9–13 Uhr.

ESSEN UND TRINKEN

Los Limoneros. Klassisches, seit über 20 Jahren etabliertes Lokal mitten in ländlicher Umgebung. Altes kanarisches Gebäude, schönes Ambiente, aber nicht ganz billig. Ctra. Gral. del Norte 447, Ortsteil Los Naranjeros, Tel. 922 63 66 37.

El Empedrado. Direkt an der Parallelstraße zur Autobahn, antikes kanarisches Haus mit Terrasse. Traditionelle kanarische Hausmannskost in mittlerer Preislage. Ctra. Gral. del Norte 284, Ortsteil Los Naranjeros, Tel. 922 57 04 35.

Mi Abuela. Bekanntes Restaurant mit argentinischen Spezialitäten, die Abwechslung auf den Speiseplan bringen. Ctra. Gral. del Norte 377, Tel. 922 56 13 62.

La Barbacoa. Touristisches Lokal, in dem das ganze Jahr über Karneval gefeiert wird. Erleben Sie Tanzgruppen, Karnevalsköniginnen und Folklore auch außerhalb des Karnevals. Dazu gibt es typisch kanarische Küche. Unbedingt vorher reservieren! Die Preise beim Individualbesuch sind hoch, – am besten eine Pauschale über das Hotel oder ein Tourismusbüro buchen. C/ Las Toscas 99, Tel. 922 37 81 31.

ÜBERNACHTEN

Hotels sucht man in Tacoronte oder direkter Umgebung vergeblich. Wer hier seinen Urlaub verbringen möchte, muss auf private Ferienangebote ausweichen.

Muränen zählen zu den Delikatessen der Insel. Sie werden bevorzugt frittiert verzehrt.

Mitte: Auf den Inseln der Glückseligkeit kann man sich auch der Weinseligkeit hingeben. Winzer wie hier in der Bodega Monje in El Sauzal blicken auf eine lange Tradition zurück.
Unten: Das Restaurant der Bodega Monje

14 Weinroute von Tacoronte nach Acentejo

Kanarische Weinseligkeit

Die Erzeugnisse der Weinregion Tacoronte-Acentejo wurden schon vielfach prämiert. Zum Anbaugebiet zählen insgesamt neun Gemeinden, nämlich Tegueste, Tacoronte, El Sauzal, La Matanza de Acentejo, La Victoria de Acentejo, Santa Úrsula, La Laguna, El Rosario und das Anagagebirge, das zur Hauptstadt Santa Cruz gehört. Dieses Weinbaugebiet war das Erste auf den Kanaren, das sich als eigene Marke eintragen ließ.

Mittlerweile gibt es insgesamt fünf sogenannte *Denominaciones*, die nicht nur angeben, woher die Weine kommen, sondern dem Weinkenner zugleich Qualität in Herstellung und Verarbeitung garantieren. In erster Linie baut man auf den Weinbergen dieser Gegend traditionelle kanarische Rebsorten an, die nur hier wachsen. Dadurch und auch durch die unterschiedlichen klimatischen Bedingungen auf verschiedenen Teilen der Insel erhalten die kanarischen Weine ihren charakteristischen Geschmack, der sie von allen anderen unterscheidet. Angebaut werden unter anderem Trauben mit den klangvollen Namen *Listan Negro*, *Negramoll*, *Tintilla*, *Listan Blanco*, *Malvasía*, *Gual* und *Marmajuelo*.

Zahlreiche Auszeichnungen belegen, dass sich die kanarischen Weine auf dem spanischen, aber auch internationalen Markt immer mehr etablieren. Sogar Shakespeare soll ein Fan des *Vino Canario* gewesen sein, und auch am spanischen und englischen Hof wusste man diesen Tropfen bereits vor

Jahrhunderten zu schätzen. Die kanarischen Weine sind etwas teurer als viele Festlandweine, was vor allem daran liegt, dass aufgrund des begrenzten Territoriums keine Massenherstellung möglich ist.

Tour durch die Weinberge

Selbstverständlich kann man die Weine überall auf der Insel, in Supermärkten, Souvenirläden, Restaurants oder direkt vom Hersteller käuflich erwerben. Wer allerdings gerne mehr über das Anbaugebiet rund um Tacoronte wissen und einzelne Bodegas näher kennenlernen möchte, dem sei eine Tour durch die Weinberge empfohlen.

Im Büro von *Rutas y Vinos* in Tacoronte kann man Tages- oder Halbtagestouren mit und ohne Einkehr zum Essen buchen. In der Gruppe besucht man zwei oder drei typische Keltereien zur Weinprobe, wo man den Tropfen, der weiß oder rot im Glas leuchtet, mit dem dazugehörigen Weinberg, den man selbst gesehen hat, assoziieren kann. Zwischenstopps an bekannten Sehenswürdigkeiten und Aussichtspunkten oder inmitten der umgebenden Natur sind inbegriffen. Wer sich für eine Ganztagestour entscheidet, darf sich außerdem über eine Einkehr in ein inseltypisches Lokal mit kanarischer Küche freuen.

Die geführten Routen beginnen in Puerto de la Cruz. Dort werden die Teilnehmer mit einem Bus abgeholt und nach Ende des Ausfluges auch wieder abgesetzt. Zusteigemöglichkeit gibt es in der Avenida Colón oder am Hotel Botánico. Auf Wunsch kann man mit dem Weinbüro individuelle Ausflüge auf eigene Faust machen, Wochenendpakete oder auch Übernachtungen in ländlichen Unterkünften absprechen.

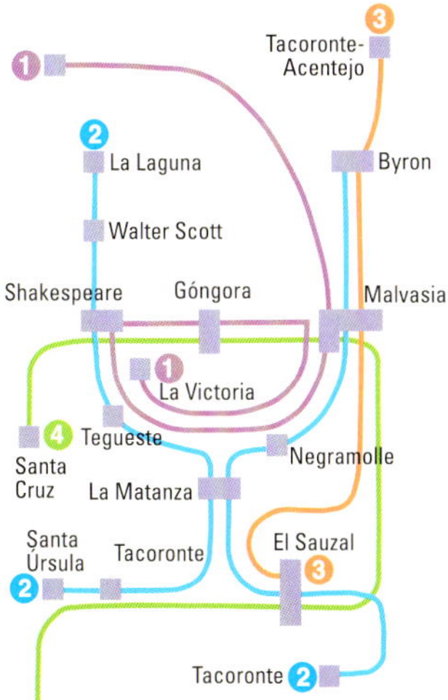

DIE ROUTEN DES WEINBUSSES

Infos und Adressen

Casa de la Cultura. Infos und Buchung der Weintour. Direkt an der Hauptplaza von Tacoronte, Tel. 922 56 40 66, www.rutasyvinos.com.

Tourismusbüro C.I.T. Info und Buchungsmöglichkeit direkt in Puerto de la Cruz, C/ Puerto Viejo 13 (in der Nähe der Plaza del Charco).

WEINGÜTER

Bodega Bronce. Arbeitet ökologisch und kann nach Anmeldung besichtigt werden. Hervorragender, mehrfach ausgezeichneter Rotwein. Finca El Fresal, Camino Juan Fernández 252, Valle de Guerra, Tel. 922 28 53 16, www.insercasa.com

Bodegas Insulares. Bekannte Weinmarke, die unter *Viña Norte* bekannt und in Restaurants/Supermärkten vertreten ist. Hergestellt werden Rot-, Weiß-, Rosé- und Dessertwein. C/ Vereda del Medio 48. Tacoronte, Tel. 922 57 06 17, www.bodegasinsularestenerife.es

Mitte: Der Esperanzawald mit seinen uralten Eukalyptus- und Wacholderbäumen duftet nach »Hustenbonbon«.
Unten: Der Bergrücken, auf dem der Esperanzawald wächst, ist natürliche Grenze zwischen dem Norden und dem Süden der Insel.

15 La Esperanza
Märchenhafter Wald

La Esperanza heißt nicht nur der Ort, der von La Laguna aus oberhalb der Autobahn liegt, sondern auch der gesamte Bergrücken, der im Nordosten Teneriffas verläuft. Die Gegend ist von der Landwirtschaft und dem größten Waldstück der Insel, dem Bosque de Esperanza, geprägt. Hier gedeihen riesige Kanarische Kiefern, Erdbeer- und Eukalyptusbäume, in deren Schatten sich herrlich wandern lässt.

Ein Stück spanische Geschichte ist ebenfalls mit diesem Teil Teneriffas verwoben, denn in den Wäldern soll sich General Franco heimlich mit seinen Verbündeten getroffen haben, um einen Putsch gegen die Regierung vorzubereiten. Im Juli 1936 begann der dreijährige Bürgerkrieg, dem über 800 000 Menschen zum Opfer fielen. Im Wald ist ein Monument, das den Ort bezeichnet, wo die Soldaten ihren geheimen Eid ablegen mussten.

Duftender Eukalyptuswald

Die typischen Passatwolken, die Teneriffa nahezu täglich passieren, spenden diesem Bergrücken die lebenswichtige Feuchtigkeit. Das kostbare Nass setzt sich als Kondenswasser an den Kiefernadeln ab und tropft von dort in den Boden. Kein Wunder, dass diese Gegend von Üppigkeit strotzt. Riesige Kanarische Kiefern, Erdbeer- und Eukalyptusbäume sorgen für ein immergrünes Dach, und Zistrose, Fingerhut, wilder Oregano oder Heidekrautgewächse, die bis zu einem Meter hoch werden, zieren den Wald mit ihren Blüten. In die Nase steigen aromatische Düfte, während der Tritt durch den dicken Kiefernadelteppich weich abgefedert wird. Bei guter Sicht hat man einen Panoramablick auf die bewaldeten Bergrücken, die Nordostküste und manchmal sogar bis nach Gran Canaria.

Klettern im Forestal Park

Seit 2012 bietet der Forestal Park inmitten des duftenden Eukalyptuswaldes ein echtes Abenteuererlebnis, hoch oben in den Baumwipfeln. Mit mehr als 90 Pfaden, hoch über dem Waldboden, mit Hängebrücken und Seilrutschen bietet der Park Spaß und Abenteuer für die ganze Familie. Es stehen mehrere Routen in unterschiedlichen Schwierigkeitsgraden zur Auswahl: Von der leichteren für die ganze Familie bis zur sportlichen Herausforderung. Die vier Familienrouten können mit Kindern ab sechs Jahren oder einer Körpergröße ab 1,10 Meter genutzt werden. Die sieben als sportlich ausgewiesenen Wege eignen sich mit Kindern ab zehn Jahren oder einer Mindesthöhe von 1,45 Metern. Der Park liegt an der Zufahrtsstraße TF 24 von Esperanza zum Teide, auf Höhe von Las Lagunetas und ist ausgeschildert.

ESPERANZA-MOUNTAINBIKING

Ausgehend vom Grillplatz Las Raices kann man den Wald auch auf dem Mountainbike erkunden. Die Fahrt beginnt auf dem Weg Pista El Acebiñal und verläuft später auf dem Abschnitt Herradura. Man fährt in Richtung Hoya del Abade und orientiert sich an Pino Alto, dem westlichsten Punkt der Route. Auf dem Rückweg geht es zunächst bergauf in das Naturschutzgebiet Las Palomas bis zum höchsten Punkt am Cruce de Arafo. Nach dieser Anstrengung beginnt die rasante Abfahrt, die in Las Lagunetas endet und über die TF 24 zurück zum Ausgangspunkt führt.
Die mittelschwere Strecke ist etwa 45 Kilometer lang. Wer kein Mountainbike dabei hat, kann sich eines ausleihen und sich auf Wunsch auch geführten Fahrradausflügen anschließen. Das hat den Vorteil, dass man nicht immer zum Ausgangspunkt zurückkehren muss, da der Abhol- oder Transportservice organisiert wird.

Infos und Adressen

ADRESSEN IN LA ESPERANZA

Bodegon Campestre. Sehr rustikales Restaurant im kanarischen Stil mit typischer und preiswerter Landesküche. Essen wird auf Holztellern serviert und das Fleisch nach Gewicht berechnet. Ein echter Geheimtipp! Ctra. Gral. Las Cañadas, Km 7,5, La Esperanza, Tel. 922 29 80 57, www.bodegoncampestre.com, Di–Sa 12–24, So 12–18 Uhr.

Forestal Park. Abenteuer-Kletterpark, Ctra. TF-24, Km 16, Las Lagunetas bei La Esperanza, Tel. 902-09 14 71. Geöffnet Mi, Sa und So 10-20 Uhr. Eintritt: Kinder 6-12 Jahren 17 €, Erwachsene 22 €, www.forestalpark.com

WEITERE INFORMATIONEN

Deutscher Kontakt:
Im Norden Mountainbike Active, C/Mazaroco 26 bajo (gegenüber Busbahnhof), Puerto de la Cruz. Tel. (mobil) 669 15 75 67 oder 620 00 59 98.

Im Süden Diga Sports, Avda. Rafael Puig 23, Playa de las Ámericas, Tel. 922 79 30 09.

16 El Sauzal
Meerblick aus berauschender Höhe

Das malerische Dorf liegt wie auf einem Balkon direkt über den Steilklippen. Von einigen wunderschönen Aussichtspunkten aus hat man nicht nur einen herrlichen Blick auf den tiefblauen Atlantik, sondern es regt sich auch ein leiser Schauder, wenn man 300 Meter in die Tiefe blickt. Eine Attraktion stellen die Museen für Wein und für Honig dar.

Mitte: El Sauzal liegt wie ein Balkon über dem Atlantik.
Unten: Dem Museum Casa del Vino ist auch ein kanarisches Restaurant mit einem typischen Ambiente im alten Stil angeschlossen.

Ein Ort auf der Steilklippe

El Sauzal entstand Anfang des 16. Jahrhunderts und hat heute rund 8500 Einwohner. Der Ortskern mit Plaza, Rathaus und Kirche zeigt sich noch in typisch kanarischem Stil mit Gebäuden, die als Zeitzeugen der Geschichte gelten. Allen voran das Rathaus mit den typisch kanarischen Holzbalkonen, umgeben von einer wunderschönen Grünanlage, die zur Rast einlädt. Ein Wasserfall plätschert gemächlich vor sich hin und die Bepflanzung ist eine Augenweide. Gleich gegenüber befindet sich die Kirche San Pedro Apostól, die von Königin Johanna von Kastilien im Jahr 1515 in Auftrag gegeben wurde. Wegen der ungewöhnlichen weißen Kuppel mutet ihre Architektur orientalisch an. Im Inneren befinden sich einige sehenswerte Kunstschätze verschiedener Epochen, wie zum Beispiel ein klassizistisches Taufbecken aus edlem italienischem Marmor oder ein silbernes Tabernakel aus dem Barock, das von lokalen Goldschmieden gefertigt wurde. Das Bildnis des heiligen Sebastian stammt aus Flandern und wird auf das 16. Jahrhundert datiert. Außerdem findet man eine schmerzensreiche Madonna, eine Dolorosa, der sevillanischen Schule sowie eine sehenswerte Auswahl andalusischer Malereien.

Heute hat sich der Ort durch einige moderne Neubausiedlungen zu einem beachtlichen Städtchen entwickelt, in dem sich auch viele Deutsche niedergelassen haben. Eine Markthalle lädt mitten im Ortskern zum Einkaufsbummel zwischen frischem Obst und Gemüse oder Fisch und Fleisch ein. Der pyramidenförmige Bau ist nicht zu übersehen (Mo–Sa 9–13 Uhr). Bei ausländischen Besuchern äußerst beliebt sind die miteinander verbundenen Museen Casa del Vino La Baranda und Casa del Miel am Ortseingang.

Weinmuseum Casa del Vino

Dass Wein zur kanarischen Kultur gehört, davon kann man sich auch in der Casa del Vino überzeugen, wo die verschiedenen Weinanbauzonen der Insel Teneriffa präsentiert werden. Ausgehend von der Veranschaulichung der geografischen Lage des Archipels wird zunächst die Bedeutung der Landwirtschaft im Allgemeinen erklärt. Auf einer Schautafel mit den verschiedenen Weinrouten kann man sich einen Rundgang durch die Welt der Weinberge aussuchen. Die je nach Region unterschiedlichen Kultivierungsmethoden werden ebenso erläutert wie die verschiedenen Trauben, die auf Teneriffa angebaut werden. Auf den Kanaren gibt es glücklicherweise keine Reblaus, die den europäischen Weinbauern Sorge bereitet. Darum haben hier zum Teil Traubensorten überlebt, die auf dem europäischen Festland bereits ausgestorben sind. Zusammen mit den vulkanischen Bodenverhältnissen und dem milden Klima entsteht auf Teneriffa ein Wein, der die Menschen schon seit Jahrhunderten begeistert.

Im Souvenirladen der Casa del Vino kann man sich bei einer Weinprobe von der Qualität über-

AUTORENTIPP!

BODEGA MONJE
Ebenfalls mit dem Thema Wein verbunden ist die im Stadtgebiet gelegene Bodega Monje. Dort kann man nicht nur die Weinkellerei besichtigen und die hervorragenden Weine direkt vom Hersteller kaufen, sondern gleichzeitig in einem gemütlichen kanarischen Restaurant einkehren. Besonders hervorzuheben ist allerdings, dass sich hier Wein und Kultur auf eine besondere Weise vermischen, denn in den Kellergewölben befindet sich ein einmaliger Ausstellungsraum, in dem regelmäßig Werke lokaler Künstler gezeigt und am Wochenende Konzerte verschiedenster Couleur gegeben werden. Sehr gute kanarische Küche in einem außergewöhnlichen Bodega-Ambiente.
Bodega Monje. Camino Cruz Leandro 36, Tel. 922 58 50 27.

Wunderschön verspielte Holzdecken in der Casa del Vino

Oben: Bienen sorgen für die honigsüße Seite Teneriffas.
Mitte: Den heimischen Imkern kann man in der Casa del Miel in El Sauzal auf die Finger schauen.
Unten: La Garanoña, eine versteckte Badebucht, für die man allerdings gut zu Fuß sein muss.

Mal ehrlich …

WEIN, SÜSSES UND NICHT VIEL MEHR

El Sauzal ist nicht gerade ein aufregender Ort, wenn man ein lebendiges Treiben sucht. Wer aber an den Traditionen und Typischem interessiert ist, für den ist der Ort einen Besuch wert. Einen Strand gibt es in El Sauzal auch nicht, wohl aber die versteckte Badebucht La Garanoña, die man über einen Fußweg durch einen weiteren Landschaftspark erreicht.

zeugen, seinen persönlichen Lieblingstropfen herausfinden und auch gleich mitnehmen. Das historische Haus bietet aber auch ein ausgewähltes Kulturprogramm an. In dem stilvollen Rahmen finden regelmäßig Kunstausstellungen und gelegentlich auch Konzerte statt. Von der Terrasse des Restaurants genießt man eine herrliche Aussicht.

Honigmuseum Casa del Miel

Dieses an das Weinmuseum angeschlossene Informationszentrum bietet einen Ausflug in die Welt der Bienen. Nach dem Wein spielt auf Teneriffa die Herstellung von Honig eine große Rolle, vor allem auch deshalb, weil es zahlreiche monoflorale Sorten gibt, die man nirgendwo sonst auf der Welt findet. »Tausend Farben – tausend Geschmäcker«, mit diesem Slogan werden die zahlreichen Honigsorten Teneriffas beworben, obwohl es natürlich keine tausend verschiedenen Varianten gibt. Die Vielfalt endemischer Pflanzen und Blüten spiegelt sich in der reichhaltigen Auswahl wider, deren spezielle Charakteristika und Vorkommen anhand von Schautafeln erklärt werden.

Einmalig ist zum Beispiel der Blütenhonig der endemischen Tajinaste, die im Mai im Naturschutzgebiet Las Cañadas blüht. Der Honig ist hell, cremig und hat eine leichte, blumige Note. Oder wie wäre es mit Retama-Honig? Diese ebenfalls inseltypische Pflanze wächst in Höhenlagen über 1500 Metern und ergibt einen zähflüssigen und lieblichen Honig. Würziger hingegen sind Avocado- oder Kastanienhonig, die beide eine flüssige Konsistenz haben, deren Farbe an dunkles Holz erinnert, und einen intensiven Geschmack entfalten. Dies sind nur einige Beispiele der großen Vielfalt, aus der jeder sein Lieblingsnaschtöpfchen auswählen kann.

Generell unterscheidet man nach verschiedenen Kategorien. Zum einen wird der Honig je nach Höhenlage, in der er gesammelt wurde, in Costa (Küste), Monte (Berg) und Cumbre (Gipfel) unterteilt. Die zweite Klassifizierung erfolgt nach den im Honig enthaltenen Pollen. Sind mehr als die Hälfte der Pollen auf eine bestimmte Pflanzengattung zurückzuführen, gilt der Honig als monofloral und darf entsprechend benannt werden. Nachdem sich die fleißigen Bienchen aber meist nicht nach den Wünschen ihrer Besitzer richten und gerne mal hier und mal da an Blüten, Kräutern und Blumen naschen, entstehen sehr viele Berg- und Wiesenmischungen, die als »multi-floral« etikettiert werden. Das ist keineswegs ein Qualitätsverlust, sondern bedeutet lediglich, dass keine

Wo einst gewaschen wurde, spaziert man heute durch einen blühenden Garten mit tollem Panoramablick.

Spaziergang durch die Lavaderos von El Sauzal

AUTORENTIPP!

SPAZIERGANG IN DER WASCHKÜCHE

In El Sauzal laden mehrere Grünflächen und Parks zum gemütlichen Spaziergang ein. Am bezeichnendsten ist allerdings der Park Los Lavaderos unterhalb der Kirche San Pedro Apostól und in unmittelbarer Nähe zum Ortskern. Dort plätschern aus einer natürlichen Quelle 25 bis 50 Kubikmeter Wasser pro Stunde. Dieser Wasserreichtum verwandelte diesen Ort in früheren Zeiten zur gemeinschaftlichen Waschküche des Ortes, an dem die Frauen bei Gesang und Tratsch ihren Waschtag abhielten. Als es noch keine Waschmaschine gab, war dies ein zentraler Punkt im sozialen Leben der Dorfgemeinschaft. Heute noch sind die Becken zu sehen, inzwischen eingebettet in eine Parkanlage mit üppiger Blumenpracht. Hochzeitspaare nutzen diesen Park häufig als Fotokulisse. Außerdem gibt es zahlreiche Aussichtspunkte, von denen man einen Panoramablick über die Nordküste genießt. Wer vom Bummeln und Schauen müde geworden ist, kann sich im Park auf der Terrasse einer Cafeteria ausruhen.

Üppiges Grün wuchert rund um die alten Waschtröge und Wasserkanäle.

Blüte mehrheitlich enthalten ist. Oft haben diese Sorten interessante Geschmacksnuancen.

Die große Vielfalt kanarischer Honigsorten schlägt sich auch in der kanarischen Küche nieder. Ähnlich wie in Griechenland kennt man hier auch die perfekte Harmonie zwischen Joghurt und Honig. Ob Ziegen- oder Kuhmilchjoghurt, beide lassen sich wunderbar kombinieren. Bei den klassischen Desserts ist die Süße aus der Natur ein wichtiger Bestandteil. Darüber hinaus verwendet man das Aroma aber auch, um Fleisch zu marinieren, Salatdressings zu verfeinern und Soßen abzuschmecken. Natürlich nutzt man ihn als gesunden Brotaufstrich, der je nach Sorte, den Tag mal blumig-leicht, mal würzig-intensiv beginnen lässt. Der traditionelle Eukalyptushonig gilt bei den Einheimischen als Allheilmittel bei Erkältungskrankheiten.

Das Honigmuseum erläutert die Entstehung von Honig von der einzelnen Biene und ihren Aufgaben bis zum fertigen Endprodukt. In dem angeschlossenen Laden hat man die Möglichkeit, verschiedene Sorten zu probieren und seinen häuslichen Vorrat mit den ausgefallensten Köstlichkeiten aufzufüllen. Honig aus Teneriffa ist darüber hinaus ein nettes Mitbringsel für Familie oder Freunde zu Hause.

Mitte: Die Hauptstraße von El Sauzal ist eher beschaulich und verträumt.
Unten: Man trifft sich auf ein Schwätzchen, sitzt auf dem Bänkchen und lässt den Tag gemütlich vorüberziehen.

Infos und Adressen

MUSEEN

Casa del Vino & Casa de la Miel. Autopista General del Norte, Km 21, direkt nach der Autobahnausfahrt der Beschilderung im ersten Kreisverkehr folgen. Tel. 922 57 25 35, www.casadelamiel.com, Öffnungszeiten für beide Museen: Di–Sa 10–22, So 11–18 Uhr.

ESSEN UND TRINKEN

Restaurante Los Ángeles. Gemütliches kanarisches Restaurant mit urigem Ambiente, abseits der Hauptstraße. Gute und preiswerte inseltypische Küche. Spezialität: Salzfisch, Kaninchen in Soße, kanarischer Eintopf. Ctra. Las Breñas 32, Tel. 922 57 52 12.

Restaurant Tacoa. Hier wird echt deutsches Bier nach deutschem Reinheitsgebot gebraut. Ein echter Tipp für alle, die es deutsch und deftig mögen. Gutes Preis-/Leistungsverhältnis. Ctra. Gral. del Norte 122 (alte Landstraße zwischen Tacoronte und El Sauzal), Tel. 922 56 41 73, tägl. 12.30–23 Uhr, Fr/Sa bis 0.30 Uhr.

Casa del Vino la Baranda. Dieses landestypische Restaurant ist in das Weinmuseum integriert. Es besticht durch eine gute Küche und einen herrlichen Ausblick von der Terrasse aus.
Autop. Norte, Km 21, Tel. 922 56 38 86.

Restaurant Terrazas del Sauzal. Neues Restaurant auf einem alten Anwesen mit einem spektakulären Panoramablick auf Teide und Nordküste.
Pasaje Sierva de Dios 9, El Sauzal,
Tel. 922 922-57 14 91,
www.terrazasdelsauzal.com

Mirador La Garanoña. Der Aussichtspunkt, über den man auch zum Strand kommt, hat im Sommer 10.30–22.30 und im Winter 10.30–20.30 Uhr geöffnet (Mi geschl.). Auf dem Weg kommt man an einer Eisdiele mit italienischem Eis vorbei – Zeit für ein Päuschen?

ÜBERNACHTEN

Die Übernachtungsmöglichkeiten in El Sauzal sind sehr beschränkt. Es gibt keine Hotels und Pensionen, sondern nur Privatzimmer.

Das Museum Casa del Vino ist für alle Weinliebhaber ein interessanter Ort. Welche Reben, welche Regionen und vor allem wie schmeckt der kanarische Wein?

17 La Matanza

Ort der Schlacht

Der Ort La Matanza liegt auf einer Höhe von rund 520 Metern über dem Meeresspiegel, wobei sich das zur Gemeinde gehörende Gebiet von der Küste bis hinauf in die Berge mit ihren gigantischen Kastanienbäumen erstreckt. An Sehenswürdigkeiten hat der Ort kaum etwas zu bieten, beliebt ist er allerdings bei Wanderern, die von hier aus zu Touren in die umliegenden Bergwälder aufbrechen.

La Matanza heißt übersetzt »die Schlacht«. Der Name geht darauf zurück, dass sich die Ureinwohner unter ihrem Fürsten Mencey Bencomo im Jahr 1494 in dieser schluchtenreichen Gegend erfolgreich gegen den ersten Angriff der spanischen Eindringlinge wehrten. Aufgrund ihrer Ortskenntnis waren sie den Spaniern unter Führung von Alonso Fernández de Lugo haushoch überlegen und fügten ihnen empfindliche Verluste zu. Der Nachbarort entstand an der Stelle, wo die Spanier später die Ureinwohner unterwarfen, und heißt demzufolge bis heute La Victoria – der Sieg.

Mitte: Die Kirche San Antonio entstand aus einer einstigen kleinen Kapelle.
Unten: Auf dem Bergrücken oberhalb von La Matanza findet man Wanderwege durch nahezu unberührte Natur.

Uralte knorrige Baumriesen der kanarischen Pinie

Landleben

Wanderfreunde finden in den Bergen von La Matanza ein weites Betätigungsfeld, egal, ob sie in luftiger Höhe zwischen riesigen Kastanienbäumen oder Pinien und wildem Thymian spazieren, den Vulkan Montañas de San Antonio umkreisen oder sich an der lieblicheren Küste entlang bewegen. Bis zu 300 Meter tief fallen die Steilklippen zum Teil ab. Das milde Klima, das an der Nordküste vorherrscht, wird von der sanften Brise geprägt, die vom Meer heraufweht. Dabei formen sich häufig Wolkenfelder, *Mar de Nubes* genannt, die weithin ein nahezu mystisch anmutendes Wolkenspiel bieten.

Die Gegend ist von bäuerlichen Traditionen geprägt. Bekannt ist der Bauernmarkt von La Matanza, auf dem jeden Samstag und Sonntag Frisches von den Feldern aus der Umgebung angeboten wird. Darunter natürlich auch Wein, der aus dem ländlichen Leben einfach nicht wegzudenken ist.

Die Küste

Entlang den steilen Klippen gibt es kaum Strände. Eine nur mäßig besuchte Bucht lädt am Sandstrand La Negra unterhalb von Puntillo del Sol zum Sonnenbad ein. In dieser Gegend trifft man vor allem auf Einheimische oder Überwinterer, die in der Nähe ihr Domizil haben. Richtige Hotels sucht man in La Matanza vergebens. Die Touristen, die sich diesen Ort für ihren Urlaub aussuchen, mieten sich in Ferienwohnungen an der Küste oder in Landhäusern in den Bergen ein.

Sehenswertes im Ort

Ist das Dorf auch eher unscheinbar, so hat es doch einige kleine Sehenswürdigkeiten zu bieten. Das

AUTORENTIPP!

LA CUADRA DE SAN DIEGO

Wer in La Matanza einkehren möchte, dem sei ein Besuch des Restaurants La Cuadra de San Diego empfohlen. Fast direkt an der Hauptstraße gelegen, ist es leicht zu finden. Man biegt nach der kleinen weißen Kapelle links in eine kleine Seitengasse ein und gelangt dort schon nach zehn Metern zum Parkplatz.

Das Restaurant ist in ein altes Landgut aus dem 16. Jahrhundert integriert. Aus dem früheren Stall wurde der Gastraum, und auf der Terrasse sitzt man unter gigantischen Bäumen, die so alt sind, dass sie viele Geschichten erzählen könnten. Es ist nicht nur das rustikal-gemütliche Ambiente, das den Zauber ausmacht, sondern auch die erfreulich einfallsreiche Speisekarte. Sie ist nicht besonders umfangreich und orientiert sich an der kanarischen Hausmannskost, bietet aber sehr kreative Küche mit interessanten Variationen. Aus verschiedenen Tapas stellt man sich seine Menüfolge zusammen.

La Cuadra de San Diego. C/ Botelo 2, La Matanza, Tel. 922 57 83 85, www.lacuadradesandiego.es, Do–Sa 13–16 und 19.30–23 Uhr, So 13–16 Uhr.

alte Rathaus beherbergt heute eine Kunstschule, in der auch Ausstellungen stattfinden. Die Klosterkapelle San Antonio Abad wurde von Anton Vallejo gestiftet, einem der Spanier, die gegen die Ureinwohner kämpften. In Todesangst soll er gelobt haben, seinem Namenspatron, dem heiligen Antonius, eine Kapelle zu bauen, wenn er den Feldzug überleben würde. Deshalb kann man mit ziemlicher Sicherheit zurückdatieren, dass sie aus dem 15. Jahrhundert stammt. Zu ihrer jetzigen Größe wurde die Kirche erst Ende des 19. Jahrhunderts ausgebaut.

La Matanza an Weihnachten

Auch wer nichts für das Wandern oder die Dorfidylle übrig hat, sollte in der Weihnachtszeit einen Abstecher nach La Matanza machen. Auf einem freien Platz am Ortseingang, direkt nach der Autobahnausfahrt, entsteht jedes Jahr »Klein-Jerusalem«: Mit viel Liebe zum Detail, handgefertigten Figuren und Häusern wird die Weihnachtsgeschichte nachgestellt – vom Palast des Herodes über Alltagsszenen bis hin zur traditionellen Krippe. In den Szenen entdeckt man zum Beispiel sich drehende Ferkel am Spieß oder tatsächlich kleine lodernde Flämmchen unter dem Kochtopf. Besucher von der ganzen Insel kommen im Advent gerne hierher.

Kastanienreichtum

Auf Teneriffa erreichen Kastanienbäume eine Höhe von bis zu 30 Metern. Sie wachsen als Wald in den Höhenlagen von 600 bis 1000 Metern. Man findet sie vor allem in der Region Acentejo bis nach La Orotava oder in Arafo im Süden. Diese besonders langlebigen Bäume können bis zu 1000 Jahre alt werden.

Oben: Die gewaltigen Blätter einer Fächerpalme
Mitte: Kanarische Architektur und Dorfcharakter zieren das einstige Schlachtfeld, auf dem sich die Guanchen gegen die spanischen Eroberer wehrten.
Unten: Typischer Bauernmarkt

Wer also in La Matanza durch die Wälder schweift, wird diesen Giganten unweigerlich begegnen. Im Gegensatz zur Mandel war die Kastanie hier schon vor der spanischen Eroberung heimisch. Auf Teneriffa gibt es allein neun verschiedene Arten, ihre Blütenpracht und ihren Duft entfalten sie von Mai bis Juni. Die Ernte der reifen Frucht fällt in den Herbst, in die Monate Oktober und November. Genau richtig, um sie geröstet mit dem frisch gekelterten jungen Wein zu verzehren. Vor allem Ende November, zum Weinfest in San Andrés, werden sie vielerorts in alten Blechtöpfen gegart und zum Kauf angeboten. Gerade in der Gegend La Matanza und La Victoria verstehen viele Köche noch die Kunst der Kastanienzubereitung und geben der Speisekarte im Herbst eine außergewöhnliche Note.

Niemand darf Teneriffa verlassen, ohne den köstlichen Ziegenkäse gekostet zu haben.

Infos und Adressen

ESSEN & TRINKEN

Casa Juan. Hervorragendes Restaurant unter deutscher Leitung auf der Sonnenseite unterhalb der Autobahn. Ein altes Landhaus mit viel Terrassenfläche, ein dicht bewachsener Garten und eine exzellente Küche mit deutschen Spezialitäten bilden das Ambiente. Sehr gutes Preis-Leistungs-Verhältnis. Bekannt ist das Lokal als einzige echte Fischräucherei der Insel. C/ Acentejo 77, Tel. 922 57 70 12, www.casajuan.net, Mo geschl.

Jativoa. Uriges Lokal im traditionellen rustikalen Stil. Von der Hauptstraße aus folgt man den Hinweisschildern. Sehr gute und preiswerte lokale Küche. Spezialität des Hauses sind Grillgerichte vom Holzkohlengrill. C/ Real y Benavides, Tel. 922 57 88 68.

Restaurant Safran. Dieses unscheinbare Lokal im Nachbarort ist durchaus einen Abstecher wert, wenn man einmal variieren möchte. Es bietet echte persische Gerichte zu einem sehr guten Preis an. Besonders empfehlenswert ist das Büffet am Sonntag, das nur zehn Euro pro Person kostet und eine Fülle exotischer Spezialitäten bietet. C/ Vieja 14, Santa Úrsula, Tel. 922 33 79 17.

ÜBERNACHTEN

Wer in La Matanza eine Bleibe sucht, muss auf private Ferienvermieter ausweichen.

Mitte: Schroffe Felsen vor der Punta Brava und im Hintergrund der sandige Vorzeigestrand Playa Jardín
Unten: Gemütliche Straßencafés und Restaurants laden auf der Plaza del Charco zum Verweilen ein.

18 Puerto de la Cruz

Die Metropole des Nordens

Der Tourismus verwandelte dieses Fischerdorf in eine Stadt mit Ambiente, die schon lange vor den Urlaubshochburgen im Süden Gäste empfing und mit mildem Klima verwöhnte. Während jedoch die südlichen Tourismuszentren fast ausschließlich von den Feriengästen bewohnt werden und sich das Leben der Einheimischen vorwiegend an anderen Orten abspielt, verbringen die Urlauber in Puerto de la Cruz ihre Ferien mitten unter Einheimischen.

Touristisches Zentrum des Nordens

Von Oktober bis März wird die Stadt vor allem von deutschen Überwinterern besucht, im Sommer sind es eher Familien und spanische Urlauber, die die Hotelbetten füllen. Fremde und Einheimische wohnen in unmittelbarer Nachbarschaft, und so taucht man in eine Atmosphäre ein, wo man als willkommener Gast in das tägliche Leben integriert wird. Im Lauf der Entwicklung ist Puerto de la Cruz mit La Orotava zusammengewachsen. Die ersten Wohnsiedlungen entstanden hier in den 1960er- und 1970er-Jahren. In kleinen Bungalows, umgeben von einer blühenden und grünenden Gartenoase, lässt es sich gut leben.

Schon um 1900 war Puerto de la Cruz ein beliebtes Urlaubsziel der sonnenhungrigen Highsociety. Davon zeugt das einstige Hotel Taoro am gleichnamigen Stadtpark, das bereits Ende des 19. Jahrhunderts als Luxushotel beworben wurde. Berühmte Persönlichkeiten wie Agatha Christie oder

Alexander von Humboldt haben ihre Spuren in der Stadt hinterlassen und werden dort noch heute verehrt.

Das Stadtleben

Puerto de la Cruz bietet eine Mischung aus idyllischer Stadtkulisse und Strandleben. Die Stadt ist eingebettet in Bananenplantagen und umgeben von den Bergwäldern des grünen Orotavatals mit Blick auf den imposanten Teide. Der höchste Punkt der Stadt, der Vulkankegel Las Arenas, auch *Montaña de la Horca* genannt, misst gerade einmal 249 Meter – im Vergleich zum Teide und den umgebenden Gebirgszügen nur ein Winzling.

Plaza del Charco

An der zentralen Plaza del Charco direkt am Hafen spendet das Blätterdach alter Baumriesen Schatten, während daneben die Palmen leise säuseln. Hier trifft man sich, um zu sehen und gesehen zu werden: am Morgen zum Frühstückskaffee, am Nachmittag zum erfrischenden Eisbecherschlürfen und am Abend zum weinseligen Ausklang des Tages. Auch die meisten Festlichkeiten spielen sich in diesem pulsierenden Herzen der Stadt oder in der unmittelbaren Umgebung ab.

In der Altstadt

In der nahen Altstadt reihen sich kleine Geschäfte aneinander. Zum Essengehen empfiehlt sich die Calle El Lomo im alten Teil der Stadt. Dort laden zahlreiche Restaurants mit nett dekorierten Tischen auch im Freien zum Verweilen ein. Jedes Lokal bietet eine individuelle Speisekarte, vom typisch Kanarischen, über mediterrane und italienische Küche bis hin zu modernen Kreationen kann man nach Herzenslust schlemmen. Doch egal, für

AUTORENTIPP!

MUECA FESTIVAL

Puerto de la Cruz ist eine Stadt, die ihren Besuchern gerne ein gutes Kulturprogramm bietet. Über das ganze Jahr hinweg ziehen sich verschiedene Veranstaltungen durch das Programm. – in Ausstellungs- und Konzertsälen sowie unter freiem Himmel. Das Angebot ist breit gefächert. Eines der absoluten Highlights ist das MUECA Festival. Das internationale Festival für Kunst in der Straße ist ein Open-Air-Festival mit Clownereien, Akrobatik, Pantomime, Musik, Kinderaktivitäten und vielem mehr . Dieses Fest findet im Mai statt und zieht Besucher aus allen Teilen der Insel an. Ein Wochenende lang steht die Nordmetropole im Mittelpunkt und bietet perfekte Unterhaltung für die ganze Familie. Es beginnt meist am Freitagnachmittag und dauert bis Sonntagabend. Ausführliche Programminformation gibt es erst kurz vor dem jeweiligen Festival. Sie stehen online zur Verfügung oder werden über Flyer in den lokalen Tourismusbüros verteilt. Alle Darbietungen finden unter freiem Himmel statt und sind kostenlos. Zur Finanzierung finden im Vorfeld in der Regel Solidarveranstaltungen, in Form von Konzerten, Sportevents und Ähnlichem statt, deren Erlös dem Festival zufließt.
Infos unter www.stanqueblogs.com/festivalmueca

Oben: Skyline von Puerto de la Cruz
Mitte: Der wundervoll illuminierte Hafen
Unten: Der Fischerhafen von Puerto de la Cruz wird noch immer rege genutzt. Sofern Wetter und Wellengang es erlauben, zieht es die Fischer hinaus aufs Meer.

Mal ehrlich …

ALTER CHARME

Das touristische Angebot in Puerto de la Cruz ist zugegeben schon etwas in die Jahre gekommen, und manche Hotels entsprechen nicht mehr dem neuesten Stand. Um keine negative Überraschung zu erleben, sollte man sich ein wenig orientieren und die Beschreibungen und Bewertungen genau lesen. Dann findet man garantiert ein schönes Plätzchen und verbringt seine Ferien in einem grünen und blumenreichen Urlaubsort, an dem man sich sehr wohlfühlen kann.

welches Restaurant man sich entscheidet, man wird in jedem Fall zufrieden sein.

Nach dem Essen bietet sich ein kleiner Spaziergang zum Hafen oder noch weiter über die begehbare Hafenmole an. Dabei genießt man den Ausblick auf die Nordküste und den blauen Atlantik. Wer sich lieber ins Stadtleben stürzt, wendet sich von der Plaza del Charco aus nach Osten und schlendert die Fußgängerzone entlang bis zur Playa Martiánez. Dabei passiert man wiederum eine Vielzahl von Cafeterias und Restaurants, Souvenirläden, Schmuck- und Textilgeschäften. Die kleine Shoppingmeile weitet sich auch in die parallel verlaufende Calle La Hoya aus. Es gibt viel zu schauen, und man kann dabei die ganze Zeit den Atlantik und dessen sanfte Brise genießen. Ein leichter Salzgeschmack auf den Lippen trägt zum perfekten Urlaubsfeeling bei.

Deutsche Enklave

Der etwas oberhalb des Stadtkerns gelegene Stadtteil La Paz wird vor allem von Deutschen bewohnt. Dort findet man einen deutschen Supermarkt, einen Secondhand-Buchladen mit deutscher Literatur und jede Menge deutsche Lokale mit deutscher Hausmannskost auf der Speisekarte. Hier gilt die Devise »man spricht Deutsch«.

Kulturelle Highlights

Puerto de la Cruz hat ein abwechslungsreiches kulturelles Programm zu bieten. Beliebteste Präsentationsflächen des künstlerischen Schaffens einheimischer und ausländischer Künstler sind das Castillo de San Felipe, der Kunstsaal der CajaCanarias in der Fußgängerzone und die Casa de la Aduana, das alte Zollhaus am Hafen, die mit wechselnden Ausstellungen die lokale Kunstszene prägen. Außerdem kann man im archäologischen Museum in der Altstadt einen kleinen Ausflug in die Historie der Stadt unternehmen.

Im Winter werden samstags und sonntags Konzerte unterschiedlicher Musikrichtungen im Aparthotel Bambi angeboten und Ende November wird zur Fiesta San Andrés der neue Wein probiert. Darüber hinaus bietet das schöne Wetter viele Gelegenheiten für stimmungsvolle Open-Air-Konzerte. Ein wichtiger Termin im Jahreslauf ist auch hier die Karnevalszeit. Sobald der Karneval in der gro-

Der futuristisch anmutende Bau am Hafen beherbergt einen Souvenirladen.

Das Denkmal einer Fischverkäuferin auf dem Marktplatz von Puerto de la Cruz

AUTORENTIPP!

BADEN IN PUERTO DE LA CRUZ

Die Hauptstrände Puertos sind die Playa Jardín am Westende, entlang der Punta Brava, und die Playa de Martiánez am Ostende der Stadt. Dazwischen befinden sich aber entlang der Strandpromenade zahlreiche *Charcos* (kleine natürliche Tümpel und Einbuchtungen), die zum erfrischenden Bad einladen. Auch im Hafenbecken kann man sich in die kühlen Fluten des Atlantiks stürzen.
Am beliebtesten ist allerdings die Playa Jardín, wo ein schwarzer Sandstrand mit Liegestühlen und auf Wunsch Sonnenschirmen zum Entspannen in der Sonne einladen. Eingebettet ist der Strand in eine kleine Promenade und eine blühende Gartenanlage. Die Playa de Martiánez ist vor allem bei Wellenreitern sehr beliebt, die dort auch eine Schule vorfinden, an der man sich Brett und Anzug ausleihen kann.

Oben: Die Punta del Viento an der Strandpromenade
Mitte: Plätschernde Brunnen und eine kleine grüne Oase an der Plaza de la Iglesia
Unten: Gazpacho für die perfekte Urlaubsstimmung im Restaurant »El maná« in der Altstadt

Mitten in der Anlage des Lago Martiánez ist das Casino.

ßen Schwester Santa Cruz abflaut, lebt in Puerto de la Cruz das närrische Leben auf. Die Veranstaltungen sind vielleicht nicht ganz so pompös, aber dennoch farbenprächtiger, abwechslungsreicher und ausgelassener als alles, was man aus der Heimat kennt. Ende August sorgt der jährliche Besuch der »Egerländer Musikanten« rund eine Woche lang für Bierzelt- und Heimatlaune. Die Konzerte sind auch bei den Einheimischen äußerst beliebt, die sich sowohl an der Musik als auch am Lederhosenlook erfreuen.

Der typische Puerto-Urlauber

Puerto de la Cruz ist der ideale Urlaubsort für diejenigen, die zwar Stadtleben, aber nicht in den geräuschvollen und überlaufenen Süden wollen. Hier finden sie das pulsierende Leben in einem etwas bedächtigeren Rhythmus. Die Stadt bietet eine malerische Kulisse und die grünende Landschaft tut das Ihre dazu. Abwechslungsreiche Urlaubstage und lebendiges Nachtleben machen Puerto de la Cruz zu einem Urlaubsziel mit besonderem Charme und Ambiente. Hier kann man Abtauchen aus dem Alltag und Eintauchen in kanarische Lebensart.

Infos und Adressen

INFORMATION

Tourismusbüro. Casa de La Aduana, Calle Las Lonjas (direkt am Hafen), Tel. 922 38 60 00. Mo–Fr 9–20, Sa/So 9–17 Uhr.

Auto Mertens. Deutsche Touristeninformation, in der man auch Tickets für Ausflüge in den Süden (Siam Park, Delfin-Tour etc.) kaufen kann. Gleichzeitig eine deutsche Autovermietung mit freundlichem Service und fairen Preisen. Direkt am Fußweg Paseo de la Cabra, neben dem Einkaufszentrum Martiánez, Tel. 922 38 30 69, www.rentacarmertens.com

ESSEN UND TRINKEN

Tito's Bodeguita. Sehr hübsches Restaurant in altem Landsitz mit einem hübschen Innenhof. Sehr gute moderne kanarische Küche. Liegt außerhalb des Stadtzentrums in der Nähe der Autobahn. Camino del Durazno 1, Tel. 922 08 94 36, www.titosbodeguita.com

Restaurant La Coronela. Typisch kanarische Küche, Kuchen, Eisbecher und Cocktails. Schönes Ambiente direkt am Strand Martiánez. Avenida Colón, Playa Martiánez, Puerto de la Cruz, Tel. 922 38 12 67.

Mil Sabores. Sehr hübsches Restaurant in einem typisch kanarischen Haus in einer Nebengasse zur Fressgasse El Lomo. Man kann auch draußen sitzen und dabei eine fantasiereiche mediterrane Küche genießen. C/ Cruz Verde 5, Tel. 922 36 81 72.

Die klassische »Fressgasse« *Calle El Lomo*

Caballo Blanco. Elegant eingerichtetes Nachtlokal mit Livemusik und Tanz für die reifere Generation. Paseo San Telmo 18, Tel. 922 38 56 56, Di–So ab 21 Uhr.

ÜBERNACHTEN

Diamante Suites. Dieses Vier-Sterne-Hotel verfügt über Juniorsuiten mit abgetrenntem Wohnbereich und liegt in unmittelbarer Nähe zur Playa Jardín. Pool- und Sportanlagen sind integriert. Auf Wunsch ist auch ein All-inklusive-Service buchbar. C/ Manuel Yánez Barreto s/n, Tel. 922 37 00 87, www.hoteldiamantesuites.com

Hotel Beatriz Atlantis & Spa. Avenida Venezuela 15, Puerto de la Cruz, Tel. 0034/922-37 45 45. Modernes Vier-Sterne-Hotel, nur 150 Meter vom Strand Playa Martiánez und von der bekannten Schwimmbadanlage Lago Martiánez. Integrierter Wellnessbereich. www.beatrizhoteles.com

Puerto Azul. Ein sehr familiäres und gemütliches Haus unter deutscher Leitung in der Zwei-Sterne-Kategorie. Empfehlenswert vor allem, wenn man kein sehr großes Budget hat und doch eine schöne Unterkunft sucht. Das Besondere: Das Hotel ist an eine Sprachschule angeschlossen und kann mit Spanisch-Unterricht gebucht werden. C/ del Lomo 24, Tel. 922 38 32 13, www.puerto-azul.com

AKTIVITÄTEN

Christianes Wandertouren. Seit 10 Jahren geführte Wanderungen auf der ganzen Insel. Tel. 922 34 37 09, www.teneriffatouren.com

Tauchschule Atlantik. Deutsche Tauchschule, mit Anfängerkursen auch für Kinder. Camino El Burgado 1, Los Realejos, Tel. 922 36 28 01, www.atlantik-tauchen.de

19 Puerto de la Cruz – Lago Martiánez

Badelandschaft und Casino

Die Meeresschwimmbäder im Herzen von Puerto de la Cruz sind weit mehr als nur ein Freibad. Die moderne Badelandschaft wurde 1977 von dem kanarischen Künstler César Manrique geschaffen und Anfang des 21. Jahrhunderts umfassend renoviert. Dieser künstliche See fasst 27 000 Kubikmeter Wasser und ist mit mehreren Inseln und Halbinseln abwechslungsreich gestaltet. In die Anlage integriert ist auch das halb unterirdische Spielcasino.

In vielen kanarischen Gemeinden stößt man auf den Namen César Manrique (1919–1992). Er war Maler, Bildhauer, Architekt, Garten- und Landschaftsgestalter in einer Person. Beeindruckende Bauten und Anlagen tragen seinen Stempel. Sein Markenzeichen war es, Wohnlandschaften zu gestalten, die Kunst und Natur zu einem harmonischen Ganzen verschmelzen lassen. Die Harmonie von Stadtentwicklung und Umweltschutz war dem ökologisch engagierten Künstler ein Anliegen.

Mitte: Der Architekt César Manrique gestaltete ein Meeresschwimmbad der Superlative.
Unten: Im riesigen künstlichen See kann man weite Runden schwimmen und dabei das Panorama der Stadt genießen.

Ein Prestigeobjekt

Auf einer Fläche von rund 33 000 Quadratmetern entstand eine Poollandschaft, die direkt aus dem Ozean mit Meerwasser gespeist wird. Insgesamt gliedert sie sich in sieben Becken für Kinder und Erwachsene sowie den zentralen Blickfang, den »Lago«. Dazu gehört ein Wellnessbereich mit Jacuzzi-Becken. Highlight ist das Wasserspiel in der Mitte mit meterhohen Fontänen, die man von weither sehen kann. Nachts werden sie angestrahlt wie auch die gesamte Anlage durch ein ausgeklügeltes Beleuchtungssystem in Szene gesetzt wird.

Nicht nur die großzügigen Schwimmflächen, sondern die ganze Anlage mit ihren subtropischen Gewächsen verheißt Urlaubsfeeling. Auf Sonnenliegen kann man unter den Palmen im Schatten dösen oder sich mit Sonnenschirm bewaffnet direkt an den Pools niederlassen. Vor allem, wenn der Atlantik in den Wintermonaten seine wilden Wellenkapriolen schlägt, bietet der Lago Martiánez die perfekte und sichere Alternative.

Das Casino

Der Lago Martiánez ist aber nicht nur ein beliebter Treffpunkt für Sonnenhungrige, denn innerhalb der Anlage befindet sich auch das Spielcasino, das aus dem abgelegenen Parque Taoro in die Innenstadt umquartiert wurde. Wer im Urlaub sein Glück versuchen oder einfach einen netten Abend mit abwechslungsreicher Unterhaltung verbringen möchte, ist hier genau richtig. Bei Black Jack, Amerikanischem Roulette, Poker oder einfach vor einem Spielautomaten verfliegen die Stunden spielerisch im Nu. Was bleibt, ist die Erinnerung an einen schönen Abend in einem speziellen Ambiente.

Oberhalb des Casinos und ebenfalls eingebettet in die Badelandschaft befindet sich ein stilvolles Restaurant mit einem herrlichen Ausblick auf die Anlage und den blauen Atlantik. Auch nachts kann man innerhalb der Anlage romantisch spazieren gehen, ein Gläschen Wein trinken und sich vom lauen Klima faszinieren lassen. Gelegentlich finden sogar Konzerte, Filmvorführungen oder Livekonzerte statt. Ein Mal im Jahr, meist Ende August, tritt hier zum Erstaunen vieler die deutsche Blaskapelle »Die Egerländer« auf, die während ihres einwöchigen Aufenthaltes in Puerto de la Cruz immer ein Konzert am Pool einplant. Dann wird das Baden zum Schunkelvergnügen.

Die Wasserspiele des Lago Martiánez bei Nacht

Infos und Adressen

ADRESSEN AM LAGO MARTIÁNEZ

Lago Martiánez. Avda. de Colón s/n, Badebereich tägl. 10–19 Uhr, letzter Einlass 17 Uhr. Der Einzeleintritt kostet 3,50 €, preisgünstige Bonuskarte mit wahlweise 15 oder 30 Eintritten.

Restaurant Isla del Lago. Gute internationale Küche in stilvollem Ambiente, Cocktailbar. Tägl. 12–0.30 Uhr.

Casino. Avda. de Colón, in der Anlage Lago Martiánez, Tel. 922 38 05 50, www.casinostenerife.com, tägl. 20–3 Uhr, am Wochenende bis 4 Uhr. Kein Zutritt in Freizeitkleidung, also kurzen oder halblangen Hosen, Hemden mit halbem Arm oder Badeschuhen.

Mitte: Einmal »Flipper« live erleben – im Loro Parque bilden Delfine und Trainer eine Einheit.
Unten: Der schwarze Kakadu mit den roten Wangen ist nur einer von vielen Exemplaren der größten Papageiensammlung der Welt.

20 Loro Parque

Weltberühmter Naturpark

Tiger, Affen, Fledermäuse, Leguane, Flamingos, Pinguine, Haie und andere Meeresbewohner – und natürlich die Namen gebenden Papageien: Den exotischen Themenpark im Westen von Puerto de la Cruz muss man einfach gesehen haben. Im Lauf der Jahre kamen immer mehr Tierarten dazu, die diversen Vorführungen faszinieren zahlreiche Besucher. Hier ist unbeschwertes Familienvergnügen für einen ganzen Tag garantiert.

Vom Papageienpark zum Zoo

Wolfgang Kiessling, der damals rund 30-jährige Gründer des Loro Parque, wollte zu Beginn des Tourismusbooms in den 1970er-Jahren etwas schaffen, das den Menschen neben Sonne, Strand und südländischer Lebensart auch Unterhaltung bietet. Niemand ahnte damals, dass das Projekt später zu den weltweit attraktivsten und erfolgreichsten Themenparks zählen würde, nicht zuletzt weil der Park aufgrund seiner eigenen Stiftung zum Erhalt seltener Tierarten, allen voran Papageien, beiträgt.

Mittlerweile hat sich der Loro Parque zu einem zoologischen Garten gemausert, in dem zahlreiche Tierarten ein Zuhause gefunden haben. Dabei sind die artgerechte Tierhaltung und ein Leben in möglichst viel Natur oberste Prämisse. Spaß und Unterhaltung werden hier mit zoologischer Forschungsarbeit und Rettung von verletzten oder verirrten Meeresbewohnern verbunden, aber auch mit Umwelterziehung und Wissensvermittlung.

Die tierischen Stars

Seit Februar 2006 leben im Loro Parque vier Orca-Wale aus Sea World in San Diego. Diesen imposanten Meeressäugern kommt man nirgendwo sonst in Europa so nahe. Das Becken, das eigens für sie gebaut wurde, fasst 22,5 Millionen Liter Wasser und wird aus 65 Metern Tiefe direkt aus dem Atlantik gespeist. Ein aufwendiges Filtersystem bereitet die Wasserqualität aller Salzwasserbecken innerhalb des Parks auf, sodass bestmögliche Bedingungen geschaffen werden.

Ungeachtet ihrer Länge von bis zu acht Metern sind Orcas ausgesprochen schnell und wendig. Ihr Können zeigen sie in der Orca-Show, die beim Publikum ebenso beliebt ist wie die Darbietungen der Delfine mit ihren Sprüngen und Einlagen. Die verspielten und menschenfreundlichen Sympathieträger begeistern junges und älteres Publikum gleichermaßen. Oder möchten Sie lieber die Seelöwen in Aktion erleben? Sie bieten mit ihren Trainern eine Vorführung, die vor allem durch humorvolle Szenen und von der offensichtlich engen Beziehung zwischen Tier und Mensch geprägt ist. Selbst Haie kann man im Aquariumtunnel fast zum Greifen nah beobachten. Die Papageienshow ist seit rund 30 Jahren im Programm und damit die älteste des Parks. In einem der arabischen Welt nachempfundenen Tempel folgt sie einer ausgesprochen witzigen Dramaturgie und ist daher nach wie vor ein Dauerbrenner beim Publikum.

Planet Penguin

Einen Abstecher von der heißen kanarischen Sonne in die kühle Antarktis kann man im Planet Penguin unternehmen. Das größte Pinguinarium der Welt wird täglich mit rund einem Dutzend Tonnen künstlichen Schnees berieselt, um den Lebensraum der Tiere so naturnah wie möglich

AUTORENTIPP!

THAILAND IM LORO PARQUE

Im Jahr 1913, lange bevor es den Loro Parque gab, besuchte Prinz Mahidol von Siam, der Vater des heutigen Königs von Thailand, Bhumibol Adulyadej, die Insel Teneriffa und war begeistert. Zahlreiche Landschaftsbilder hat er damals in seinem persönlichen Tagebuch festgehalten. Fast genau 80 Jahre später weihte Prinzessin Galyani Vadhana das thailändische Dorf *Pueblo Thai* des Loro Parque ein. Es dient als Eingangsbereich zum Park und besteht aus sechs thailändischen Häusern, die von Handwerkern in Thailand gefertigt wurden. Die Dachgiebel sind mit 24-karätigem Blattgold verziert und künden dem Besucher an, dass er sich hier auf ein außergewöhnliches Terrain begibt. Das Dorf ist auf einem See erbaut, in dem sich Hunderte Koi-Karpfen in den unterschiedlichsten Farbschattierungen tummeln. Die Gebäude bergen einen Ausstellungsraum für Porzellanpapageien, einen Souvenirladen und ein Café. Die Prinzessin selbst erzählte von ihrem Besuch mit so viel Enthusiasmus, dass Königin Sirikit mit ihrem Gefolge 1996 persönlich anreiste und eine Büste von Prinz Mahidol aufstellen ließ.

Oben: Im Haifischtunnel kommt man den gefürchteten Jägern der Ozeane sehr nahe. Dabei ist sein Ruf viel schlechter als der Hai tatsächlich gefährlich ist.
Unten: Im Schimpansen-Gehege ist der Urwald nachempfunden.

nachzustellen. In der weitläufigen Kunstwelt findet man Königs-, Esels-, Zügel- und Felsenpinguine. Dass Pinguine nicht nur in der Kälte vorkommen, belegen die Humboldtpinguine, die sich in ihrer eigenen warmen Lagune tummeln.

Urwaldbewohner

Neben diesen Wasserbewohnern beherbergt der tropische Garten Tiger und Löwen, Schimpansen, Reptilien, lustige Erdmännchen, flinke asiatische Fischottern und die einzige Gorilla-Junggesellengruppe Europas. Es gibt viel zu entdecken, während man in dem Garten wie in einem dicht bewachsenen Dschungel die einzelnen Attraktionen für sich entdeckt. Erst 2009 wurde die riesige Freiflugvoliere Katandra Treetops eingeweiht. Das Wort *Katandra* stammt aus der Sprache der australischen Ureinwohner und bedeutet so viel wie »Gesang der Vögel«. Tatsächlich kann man dort frei fliegende Papageien in ihrer ganzen Pracht erleben, während man durch eine Urwaldlandschaft streift.

Verpflegung und Touren

Wer zwischendurch Hunger oder Durst bekommt, der findet unter den verschiedenen Restaurants bestimmt eines, das ihm gefällt. Wer möchte, kann auf einem Picknickplatz Mitgebrachtes auspacken. Einen Blick hinter die Kulissen des Parks bekommt man bei der sogenannten Discovery-Tour, die man am Eingang buchen kann. Auf diese Weise erlebt man den Park aus einer anderen Perspektive und erfährt, mit welchem Aufwand man im Hintergrund für das Wohlergehen der Tiere sorgt.

Rundgang durch den Loro Parque

Loro Parque. Avda. Loro Parque, Puerto de la Cruz, Tel. 922 37 38 41, www.loroparque.com

Öffnungszeiten. Tägl. 8.30–18.45 Uhr, letzter Einlass 16 Uhr. Empfehlenswert für einen entspannten Ausflugstag ist es, ab circa 10 Uhr zur Stelle zu sein und dann auf Entdeckungsreise zu gehen. Tipp: Für den Siam Park und Loro Parque wird ein vergünstigtes Kombiticket angeboten.

Anfahrt. Zwischen 9 und 17 Uhr fährt alle 20 Minuten eine kostenlose Bimmelbahn von der Plaza de los Reyes Católicos bis zum Loro Parque. Am besten man fragt an der Hotelrezeption, wo sich die nächste Zusteigemöglichkeit befindet. Mit dem Auto folgt man einfach der Beschilderung in der Stadt. Wer früh kommt, bekommt einen Parkplatz auf dem parkeigenen Gelände.

Shows.
Seelöwen: 9.30/12.30/14.15/15.30/16.55 Uhr
Papageien: 10.25/11.50/13.30/15/16/17.30 Uhr
Delfine: 11.30/13.15/14.45/16 Uhr
Orcas: 11.45/14/16.45 Uhr
(Änderungen vorbehalten)

Restaurants
Acht Restaurants gehören zum Park, vom Café über eine Pizzeria bis hin zu gepflegter kanarischer Küche. Das Preisniveau ist nur geringfügig höher als in anderen Restaurants.

Kinder
Kinder werden sich in dem Park mit all seinen aufregenden Tieren wohlfühlen. Zur Entspannung zwischendurch stehen ein lustiger Kinderspielplatz mit Betreuung oder eine Orca-Bahn zur Verfügung.

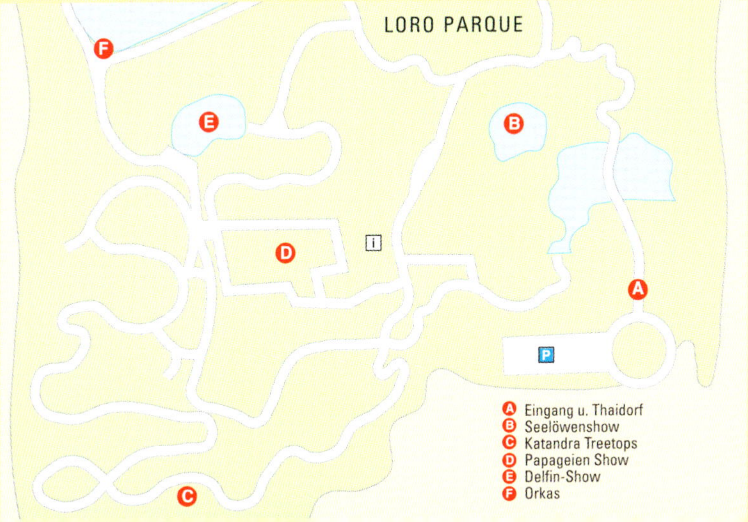

21 Fiesta Virgen del Carmen

Party für die Fischer

Die Fiesta del Carmen wird am 15. Juli traditionsgemäß in vielen Fischerorten gefeiert, in Puerto de la Cruz jedoch besonders prachtvoll. Neben dem christlichen Ritual hat das Fest der Patronin der Fischer einen sehr weltlichen Charakter, der sich in ausgelassenen Spielen und feucht-fröhlicher Atmosphäre manifestiert. Zweifelsohne kann man behaupten, dass es sich um das lustigste Fest nach dem Karneval handelt.

Schon am frühen Morgen beginnen die Gottesdienste, bei denen man von der Virgen del Carmen eine gesunde Rückkehr der Fischer und einen reichen Fang erbittet. Indessen werden auf den Straßen rund um die Plaza del Charco heiße Schokolade und süße Teilchen verteilt. Von weit her, auch aus den Bergen, kommen die Einheimischen an die Küste, um einen Tag voller Fiestastimmung zu verbringen. Am Hafen werden ganz unkompliziert Grill und Picknickzubehör aufgebaut.

Im Zeichen des Wassers

Am Nachmittag demonstrieren die Jünglinge der Insel ihren Mut und ihre Geschicklichkeit: Am Ende eines quer in das Hafenbecken hineinragenden Baumstamms wird eine Fahne befestigt. Die Aufgabe besteht darin, auf dem mit Öl eingeriebenen, rutschigen Stamm so weit vorzubalancieren, dass man beim mehr oder weniger freiwilligen Sprung ins Hafenbecken die Fahne mit sich reißt, was mit grölendem Beifall belohnt wird. So einfach, wie es aussieht, ist es aber beileibe nicht. Aber es gilt das Motto »dabei sein ist alles« und den Spaß lässt sich

Mitte: Trotz der ausgelassenen Stimmung wird die Tiefe der Verehrung bewusst.
Unten: Mit begeisterten Jubelrufen und einem nicht enden wollenden Geplantsche wird die Madonna auf ein Boot zur Rundfahrt verladen.

keiner entgehen. Die Zuschauer an Land bleiben indes nicht untätig: Sie stoßen sich gegenseitig ins Meer – teils in Badekleidung, aber so mancher springt auch in voller Montur ins kühle Nass.

Bootsbesitzer betrachten den Trubel von ihren geschmückten Booten aus, aber auch Schlauchboote, Luftmatratzen, Schwimmreifen oder alles was irgendwie schwimmt, wird zu Wasser gelassen. Spritzpistolen erfreuen sich an diesem Tag, an dem alles im Zeichen des Wassers steht, allergrößter Beliebtheit und können an den Ständen gekauft werden. So ist es fast unmöglich, an diesem Tag trocken zu bleiben.

Auftritt der Madonna

Am Spätnachmittag betritt die Hauptfigur, die Virgen del Carmen, die Szene. In Begleitung der kleineren Schutzpatronin von San Telmo wird sie von der Kapelle San Telmo in einer feierlichen Prozession zum Hafen getragen. Vor der kleinen Kapelle, an der man aller verunglückten oder verstorbenen Fischer gedenkt, ertönt dann das »Ave Maria« und beschwört inmitten des lustigen Treibens eine Gänsehaut herauf. Meist folgen danach noch traditionelle Heimatlieder, doch schon direkt danach verfliegt die Ehrfurcht wieder: Mit lauten Jubelrufen und unter unkontrolliertem Planschen und Spritzen wird die Jungfrau auf ein Boot gebracht, um eine Rundfahrt bis zur Punta Brava anzutreten. Die Bucht vor dem Hafenbecken brodelt dann angesichts Hunderter Menschen, die die Madonna bis zu den Hüften im Wasser stehend und übermütig spritzend grüßen.

Bei der Rückkehr in den Hafen wird die Statue zurück in ihre Kirche geleitet. Den krönenden Abschluss der Fiesta Virgen del Carmen bildet ein riesiges Feuerwerk, und schon auf dem Nachhauseweg freut man sich auf das nächste Jahr.

AUTORENTIPP!

AM BESTEN SCHLABBERLOOK
Zu diesem Fest sollte man in lockerer, legerer Kleidung gehen, die ruhig nass werden kann, denn kaum jemand kommt trockenen Fußes oder nüchtern nach Hause. Am besten sind eine leichte Strandbekleidung oder kurze Hosen. Das Auto sollte man zu Hause lassen.

Mitte: Alles was ein Boot oder sonstiges Schwimmbares hat, tummelt sich an diesem Tag im Hafenbecken.
Unten: Der Auftritt der Madonna

22 Mansion Abaco

Museum mit Cocktail-Bar

Lust auf einen Blick hinter die Fassaden eines historischen kanarischen Landsitzes? Dann ist die Mansion Abaco die erste Wahl. Der sehenswerte Landsitz mit nostalgischem Flair diente schon mehreren TV-Produktionen, auch aus Deutschland, als stilvolle Kulisse. Wer auf ein volkskundliches Museum keine Lust hat, aber das Haus trotzdem sehen möchte, kann auch auf einen Drink vorbeischauen.

Entstehungsgeschichte

Das heutige Herrenhaus entstand im 18. Jahrhundert und wurde vom elften Graf von La Gomera erbaut, der mit einer Tochter der Lugo-Familie verheiratet war. Eigentlich aus Protest, da die Bürger La Orotavas sich weigerten, ihn mit »Seine Exzellenz« anzusprechen, wie es ihm gebührt hätte. Deshalb wollte er nicht in Orotava wohnen und zog sich auf dieses Grundstück in Durazno bei Puerto de la Cruz zurück. Das zweigeschossige, in Hufeisenform gebaute Haus spiegelt den Baustil der besseren Gesellschaft zur damaligen Zeit wider. Davon zeugt zum Beispiel die eigene Kapelle gleich nach dem Hauseingang. Solche privaten Anbetungsräume waren den privilegierten Kreisen vorbehalten. Nachdem die Erbfolge mangels Nachfahren unterbrochen wurde, wechselte das Haus im Lauf des 20. Jahrhunderts mehrmals den Besitzer, bis es der heutige Eigentümer in ein Museum verwandelte, in dem man die Lebensart und den prunkvollen Einrichtungsstil früherer Zeiten nachvollziehen kann.

Mitte: Ein echtes Herrenhaus aus dem 18. Jahrhundert ist die gelungene Symbiose zwischen einem Museum und einer exklusiven Cocktailbar.
Unten: Kochen und leben wie vor rund 200 Jahren.

Alte Pracht

Decken und Böden sind noch original aus dem Teakholz des 18. Jahrhunderts, das als besonders resistent galt. Die Wände zieren alte Kunstschätze, wie zum Beispiel ein Lüster aus mallorquinischem Kristall mit reicher Blütenverzierung, die die ehemaligen Besitzer auf ihren Reisen zusammengetragen haben. Im Salon sind, wie in kanarischen Häusern üblich, vor den Fenstern Sitzbänke angebracht. Dort blickte man aus dem Fenster, um seine Umgebung zu beobachten oder nutzte es bei der Brautwerbung: Das Paar saß sich, natürlich im Beisein der Mutter, gegenüber, um einander kennenzulernen.

Der parkähnlich angelegte Innenhof bietet einen einzigartigen Panoramablick über das Orotavatal, Puerto de la Cruz und den Atlantischen Ozean. Hier kann man sich einen Moment lang vorstellen, wie es gewesen sein mag, als das Leben der Menschen noch ganz anderen Gesetzen folgte. Am Vormittag tritt eine Folkloregruppe auf, die das Publikum zum Mitmachen animiert.

Cocktails im Museum

Dieses ehrwürdige Gemäuer hat aber noch eine weitere Besonderheit: Was tagsüber ein Museum ist, verwandelt sich abends ab 20 Uhr in eine exklusive Cocktailbar und bildet so eine perfekte Symbiose zwischen Antiquitäten und coolen Drinks. Am Wochenende wird sogar Livemusik geboten, die mal klassisch und mal jazzig ist.

Antiquitäten in Form von Möbeln und Accessoires zeugen von dem herrschaftlichen Luxus vergangener Zeiten.

Infos und Adressen

Abaco Manión Canaria. Ctra. Teneriffe 2111-las Candias 18, Puerto De La Cruz, Tel. 922 37 01 07, www.abacotenerife.com

Öffnungszeiten. Museum Mi–Mo 9.30–13.30 Uhr, Cocktail-Bar Do–Sa ab 21 Uhr, So ab 15.30 Uhr.

Eintritt. Der Eintrittspreis von 7 € beinhaltet einen Drink und die Folkloreshow, die gegen 11 Uhr aufgeführt wird.

Mitte: Der Botanische Garten in Puerto de la Cruz ist ein Urwald, der aus Pflanzen aus aller Welt gewachsen ist.
Unten: Blütenpracht in allen Farben und Formen

23 Puertos Gärten

Leberwurstbaum und Orchideenblüten

»Es grünt so grün, wenn Spaniens Blüten blühen«, heißt es schon in dem Musical »My fair Lady«. Diesen Satz kann man getrost auf Puerto de la Cruz übertragen, wo viele Parks und Gärten das ganze Jahr über für üppige Pracht sorgen. Dabei wechseln sich Wildwuchs und angelegte Gärten oder Grünflächen ab. Herausragend sind allerdings der Botanische Garten und der Orchideengarten Sitio Litre.

Jardín Botanico

Der Botanische Garten ist die grüne Lunge von Puerto de la Cruz und nach dem Königlichen Botanischen Garten in Madrid der zweitälteste Spaniens. Er entstand Ende des 18. Jahrhunderts auf Anordnung des spanischen Königs Karl III. und wurde nach dessen Tod von seinem Nachfolger vollendet. Karl III. ließ damals die schönsten und exotischsten Pflanzen aus allen eroberten Gebieten nach Spanien bringen. Damit sich die Exemplare an die spanischen Wetter- und Bodenverhältnisse akklimatisieren konnten, ehe sie in Madrid und Aranjuez in die königlichen Gärten gepflanzt wurden, ließ er den Botanischen Garten in Puerto de la Cruz einrichten.

Nachdem man auf Teneriffa ein geeignetes Grundstück gefunden hatte, wurde der Park nach Plänen des Architekten Diego Nicholas Eduardo geometrisch angelegt. Im Jahr 1792 wurden die ersten Aussaaten vorgenommen, allerdings musste man schon bald feststellen, dass die Pflanzen auf

Die großblättrige Feige *ficus macrophylla columnaris*

der Insel zwar wunderbar gediehen, aber eine Übersiedlung auf das Festland meist nicht gelang.

Im 19. Jahrhundert übernahm der deutsche Botaniker Hermann Wildpret die Leitung des Parks. Der Züchter und Sammler trug entscheidend zur Artenvielfalt bei: Waren bei seinem Amtsantritt nur 220 Arten vorhanden, so hatte er die Zahl knapp 20 Jahre später auf beachtliche 2486 Spezies erhöht. Der Deutsche war begeistert von der tinerfenischen Flora und verschaffte dem Garten Weltruhm. Nebenbei entdeckte er die Tajinaste, die das Naturschutzgebiet des Teide im Frühling in ein purpurrotes Blütenmeer taucht.

Heute trägt das kanarische Landwirtschaftsministerium Sorge für den Garten. Er zieht jedes Jahr fast eine halbe Million Besucher an und beherbergt über 50 000 Gewächse aus fünf Kontinenten, 120 verschiedene Bäume und mehr als 5000 Pflanzenarten. Besondere Aufmerksamkeit wird den endemischen Pflanzen der Makronesischen Inseln zuteil, unter denen Pflanzennamen wie Würgefeige und Leberwurstbaum zum Schmunzeln anregen. Die Experten des Botanischen Gartens arbeiten an zahlreichen internationalen Artenschutz- und Forschungsprojekten mit.

AUTORENTIPP!

AGATHA CHRISTIE

Im Jahr 1927 verbrachte Agatha Christie mit ihrer Tochter zwei Wochen in Puerto de la Cruz. Sie hatte sich kurz zuvor, für die damalige Zeit sehr ungewöhnlich, von ihrem ersten Ehemann Colonel Archibald Christie getrennt und erholte sich auf der sonnigen Insel von einer Depression. So wie Mrs. Christie ihre Spuren auf der Insel hinterlassen hat, hinterließ auch Teneriffa einen bleibenden Eindruck in ihren Werken. Die Romane »Der seltsame Mr. Quin« und »Der blaue Express« spielen auf der Insel und auch »Der Mann des Meeres« und »Eine Dame zur Begleitung« sollen von diesem Aufenthalt inspiriert worden sein.

Man begegnet Agatha Christie heute noch im Orchideengarten, und am Mirador von La Paz steht ihre Büste. Alle zwei Jahre, immer bei ungeraden Jahreszahlen, feiert Puerto de la Cruz ihr zu Ehren ein Festival mit Theateraufführungen und Unterhaltungsprogramm. Das Programm wird an verschiedenen Punkten in der Stadt verteilt und ist auch in der lokalen Presse nachzulesen.

Der Eingang des Botanischen Gartens – das Tor zum Paradies

Ohrfeigenbaum *ficus auriculata*

Infos und Adressen

ALEXANDER VON HUMBOLDT

Der Naturforscher war im Jahr 1779, vor seiner Südamerika-Expedition, in beiden Gärten zu Gast. Sowohl von der Aura der Gärten als auch von der natürlichen Schönheit der kanarischen Landschaft soll er so angetan gewesen sein, dass er behauptete: »Ich habe in meinem ganzen Leben noch nichts Schöneres gesehen«. Von Puerto de la Curz aus brach er wenig später zu seinem Aufstieg auf den Teide auf. Schon als Kind, heißt es, hätte er davon geträumt, einen Drachenbaum und den Vulkan aus der Nähe zu sehen. So erfüllte sich für ihn in diesen Tagen auf Teneriffa ein Kindheitstraum.

Die Vielfalt des Parks ist in mehr als zwei Jahrhunderten gewachsen.

Jardín de Orchídeas Sitio Litre

Der Orchideengarten Sitio Litre ist mit mehr als 230 Jahren der älteste Garten in Puerto de la Cruz. Dieser Ort, an dem sich Romantik und Blütenvielfalt sowie zarter Blumenduft zu einer harmonischen Einheit verbinden, ist ein Muss für alle Blumenliebhaber.

Er umgibt den gleichnamigen Landsitz, der bereits im Jahr 1730 erbaut wurde. Rund 44 Jahre lang war er ein Kloster, bis er 1774 von dem Briten Archibald Little gekauft und in einen privaten Wohnsitz umfunktioniert wurde. Auch heute noch ist ein stolzer Engländer, Sir John, Besitzer dieses herrlichen Anwesens, dessen Garten zur Besichtigung freigegeben wurde.

Wenn man auf den schmalen Wegen durch den Garten wandelt, fühlt man sich tatsächlich ein paar Jahrhunderte in der Zeit zurückversetzt und kann sich gut vorstellen, wie dort einst britische Highsociety romantische Plauderstündchen verbrachte.

Weltberühmte Persönlichkeiten spazierten bereits durch die Laubengänge und über die verwinkelten

Pfade. So sollen zahlreiche Bilder von Marianne North, die im Londoner Museum Kew Gardens ausgestellt sind, anno 1875 in dieser Anlage entstanden sein. North zählt zu den bedeutendsten Malerinnen botanischer Motive, nicht nur in ihrer Zeit. Später suchte die Krimiautorin Agatha Christie in diesem Garten Ruhe und Erholung.

Heute empfangen ein kleiner Teich und ein Souvenirladen den Besucher im Eingangsbereich, und danach darf man sich auf verschlungenen Pfaden auf Entdeckungsreise begeben. Besonders bekannt ist der Garten für seine große und schöne Orchideensammlung, die ihm auch den Namen gab. In allen Formen und Farben gedeihen sie in dem subtropischen Garten. Inmitten des Grüns hebt sich ein riesieger *Drago* ab, der angeblich älteste Drachenbaum der Stadt. Außerdem kann man eine Sammlung von Bonsai-Bäumen bewundern, die im krassen Gegensatz zu dem betagten Hünen stehen. Zahlreiche unterschiedliche Baum-, Sträucher-, Farn-, Kletterpflanzen- und typisch kanarische Arten machen diesen Garten zu einer botanischen Fundgrube. In einer kleinen Caféteria kann man sich niederlassen und den Blütenzauber auf sich wirken lassen.

Baumriesen, die man mit den Armen nicht mehr umfassen kann.

Die Strelitzie oder Papageienblume darf bei einer solchen Blütenpracht nicht fehlen.

Infos und Adressen

GÄRTEN IN PUERTO DE LA CRUZ

Jardín Botanico. Jardín de Aclimatación de la Orotava, C/ Retama 2, Puerto de la Cruz, tägl. 9–20 Uhr. Der Eintritt kostet 3 €.

Jardín de Orchídeas Sitio Litre. Camino Sitio Litre, am Ende der Carretera Botanico, Puerto de la Cruz. Sommer tägl. 9.30–15 Uhr, Winter tägl. 9.30–17 Uhr. Der Eintritt kostet 4,75 €.

Tipp. Es gibt noch weitere hübsche kostenlose Gärten in Puerto de la Cruz, wie zum Beispiel den öffentlichen Taoropark oder Parque Sortija. Sie sind zwar nicht so spektakulär, aber einen schönen Spaziergang wert. Beide Parks liegen direkt nebeneinander, wobei der Parque Sortija zur Innenstadt führt.

Mitte: Zauberhafte Nächte verspricht die romantische Beleuchtung des Pools und Parks im einzigen 5-Sterne-Hotel in Puerto de la Cruz, im Botánico.
Unten: Thai-Massage im Oriental Spa
Rechte Seite: Das Tigaiga Hotel mit großzügigem Pool

24 Puerto de la Cruz – Traditionshotels

Wie man sich bettet …

Puerto de la Cruz blickt auf eine lange touristische Tradition zurück. Deutsche und Engländer kommen seit Jahrzehnten, sei es um mehrere Monate zu überwintern oder um sich ein paar Urlaubstage zur Entspannung zu gönnen. Deshalb ist es kein Wunder, dass es einige sehr gute und traditionelle Hotels gibt.

Hotel Botánico

Das einzige Fünf-Sterne-Hotel in Puerto de la Cruz ist seit 1998 Mitglied der »Leading Hotels of the World«. 252 stilvoll eingerichtete Zimmer und Suiten sowie eine Penthouse-Etage mit exklusiver Ausstattung bilden einen eleganten Rahmen. Von den Zimmern aus genießt man einen herrlichen Ausblick auf den Atlantik oder auf den Teide. Eingebettet ist das Haus in eine 25 000 Quadratmeter große Gartenanlage im englischen Stil. Am Tag betört der Duft der Pflanzen, und bei Dunkelheit zaubert eine hübsche Beleuchtung romantische Stimmung. Verwöhnatmosphäre auf höchstem Niveau erwartet den Gast im mehrfach ausgezeichneten Wellnessbereich des Oriental Spa Garden mit Thermalanlage. Dort kann man aus verschiedenen Anwendungen und Massagen wählen. Für körperliche Aktivitäten stehen Tennisplätze, Tischtennis, Billard sowie ein Puttinggreen zur Verfügung. Wer möchte, kann an Tai-Chi, Yoga- oder anderen Kursen teilnehmen. Familien mit Kindern erwartet ein spezielles Programm in Kooperation mit dem Loro Parque. Einzigartig ist die große Sammlung kanarischer Künstler, deren Werke über das ganze Haus verteilt sind und ihm den Charakter einer Kunstgalerie verleihen.

Hotel Tigaiga

Dieses sehr familiäre Hotel wurde 1958 von dem deutschen Auswanderer Enrique Talg-Schulz in unmittelbarer Nähe des Taoroparks gebaut und ist inzwischen in dritter Generation ein sympathischer Famlienbetrieb. Das Vier-Sterne-Haus hat 1995 zum ersten Mal den begehrten *TUI-Holly-Preis* erhalten und taucht jedes Jahr wieder unter den TOP 100 des Reiseveranstalters auf. Hier fühlen sich die wohl, die Ruhe und Erholung in einer persönlichen Umgebung suchen. Umweltbewusstsein hat hier Tradition; deshalb gehört zum Hotel auch eine große Parkanlage, in der mehr Palmen wachsen als das Hotel Betten hat. Das Haus hat 76 sonnige Doppelzimmer sowie sieben Juniorsuiten. Alle Zimmer haben einen Balkon, von dem aus man einen tollen Ausblick genießt. Über Fußwege durch eine Grünanlage ist das Stadtzentrum in wenigen Minuten zu erreichen. Zur Entspannung stehen ein beheizter Pool und Sauna zur Verfügung.

Hotel Monopol

Für alle, die ihren Urlaub gerne mitten in der Stadt verbringen, bietet sich das Hotel Monopol in der Fußgängerzone an. Dieses Drei-Sterne-Haus von 1742 zeichnet sich durch die typische kanarische Architektur aus. Innerhalb dieser Gemäuer ist man auch mit lokaler Geschichte verbunden, denn hier wurde 1758 Agustín de Bethencourt geboren, der später als Ingenieur und kaiserlich-russischer Ordensritter bekannt wurde. Eine Gedenktafel am Eingang erinnert an den prominenten Bewohner. Mitte des 19. Jahrhunderts diente das Gebäude als Kulturstätte, und 1888 wurde es zum Hotel umgebaut. »Aus Gästen Freunde machen«, so lautet die Devise des Hauses, das in seinen 92 Zimmern kanarischen Charme und Moderne vereint. Außerdem stehen ein Schwimmbad, Whirlpool, Sauna bereit.

AUTORENTIPP!

AUF DEN SPUREN VON ENRIQUE TALG

Diese eher leichte Fahrradtour führt vom Aussichtspunkt Risco Miguel über Chanajiga bis nach Mataznos. Die Strecke ist ca. 9 km lang und genau richtig zum Eingewöhnen. Am Anfangspunkt Risco Miguel ist ein Rastplatz, an dem eine Gedenktafel zu Ehren des deutschen Hoteliers Enrique Talg angebracht ist. Er hatte sich zeit seines Lebens für einen umweltfreundlichen Tourismus eingesetzt. Der breite Waldweg ist einfach zu befahren. Er führt den Bergrücken entlang und endet bei *Aquamansa* in den Wäldern oberhalb von La Orotava in Mataznos. Herrliche Ausblicke machen die Fahrt zu einem Vergnügen, und am Rastplatz Chanajiga kann man ein Päuschen einlegen. Rückweg entweder über die Straße nach Puerto de la Cruz oder Rückkehr zum Ausgangspunkt. Wer sich nicht so gerne auf zwei Rädern fortbewegt, kann die Strecke auch zu Fuß gehen.

Infos und Adressen

HOTELS PUERTO DE LA CRUZ

Hotel Botánico. Avda. Richard J. Yeoward 1, Tel. 922 38 14 00, www.hotelbotanico.com

Hotel Tigaiga. Parque Taoro 28, Tel. 922 38 35 00, www.tigaiga.com

Hotel Monopol. C/ Quintana 15, Tel. 922 38 46 11, www.monopoltf.com

25 La Orotava
Historisches Schmuckstück

Die romantische Kleinstadt liegt etwa 350 Meter über dem Meer eingebettet in das grüne Orotava-Tal. Zahlreiche historische Gebäude in der Innenstadt verleihen ihr einen besonderen Charme. Auf den Berghängen des nahen Naturschutzgebietes Las Cañadas wachsen riesige Kastanienbäume, und was auf den Hängen des bekannten Weinanbaugebiets Valle de la Orotava reift, hat sich auf nationalen und internationalen Weinmessen bereits einen guten Ruf erworben.

In der beschaulichen Stadt, die südländische Gemächlichkeit ausstrahlt, ist es meist etwas kühler als an der Küste. Besonders in den Nachmittagsstunden hüllt sie sich gerne in mystische Wolkenfelder. Aufgrund der gut erhaltenen historischen Bauten ist sie Anziehungspunkt für viele Besucher, steht doch die gesamte Altstadt von La Orotava unter Denkmalschutz. Zahlreiche Teneriffa-Liebhaber kommen immer wieder hierher, denn es gibt so viel zu entdecken, dass ein einziger Besuch dafür kaum ausreicht.

Mitte: Das Liceo von La Orotava ist Restaurant und Konzertsaal in einem.
Unten: Das barocke Gotteshaus »Nuestra Señora de la Concepción« aus dem 18. Jahrhundert in der malerischen Altstadt

Die Stadt

Am besten beginnt man die Entdeckungsreise mit einem Tässchen Kaffee an der Plaza de la Constitución, im Herzen der Stadt. Von dort aus blickt man direkt auf die barocke Kirche San Agustín, das Liceo Taoro an der Ostseite, heute ein privates Kulturzentrum, mit dem angrenzenden Garten der Marquesa de la Quinta Roja, der auch Jardín Victoria genannt wird. Bei einem Bummel durch die Altstadt kann man sich sowohl an den hübschen Auslagen kleiner Geschäfte erfreuen wie an den geschichtsträchtigen Fassaden, die gemeinsam mit dem Kopfsteinpflaster einen Hauch Nostalgie verströmen. Das eindrucksvolle Rathaus an der ansteigenden Carrera Escultor Estévez stammt aus dem Jahr 1895 und steht vor allem an Fronleichnam und im Advent im Mittelpunkt, wenn dort die weltberühmten Sandteppiche bzw. eine imposante Krippenszenerie mit lebensgroßen Figuren zu sehen sind.

Biegt man links in die Calle San Francisco ein, kommt man zur Casa de los Balcones aus dem 17. Jahrhundert, die nach dem Loro Parque und dem Teide Platz drei der beliebtesten Ausflugsziele Teneriffas belegt. Im Inneren erhascht man einen Eindruck vom Leben der Menschen hinter den herrschaftlichen Fassaden, und im ersten Stock wartet eine original erhaltene historische Wohnung, die noch bis Anfang des 20. Jahrhunderts bewohnt war, auf Besucher. Im Innenhof des Hauses kann man Wein oder den typischen Rumlikör mit Honig kosten oder auch den traditionellen Kunststickerinnen bei der Arbeit zuschauen. Dort und auch in der dazugehörigen Casa del Turista kann man die traditionelle Kunsthandwerkskunst, Schmuck aus Obsidianen vom Teide, Wein, Naturparfüms oder so manch anderes originelles Souvenir zu fairen Preisen erstehen. Direkt angrenzend informiert das Museo de las Alfombras über die Tradition der Sandteppiche (Näheres dazu im nächsten Kapitel).

Gleich daneben befindet sich das ehemalige Franziskaner-Kloster, heute Altersheim Hospital Santísima Trinidad, das man kurz betreten kann, um von dort aus den Panoramablick über das Orotavatal zu genießen. Wer aufpasst, sieht links neben der Aussichtsplattform eine alte Babyklappe im Gemäuer, in die zu Zeiten der Hungersnot so manche Mutter ihr Neugeborenes gegeben hat. Die Nonnen des Klosters zogen diese Findelkinder auf.

AUTORENTIPP!

MUSEUMSDORF PINOLERE

Auf dem Weg zum Teide kommt man am Museumsdorfs Pinolere vorbei. Dort sind typisch kanarische Bauernhäuschen mit traditionellen Strohdächern zu sehen, in denen man das bäuerliche Leben der Canarios früherer Zeiten nachempfinden kann. Einfachheit und Armut prägten noch bis etwa Mitte des 20. Jahrhunderts das Leben der Einheimischen. Man lebte in Häusern, die meist aus nur einem Raum bestanden, der vor allem als Schlafstatt diente. Gekocht wurde meist in einer Außenküche, denn der größte Teil des Alltags spielte sich im Freien ab. Anfang September findet in der kleinen Anlage ein bekannter Kunsthandwerksmarkt statt, der jedes Jahr Tausende Besucher anzieht.

Museo Etnográfico Pinolere. Camino Viejo, Pinolere, www.pinolere.org. Di–So 10–22 Uhr, Eintritt 2 €.

Die Casa de los Balcones gehört zu den meist besuchten Sehenswürdigkeiten der Insel.

Mal ehrlich …

KURZWEILIGE LANGEWEILE

La Orotava bietet abgesehen von den historischen Bauten nichts Aufregendes oder Spektakuläres. Nachtleben, Shoppingmeilen, turbulente Freizeitaktivitäten? Fehlanzeige. Solch wildes Treiben ist in La Orotava nicht zu finden. Wer sich dagegen gerne in einem geschichtsträchtigen Ambiente bewegt und einen interessanten, aber beschaulichen Tag verbringen möchte, ist genau richtig.

Geht man den steilen Berg abwärts, kommt man zur Casa Lercaro von 1672, in der heute das gleichnamige Restaurant moderne kanarische Küche serviert (Calle Collegio 7). Nebenan kann man einen Blick in eine noch intakte Gofiomühle werfen, bevor man weitergeht zur Kirche Nuestra Señora de la Concepción. Sie stammt aus dem späten 18. Jahrhundert und ist im Barockstil erbaut. Ihre beiden 24 Meter hohen Glockentürme und ihre Kuppel prägen das Stadtbild und wirken besonders bei nächtlicher Beleuchtung sehr romantisch.

Das Iberoamerikanische Museum im ehemaligen Dominikanerkloster beherbergt eine große Sammlung von Instrumenten, Gefäßen, Alltagsgegenständen und christlichen Figuren. Es liegt in einer Seitenstraße zwischen der Plaza und dem Rathaus und verdeutlicht die Unterschiede, aber auch die Gemeinsamkeiten zwischen dem iberischen und südamerikanischen Kulturkreis (Calle Tomás Zerolo 34; Eintritt kostet 2 €; Mo–Fr 9–15 Uhr). Ebenfalls in der Innenstadt, nahe der Plaza in der Calle León 3, liegt die Casa Tafuriaste, ein Keramikmuseum. Dort sind fast 1000 Ausstellungsstücke traditioneller spanischer Töpferkunst zu bewundern und auch zu kaufen (Di–Sa 10–18 Uhr, So 10–14 Uhr).

Oben: Der Pavillon an der Plaza del Kiosco beherbergt eine kleine Bar.
Mitte: Altes Kopfsteinpflaster und enge Gässchen
Unten: Kanarische Folklore und Traditionen sind die Protagonisten im Sandteppichmuseum.

Pueblo Chico

Direkt an der Autobahnausfahrt im Gewerbegebiet San Jerónimo liegt der Themenpark Pueblo Chico. Dort wurden die schönsten Gebäude, Fassaden, Landschaften und Wahrzeichen Teneriffas, aber auch der anderen Kanaren-Inseln im Miniaturformat nachgebaut (Verhältnis 1:25). Im Eingangsbereich begegnet man der Kultur der Ureinwohner und erfährt bemerkenswerte und manchmal auch humorvolle Details, zum Beispiel, dass es damals schon so etwas wie ein Dame-Spiel gab. Die rituelle Waschung von Neugeborenen, die Aufgabe des Ältestenrats und andere Alltagsszenen sind eindrucksvoll dargestellt. Der Park erlaubt es, die markantesten Sehenswürdigkeiten der Insel in einem einzigen Tag zu entdecken. (Camino Cruz de los Martillos 62, TF-5 Ausfahrt 35, www.pueblochico.com, Sommer 9–19, Winter 9–18 Uhr).

Baden in La Orotava

Mit Küste und Strand ist La Orotava nicht gerade gesegnet, dennoch findet man in der Playa Bollullo eine besonders idyllische Bucht, die manchen als der schönste Strand des Nordens gilt. Sie verfügt über sanitäre Anlagen und eine Erste-Hilfe-

Die Hauptgeschäftstraße mitten durch die Altstadt

AUTORENTIPP!

DER QUINTA-ROJA-GARTEN

Die einstige Markgrafenfamilie lebte im Gebäude des Liceo Taoro. Als der Markgraf Diego Ponte del Castillo 1882 starb, verweigerte ihm die katholische Kirche aufgrund seiner Zugehörigkeit zur Freimaurerloge eine kirchliche Beerdigung. Seine Mutter, Sebastiana del Castillo, ließ ihm daraufhin ein tempelartiges Mausoleum im Familiengarten errichten. Beerdigt wurde hier allerdings nie jemand, weil die Witwe des Grafen ihre Zustimmung verweigerte.

Der romantische Garten, der das Mausoleum umgibt, wirkt heute wie ein englischer Park. Zahlreiche Wasserspiele und eine üppige Blütenpracht zieren die sieben Terrassen. Wegen der religiösen Attribute und zahlreicher weiterer Symbole, die geistige Werte und Entwicklung verkörpern, wird der Garten auch esoterischer Garten genannt und gehört seit 2003 zum UNESCO-Weltkulturerbe. Den Beinamen *Jardín Victoria* trägt er, weil das einstige Wohngebäude Anfang des 20. Jahrhunderts als Hotel genutzt wurde und nach der spanischen Königin Victoria Eugenia benannt war.

Jardín Victoria. C/ León s/n, tägl. geöffnet, Eintritt frei.

Zu Fronleichnam entsteht der berühmte Sandteppich auf dem Rathausplatz.

In der Kirche »Nuestra Señora de la Concepción« konzentriert sich das religiöse Leben der Stadt. Hinzu kommen noch weitere kleinere Kirchen in anderen Stadtteilen.

Station. Handtuch und Sonnenschirm muss man selbst mitbringen.

Man erreicht den Strand nicht direkt, gelangt aber mit dem öffentlichen Bus Linie 376 (Haltestelle Restaurant Santo Domingo) oder mit dem Auto in unmittelbare Nähe. Mit dem PKW verlässt man die Autobahn bei der Ausfahrt El Rincón und folgt den Hinweisschildern. Das Auto kann auf dem Parkplatz beim Restaurant Bolullo abgestellt werden. Danach muss man sich das Badeparadies zu Fuß erobern. Die geschwungenen Serpentinen, die bergab führen, sind nur zu Fuß zu bewältigen. Der 10-minütige Weg ist für ältere Menschen und kleine Kindern beschwerlich, aber mit ein paar Pausen zu schaffen. Schon während des Marsches entschädigt die wundervolle Aussicht für alle Strapazen, und am Ende wartet Erholung am feinsandigen schwarzen Strand.

In den Fluten des Atlantiks kann man sich erfrischen und dabei die Aussicht auf die bizarren Felsformationen genießen. Der Atlantik weist an dieser Stelle zwar meist keine große Brandung auf, aber teilweise gefährliche Strömungen. Also unbedingt auf die Fahne achten und nie zu weit hinausschwimmen!

Infos und Adressen

INFORMATION

Tourismusbüro. C/ Calvario, Innenstadt von La Orotava, unterhalb des Auditoriums, Tel. 0034/922 32 30 41, Mo–Fr 8.30–18 Uhr

ESSEN UND TRINKEN

Restaurant Mirador de Humboldt. Renommiertes Restaurant an dem Aussichtspunkt, an dem einst der deutsche Naturforscher Alexander von Humboldt stand. Panoramablick über die Nordküste. Tapas, Cafeteria und Cocktails auf der Aussichtsterrasse und exquisite Küche im erstklassigen Restaurant. So/Mo geschlossen. Carretera de la Montaña, alte Landstraße zwischen La Orotava und Santa Úrsula. Calle Colegio 5-7, La Orotava, Tel. 922-32 37 38. www.miradordehumboldt.com

Restaurant Paso del Teide. Hübsches kanarisches Restaurant mit Flair und außergewöhnlich guter Landesküche. Aguamansa ist das letzte Dorf auf dem Weg von La Orotava zum Teide. Der Besuch lässt sich gut mit einem Teideausflug oder einer Wanderung kombinieren. Calle el Velo 99 Aguamansa, oberhalb von La Orotava, Tel. 922-33 57 69, www.restaurantepasodelteide.es

Lucas Maes. Dieses erstklassige Restaurant knapp außerhalb von Puerto de la Cruz ist für seine exquisite Küche bekannt. Es befindet sich in einem alten Kolonialhaus und bewegt sich preislich im oberen Segment. Ein krönender Abschluss für einen besonderen Tag. C/ Barranco de la Arena 53, unterhalb der Autobahn, Tel. 922 32 11 59.

Guachinche Balcón del Valle. Das urige Lokal gehört zu einer Bodega. Es ist nicht leicht zu finden, aber wert gefunden zu werden. Inmitten eines Weinbergs bietet es schmackhafte Landesküche zu günstigen Preisen. Am Wochenende finden häufig Livekonzerte statt. Alte Hauptstraße nach Los Realejos, La Perdoma (siehe Anfahrtsplan), Tel. 618 622 935, www.balcondelvalle.es

ÜBERNACHTEN

Hotel Victoria. Das Hotel mit nur 13 Zimmern ist in einem Gebäude aus dem 16. Jahrhundert untergebracht. Mitten in der Altstadt gelegen, besticht es durch seine ursprüngliche kanarische Architektur, gepaart mit modernem Komfort. C/Hermano Apolinar 8, Tel. 922 33 16 83, www.hotelruralvictoria.com

Hotel Alhambra. Klassisches Herrschaftshaus aus dem 18. Jahrhundert, das vor 100 Jahren in eine arabische Oase umgestaltet wurde. Es gibt fünf Doppelzimmer mit exklusiven Bädern, die elegant eingerichtet sind und orientalisches Flair verströmen. C/ Nicandro Gonzalez 19, Tel. 922 32 04 34, www.alhambra-teneriffa.com

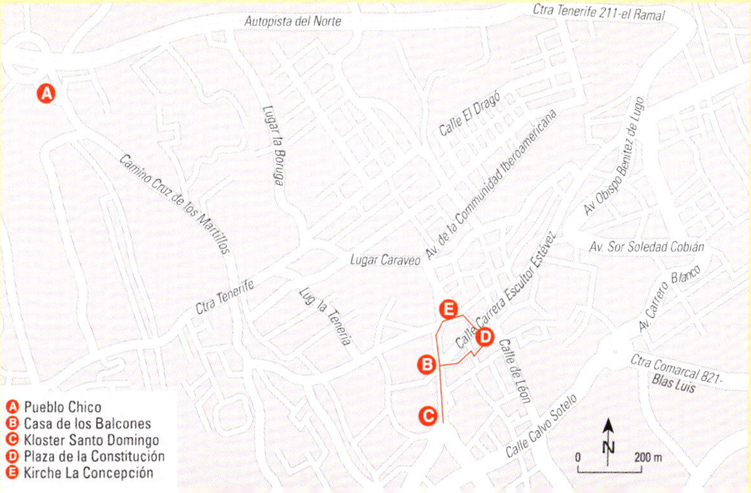

Mitte: Nur auserwählte und erfahrene Sandkünstler dürfen an dem Kunstwerk mitarbeiten. Es erfordert wochenlangen Einsatz, Fingerspitzengefühl und Konzentration.
Unten: Das Leben auf den Kanaren in Miniaturform im Pueblo Chico

26 Die Sandteppiche von La Orotava

Faszination auf Sand gebaut

In der geschichtsträchtigen Kleinstadt La Orotava treffen sich jedes Jahr an Fronleichnam Tausende Besucher sowie internationale Presse. Der Grund ist der überdimensionale Sandteppich, der auf dem Rathausplatz in wochenlanger Handarbeit entsteht. Zu diesem Fest verschwindet das Kopfsteinpflaster der gesamten Innenstadt unter einem gewaltigen Meer von Ornamenten aus Blüten und Sand.

Geschichtlicher Hintergrund

Zeitgleich mit der Eroberung Teneriffas durch die Spanier begann die christliche Missionierung der Ureinwohner, der Guanchen. Die Blumen- und Sandteppiche, die heute das Fronleichnamsfest prägen, entstanden durch Zufall. 1847 legte Leonor de Castillo vor dem Haus Casa Monteverde zum ersten Mal ein Ornament aus Blumen. Sie war eine direkte Nachfahrin des spanischen Eroberers Fernando de Lugo, lebte in Adelskreisen und galt als Künstlerin. Damals waren die Feierlichkeiten zu einem vulgären Fest verkommen, und die Adelsdame sann darüber nach, wie man den religiösen Hintergrund wieder in den Mittelpunkt rücken könne. Einer Intuition folgend malte sie anlässlich des Corpus-Christi-Festes ein Ornament auf den Asphalt vor ihrem Haus. So entstand der erste Blumenteppich, der diese heute noch lebendige Tradition begründete.

Bunte Pracht

Heute werden ganze Straßenzüge mit bunten Ornamenten bedeckt. Besonderen Ruhm beschert dem Ort ein gigantisches Gemälde, das auf dem Rathausplatz in wochenlanger Kleinarbeit aus feinstem Teidesand entsteht. Der Sandteppich des Jahres 2007 ging mit einer Fläche von 859,42 Quadratmetern als größter Sandteppich der Welt ins Guinness-Buch der Rekorde ein.

Mit einer Sondergenehmigung ist es den Teppichkünstlern gestattet, jedes Jahr bis zu vier Tonnen Sand aus dem Naturschutzgebiet Las Cañadas zu holen. Die unterschiedlichen Steinformationen der Vulkanlandschaft liefern rund 17 verschiedene Farbtöne, aus denen ein Meisterwerk religiöser Kunst entsteht. Wenn man davor steht, kann man kaum glauben, dass die Natur tatsächlich so viele Farbnuancen zustande bringt. Die Fronleichnamsprozession führt über dieses Kunstwerk, und spätestens am nächsten Morgen ist es von tausenden Füßen zertanzt. Dann bleibt nur noch, sich auf das nächste Jahr mit neuen Motiven zu freuen.

Museo de las Alfombras

Dieses Museum neben der berühmten Casa de los Balcones steht im Zeichen der Sandteppiche. Das Gebäude stammt aus dem 17. Jahrhundert und ist allein deshalb schon einen Besuch wert. Hier kann man das ganze Jahr über nachvollziehen, wie die Teppiche aus Sand und Blumen entstehen. Man sieht die Formen und Schablonen, die als Hilfe bei der Erstellung dienen. Liebevolle Miniaturdarstellungen und gezielte Erklärungen geben einen Einblick in diese spezielle Kunstform. Das kleine Museum wurde eigens für interessierte Besucher, die außerhalb des Fronleichnamsfestes nach Teneriffa kommen, eingerichtet. Es kann zwar die Pracht der Stadt, wenn sie voller Muster aus Sand und Blumen geschmückt ist, nicht vermitteln, aber einen guten Eindruck gewinnt man doch (C/ Dan Francisco 3–5, Mo–Sa 10–18 Uhr).

AUTORENTIPP!

NOCH MEHR TEPPICHE

Wer nicht direkt an Fronleichnam auf der Insel ist, aber kurz davor oder danach, sollte in der lokalen Presse nach Hinweisen auf Tacoronte und La Laguna Ausschau halten. Meist werden zeitversetzt auch dort Sand- und Blumenteppiche gelegt, wobei dort Sand und gefärbtes Salz verwendet werden und sie nie so sehr beeindrucken wie das Original in La Orotava.

Ein Auszug aus dem Sandteppich aus dem Jahre 2010

Mitte: Die Ruine Gordejuela im Naturschutzgebiet Rambla del Castro, die ehemals eine industrielle Errungenschaft war.
Unten: Das Restaurant »El Monasterio« in Los Realejos wurde von einer deutschen Familie vor mehr als drei Jahrzehnten etabliert.

27 Los Realejos

Zwischen Küste und luftiger Höhe

Der Ort Los Realejos ist nicht unbedingt das, was man als Touristenattraktion bezeichnen würde. Wohl aber die umgebende Natur. Dazu gehören die ausgedehnten Wälder in den Bergen, in denen auch eine Absprungschanze für Paraglider zu finden ist, und vor allem die Bilderbuchküste mit dem Socorro-Strand oder dem Naturschutzgebiet Castro de las Ramblas. Besonders interessant ist Los Realejos, wenn im Mai die traditionellen Feste gefeiert werden.

Die 36 000-Einwohner-Stadt gliedert sich in die Ortsteile El Toscal und La Longuera unterhalb der Autobahn und Los Realejos Alto, den eigentlichen Stadtkern, sowie Los Realejos Bajo im Westen oberhalb der Autobahn. Hier sollte man gut zu Fuß sein, denn es geht ständig bergauf und bergab in den Stadtteilen.

Die ersten Häuser

Seinen Namen bekam Los Realejos vom spanischen Heer, das die Guanchen besiegte, auf Spanisch *el real* genannt. Bedeutendster Sohn der Stadt war der katholische Geistliche und Universalgelehrte José Viera y Clavijo (1731–1813), nach dem viele Straßen und Plätze auf der Insel benannt sind.

Rund um die drei zentralen Straßen von Realejos Bajo – Calle del Medio, Cruz Verde und Los Molinos – sind etwa 70 Prozent der historischen Gebäude und Fassaden erhalten. Dagegen stehen im Stadtkern von Los Realejos, rund um das Rathaus, nur noch wenige historische Gebäude. Dazu zählen die älteste Kirche Teneriffas, Santiago Apostol, die zwischen dem 15. und 17. Jahrhundert an der Stelle errichtet wurde, wo sich einst die Guanchen ergaben. In der Straße Tres de Mayo entdeckt man zwischen neuen Gebäuden noch typische Fassaden mit Holzbalkonen, und in der Straße Viera y Clavijo steht das Geburtshaus des gleichnamigen Geistlichen, von dem allerdings nur die Fassade erhalten ist (keine Besichtigung). Die Hauptgeschäftsstraße Avenida de Canarias lädt mit zahlreichen Geschäften zum Stadtbummel ein.

Die Tradition lebt

Im regen kulturellen Leben der Stadt spielen die traditionellen Feste eine wichtige Rolle. Besonders im Frühling wird in Los Realejos gefeiert. Der Mai mit der Fiesta del Mayo ist der Wonnemonat der Traditionen. Am Día de las Cruces (3. Mai) werden alle Kreuze im Stadtbereich üppig mit Blumen geschmückt. Im oberen Stadtzentrum zwischen der Calle del Medio und der Calle del Sol entwickelt sich ein wahrer Wettstreit, wer den schönsten Schmuck fertigt. Eine Prozession führt durch beide Straßen, und viele private Wohnhäuser öffnen ihre Türen für die Öffentlichkeit zur Besichtigung der Kreuze. Den absoluten Höhepunkt bildet das traditionelle Feuerwerk am Abend: Von der ganzen Insel strömen die Menschen zusammen, um dieses Spektakel zu erleben.

Am letzten Sonntag im Mai findet die bekannte Romería de San Isidro Labrador statt. An dem farbenprächtigen Erntedankumzug nehmen viele Tiere, geschmückte Wagen und vor allem zahlreiche Folkloregruppen teil.

Ein weiteres Highlight, das Festival Realexo, wird meist im August, allerdings nur alle zwei Jahre (immer bei geraden Jahreszahlen) gefeiert. Bei diesem bezaubernden Fest mit vielen nostalgi-

AUTORENTIPP!

LOS REALEJOS AUS DER LUFT

Los Realejos ist das El Dorado der Drachenflieger und dafür international bekannt. Sie schwingen sich von einer offiziellen Startrampe auf der Bergkuppe Las Coronas in die Lüfte. Ende April und Anfang Mai findet hier in der Regel die *Flypa* statt, ein Treffen von Paraglidern aus aller Welt, mit und ohne Motor. Diese Veranstaltung hat keinen Wettbewerbscharakter, sondern dient einzig und allein der Freude an diesem Sport. Zahlreiche Schaulustige finden sich am Socorro-Strand ein, um den waghalsigen Pirouetten, Formationen und abenteuerlichen Manövern der Luftakrobaten zuzusehen.

Im April 2007 stellte der spanische Extremsportler Ramón Morillas zum Auftakt des Festivals einen neuen Weltrekord auf. Er startete mit seinen Paramotor-Segler in Jeréz de la Frontera (Andalusien) und flog bis nach Lanzarote. Als erster Mensch der Welt legte er eine Strecke über 1000 Kilometer per motorisiertem Paraglider zurück.

Mutige können über das Tourismusbüro einen Tandemsprung buchen und sich so ein Erlebnis aus der Vogelperspektive gönnen.

Oben: Zuckersüß: Ein Geschwisterpärchen in typisch kanarischer Tracht
Mitte: Mit Folklore und Bändertanz wird in Los Realejos der Schutzpatron San Isidro Labrador im Mai gefeiert.
Unten: Auch die Herren werfen sich in ihre schmucken Trachten.

Mal ehrlich ...

ABER DIE AUSSICHT IST SCHÖN!

Die Meson del Monasterio im Ortsteil La Luz ist weithin bekannt. Die ehemaligen Klosteranlage beherbergt unterschiedliche Restaurants in historischen Gebäuden. In diesem typischen Touristenziel werden reihenweise Ausflugsbusse abgefertigt. Service und Küche bieten daher nur mäßige Qualität. Allerdings sind das Ambiente und der Panoramablick wirklich hübsch, und zum Kaffee bekommt man ein gutes Stück deutschen Kuchens. Beschränken Sie Ihre Erwartungen aber darauf, die schöne Umgebung zu genießen, und stellen Sie keine gehobenen Ansprüche an die Verpflegung.

schen Details verwandelt sich der Stadtteil Los Realejos Bajo ein Wochenende lang in eine mittelalterliche Stadt. Verschiedene Epochen der kanarischen Vergangenheit werden dann öffentlich nachgestellt. Den genauen Termin erfragt man am besten in der Touristeninformation.

Der Socorro-Strand

Die Badebucht El Socorro ist im Sommer beliebter Treffpunkt aller Sonnenhungrigen. *Socorro* bedeutet »Hilfe« oder »Hilferuf« und diesen Namen trägt die Bucht nicht ohne Grund, denn zum Teil treten gefährliche Strömungen auf, die ins offene Meer ziehen. Wer jedoch nicht zu weit hinausschwimmt und auf die Warnungen in Form von Fahnen achtet, die die Gefahrenstufe ankündigen, kann am weitläufigen Sandstrand sicheres Badevergnügen genießen.

In Bezug auf den Wellengang existieren an diesem Strand vier Zeitabschnitte. Zwischen März und April sowie von Juni bis Ende August ist die Brandung mit ein bis zwei Meter hohen Wellen eher sanft, von September bis Ende November und von Dezember bis März erfreuen sich vor allem die Wellenreiter an den zwei bis fünf Meter hohen Wellen. Bei Sturm können sie sogar bis zu acht Meter hoch werden. Von September bis November bilden die Wellen aufgrund des Gegenwindes und durch Sand auf dem Meeresboden sogar Röhren, in denen die Wellenreiter entlangsurfen.

Vor allem an den Sommerwochenenden ist der Strand ziemlich überfüllt. Mit Kühlboxen und Sonnenschirmen pilgern die Menschen hierher, um sich den Tag bei Sonnenbad und Strandspielen zu vertreiben. Ein kleines Restaurant bietet Snacks an. Wer sich unters Volk mischen möchte, sollte recht früh zur Stelle sein, da die Zahl der Parkplätze beschränkt ist. Wer zu spät kommt, kann zwar entlang der Zufahrtsstraße parken, muss aber am Ende des Tages einen recht steilen Fußmarsch zurück zum Auto auf sich nehmen. Die einsame und romantische Lage macht den Strand auch zu einem beliebten Treffpunkt für verliebte Pärchen oder für eine spontane Sommernachtsparty.

Der Strand Playa Socorro ist das Bade-Juwel des Dorfes.

In typischen Restaurants findet man echte kanarische Gemütlichkeit.

AUTORENTIPP!

LANDHOTEL BENTOR

Erst seit Kurzem gibt es im Ortsteil Los Realejos Bajo das gemütliche Landhotel Bentor. Das Gebäude aus dem 17. Jahrhundert diente früher unter anderem als Schule, und im ehemaligen Klassenraum serviert heute das Restaurant typisch kanarische Küche mit modernen Variationen. In dem kleinen Haus, das kanarisches Ambiente und modernen Komfort perfekt vereint, stehen insgesamt 19 Zimmer zur Verfügung. Im Außenbereich kann man in einem Pool baden und dabei die Aussicht genießen. Das Haus steht nicht nur Hotelgästen offen, sondern im Restaurant mit Aussichtsterrasse sind auch andere Besucher herzlich willkommen.

Hotel Rural Bentor. C/ del Cantillo de Abajo 6, Los Realejos, Tel. 922 35 34 58, www.hotelruralbentor.com

Das Waldgebiet

Im Naturschutzpark La Corona, den man von Los Realejos Alto in Richtung Icod el Alto erreicht, findet sich ein Pinienwald mit Lorbeerbäumen und vielfältigen endemischen Pflanzen. Er grenzt direkt an den Nationalpark Las Cañadas del Teide und geht fast nahtlos in diesen über. Viele vom Aussterben bedrohte Spezies der kanarischen Flora und Fauna haben in diesem Teil der Insel ihr Refugium. Die Kanarische Pinie zeichnet sich besonders durch ihre Feuerresistenz aus – ein nicht zu unterschätzender Vorteil, denn in den trockenen Sommermonaten besteht immer wieder Waldbrandgefahr. Ihr Stamm ist äußerst widerstandsfähig, und selbst wenn er verkohlt zurückbleibt, erholen sich die Bäume meist wieder und schlagen in ein bis zwei Jahren neu aus. Malerische Schluchten durchziehen dieses Wandergebiet, und von vielen Standplätzen aus hat man einen herrlichen Panoramablick über die gesamte Nordküste.

Oben: Das Naturschutzgebiet Rambla del Castro erstreckt sich vom Mirador San Pedro bis hinab an die Küste.
Unten: Mit Kanonen verteidigte man sich einst gegen die Eindringlinge vom Meer.

Barranco de Ruíz

Auf dem Weg zur Nachbargemeinde San Juan de la Rambla passiert man die Trockenschlucht Barranco de Ruíz. Diese mehr als 95 Hektar große Schlucht reicht von der Küste bis in die Berge und wird je nach Vegetationszone von verschiedenen einheimischen Gewächsen überwuchert. Bekannt ist sie allerdings nicht nur für ihre Flora, sondern weil die bis zu 600 Meter hohen Steilwände einen Rückzugsort vieler seltener Raubvögel darstellen. Unter anderem trifft man hier Falken und einige Adlerpärchen, aber auch Fledermäuse. Des Nachts ertönt der lockende Ruf der Eulen und Käuzchen, die sich mit nahezu lautlosem Flügelschlag auf die Jagd begeben. Ein guter Ausgangspunkt für eine kleine Erkundungstour ist der Grillplatz, der direkt an der Landstraße liegt.

Naturschutzgebiet Rambla del Castro

Wer von Los Realejos aus in Richtung Icod de los Vinos fährt, passiert nach etwa einem Kilometer einen Tunnel. Gleich danach geht es rechts auf die Parkbucht eines Aussichtspunktes, des Mirador San Pedro. Von dort aus startet man zu einem Erlebnisspaziergang inmitten unberührter Natur. Entweder beginnt man die Wanderung linker Hand auf dem schmalen mit Pflastersteinen belegten Weg, der direkt hinunter an die Küste führt, wo eine Felslandschaft zu einem kleinen Sonnenbad einlädt. Oder man begibt sich gleich in das Herzstück des Barranco, in das man vom Parkplatz aus auf Trampelpfaden gelangt.

In der Schlucht schlängelt sich ein Labyrinth von Pfaden durch den Naturpark. Dabei führen alle Wege zum Hauptpfad zurück, und man findet auch Schilder als Orientierungshilfe. Immer wieder wird man von grandiosen Aussichten überrascht. Früher einmal war diese Steilküste ein strategischer Punkt zur Verteidigung der Insel vor angreifenden Piraten. An der kleinen Festung Fortín de San Fernando aus dem Jahre 1808 sieht man noch heute Kanonen, die zu diesem Zweck genutzt wurden. Wer geübt ist, kann auf der gegenüberliegenden Seite, im Nordosten des Barrancos, wieder bergauf wandern und an der Küste entlang in einer Stunde bis zum Villenviertel Romantica II unterhalb der Autobahn spazieren. Durch seine verschlungenen Pfade ist der Spaziergang aber auch nicht langweilig, wenn man sich auf diesen Teil des Barrancos beschränkt.

Inmitten des Naturparadieses stößt man auf ein Relikt der Ingenieurkunst zu Beginn des 20. Jahrhunderts. Im Jahr 1903 baute die britische Familie Hamilton zusammen mit dem Militäringenieur

Oben: Ein Pavillon im Naturschutzgebiet mit Blick auf den Atlantik
Unten: Das Waldgebiet La Corona oberhalb von Los Realejos ist der üppige Gegensatz zum kargen Bewuchs an der Küstenlinie. Von hier springen auch viele Gleitschirmflieger in die Tiefe.

Entspannung an der Hafenpromenade direkt vor der Kirche

Mitte: Vom Liegestuhl am Pool im Hotel Bentor blickt man auf Los Realejos auf der anderen Seite des Barrancos.
Unten: Kanarische Gastlichkeit im ehemaligen Kloster

José Galván die Gordejuela-Wasserpumpanlage. Die erste Dampfmaschine Teneriffas wurde hier in Betrieb genommen. Auf den ersten Blick sieht die Ruine aus wie ein verwunschenes Märchenschloss. Sie diente dazu, das Wasser der Gordejuela-Quelle, das bislang einfach ins Meer floss, aufzufangen und auf die umliegenden Terrassenfelder und zu den einfachen Häusern der Menschen zu pumpen. Das Wasser machte also aus einst brachliegenden dürren Feldern eine grüne Oase, in der Gemüse und Früchte üppig gediehen, und bescherte den Menschen somit Wohlstand und eine reiche Ernte.

Die Wanderung kann man mit einem Bad an der kleinen Playa del Castro abrunden. Vom Parkplatz aus braucht man rund eine Viertelstunde, um diese kleine Bucht an der Küste zu erreichen. Sie bietet einen herrlichen Panoramablick und vor allem Einsamkeit. Hierher kommen nur wenige Badegäste. Am Ufer muss man sich zwar mit Steinen arrangieren, aber ins Wasser watet man auf einem weichen Sandteppich.

Infos und Adressen

INFORMATION

Tourismusbüro. C/ San Agustín 7, Los Realejos, Tel. 922 34 61 81.

ESSEN UND TRINKEN

Meson del Monasterio. Herrliche Anlage mit verschiedenen Restaurants und Cafeteria. Internationale Küche, Fondue und Fischspezialitäten. La Montañeta, Los Realejos, Tel. 922 34 43 11.

La Finca. Gutes Restaurant unter deutscher Leitung. Stilvolle Einrichtung und internationale Küche bei mittleren Preisen. Monturrio 12, Los Realejos/La Longuera, Tel. 922 36 21 43.

Tenniscenter Romantica II. Kleines, aber gutes Restaurant mit deutschen Tagesgerichten an der Tennisanlage Romántica II. Sonntags großes Frühstücksbuffet, freitags Live-Musik. Calle Claveles 21, Los Realejos, Tel. 634 32 21 080.

Restaurante La Escuela. San Juan de la Rambla bietet nur wenig, aber das Restaurant mit großer Terrasse direkt an der Küste ist empfehlenswert. Die günstige kanarische Küche schmeckt bei leicht salziger Brise auf der blumenreichen Aussichtsterrasse. Von dort aus kann man nach dem Essen einen kleinen, halbstündigen Spaziergang auf den Klippen bis zum autofreien Dorf Las Aguas unternehmen. Direkt an der Küste in San Juan de la Rambla, Camino Real 1, Tel. 922 36 04 38, Di geschl.

ÜBERNACHTEN

Hotel Maritim. Schönes, helles Vier-Sterne-Hotel mit modernem Komfort direkt an der Steilküste. Während der Saison kulturelle Veranstaltungen in der gemütlichen Hotelbar. FKK-Ecke im Garten- und Poolbereich. Camino El Burgado 1, Los Realejos, Tel. 922 37 90 00, www.hotelmaritimtenerife.com

Casa Rural La Saroga. Kleines Hotel mit nur zehn Zimmern im Appartementstil in einem alten Herrschaftshaus aus dem 17. Jahrhundert. Auf Wunsch vegetarische Küche. La Higuerita s/n, Tel. 922 34 03 13, www.fincasaroga.es

Panoramica Garden. Drei-Sterne-Appartementanlage mit hübscher Aussicht über die Steilklippe. La Longuera 110, Tel. 922 36 41 11, www.panoramicagarden.es

AKTIVITÄTEN

Wer sich gerne sportlich betätigen möchte, der findet ein gutes Wandernetz durch die Wälder in der Bergregion. Aber auch wer tauchen, Tennisspielen oder sich als Drachenflieger versuchen möchte, findet viele Möglichkeiten.

Tenniscenter Miramar. Ein deutsches Tenniscenter mit Tennis- und Paddelplätzen. Auch Unterricht kann gebucht werden. Angeschlossen ist ein kleines, gemütliches Restaurant mit Panoramablick auf die Küste bei Puerto de la Cruz. C/ Los Tulipanes 2, Tel. 922 36 40 08, www.tennisschule-teneriffa.de

Tauchschule Atlantik. Die deutsche Tauchschule bietet Unterricht für Anfänger oder aber Ausflüge für bereits ausgebildete Taucher. Gleich neben Hotel Maritim, Tel. 922 36 28 01, www.atlantik-tauchen.de

Paragliding Ibrafly. Wer sich in die Lüfte schwingen möchte, kann es in der Paraglidingschule Ibrafly versuchen. Auf Wunsch werden auch Tandemsprünge angeboten. Allerdings wird hier nur Spanisch und etwas Englisch gesprochen. Der Pilot lenkt und der Gast genießt. Tel. (mobil) 609 54 61 92, www.ibrafly.net

Tourismusbüro. Plaza de la Unión s/n, Los Realejos, Tel. 922 34 61 81, Fax 922 34 66 03. Hier erhält man auch Infos über das Wanderwegenetz und auf Wunsch Kontakt zu Wanderführern.

Mitte: Die Bucht Playa San Marcos ist sowohl in den Winter- als auch in den Sommermonaten zum Schwimmen geeignet. Durch Wellenbrecher ist sie geschützt.
Unten: In der Fußgängerzone von Icod de los Vinos mit dem Kunstwerk von Julio Nieto

28 Icod de los Vinos
Das Schmuckstückchen

Knapp 25 000 Einwohner wohnen in der zauberhaften Kleinstadt 235 Meter über dem Meer. Die Altstadt ist von zahlreichen denkmalgeschützten Bauten geprägt. Hinter alten Fassaden laden in der Fußgängerzone unterschiedlichste Geschäfte ein. Von Kleidung über Schuhe bis hin zu Deko-Artikeln findet man so ziemlich alles.

Eigentlich heißt Icod de los Vinos frei übersetzt »Schöner Ort des Weines«. Den ersten Teil des Namens erhielt das Städtchen durch die Guanchen. Nach der spanischen Eroberung bot sich das fruchtbare Tal, das den Ort umgibt, für die Landwirtschaft an – Bananen, Früchte der verschiedensten Art, Gemüse, Kartoffeln und Wein werden auch heute noch angebaut und geben dem Städtchen ein ländliches Flair. Schon um 1500 wusste man den Rebensaft der Gegend zu schätzen und exportierte ihn nach Großbritannien und Portugal. Viele Portugiesen ließen sich ganz in der Gemeinde nieder und mischten sich mit der kanarischen Bevölkerung.

Einladung zum Stadtbummel

Icod de los Vinos ist eine dynamische Kleinstadt, die viel mehr zu bieten hat als man vermutet. An der zentralen Plaza Andrés de Lorenzo Cáceres mit der Kirche San Marcos spenden alte Bäume Schatten, toben Kinder auf dem Spielplatz und findet jedes Fest seinen Höhepunkt.

Iglesia de San Marcos

Zur Zeit des letzten Guanchenkönigs Chincanairo entdeckten die Guanchen in der Bucht von San Marcos nahe ihren Begräbnisstätten eine Statue.

Sie nahmen diese als Zeichen und glaubten, den großen Wächter über die Toten gefunden zu haben. Gemeinsam mit ihren Toten bewahrten sie die Figur in den Höhlen der Felswände auf. Nach der Eroberung der Insel ließ sich der Sohn Chincanairos, Belicar, 1496 auf den Namen Blas Martin taufen. Um seine vollständige Unterwerfung unter die spanische Krone zu demonstrieren, übergab er die Statue dem Klerus. Die Kirchenvertreter erkannten in ihr den Heiligen Markus, der seitdem zum Schutzpatron der Stadt Icod de los Vinos wurde. Nach ihm benannte man nicht nur den Fundort der Statue, die Playa San Marcos, sondern auch die Kirche, die ihm zu Ehren an der Plaza gebaut wurde. Die kleine Kapelle wurde im 16. und 17. Jahrhundert erweitert, sodass das Gebäude in einem Stilmix aus Barock-Gotik erstrahlt. Dank vieler Importe aus Amerika, Andalusien, Kastilien und Stiftungen der Insel verfügt das Gotteshaus über die bedeutendste Gemäldesammlung aller Kirchen auf den Kanaren. Zu den wertvollsten gehören »Der Nazarener« und »Der barmherzige Christus«, beides Werke des Bildhauers Martin de Andujar aus Sevilla, »Der lebendige Christus«, ebenfalls aus dem Sevilla des 18. Jahrhunderts sowie »Der Christus des süßen Todes«, der von einem unbekannten kanarischen Künstler aus der neoklassischen Epoche stammt.

Tausendjähriger Drachenbaum

Der *Drago* (Drachenbaum) ist das Wahrzeichen von Icod de los Vinos. Von der Westseite der Plaza Lorenzo Cáceres aus blickt man direkt auf den Parque del Drago. Er ist in wenigen Schritten über die gegenüberliegende Plaza de La Constitución zu erreichen, der Weg ist ausgeschildert. Über das Alter dieses ehrwürdigen Exemplars streiten sich die Wissenschaftler: Früher hieß es, er sei 3000 Jahre alt, dann wurde sein Alter auf 1000 Jahre

AUTORENTIPP!

PLAYA DE SAN MARCOS

In den 1970er-Jahren entstanden in der San-Marcos-Bucht die ersten Ferienwohnungen, und bis heute ist der Sandstrand beliebtestes Badeziel der Bewohner von Icod de los Vinos. Eine Serpentinenstraße führt direkt von der Hauptstraße in den Ortsteil San Marcos mit der gleichnamigen Bucht. Der etwa 250 Meter lange Strand bietet den typischen grobkörnigen schwarzen Sand. In der geschützten Bucht kann man als einer der wenigen im Norden der Insel das ganze Jahr über baden und dank des sanften Wellenschlags mit Luftmatratzen und Gummibooten viel Spaß haben. Auch Familien mit Kindern sind hier gut aufgehoben. In dem einstigen Fischerhafen dümpeln kleine Fischerboote, aber auch kleine Freizeitboote oder Jetskis.

Rund um den Strand findet man mehrere nette inseltypische Restaurants, in denen man vor allem frischen Fisch bekommt. Die Bucht von San Marcos liegt genau vor einer riesigen Steilküste, die sich schwarz und majestätisch im Hintergrund abhebt. In den Steilwänden sind Kletterhaken angebracht, denn sie werden regelmäßig von Bergsteigern genutzt.

Oben: Der legendäre Drachenbaum ist sagenumwoben und das Prachtstück des Weinstädtchens.
Mitte: Von der Plaza Andrés Lorenzo Cáceres blickt man direkt in die Gartenanlage mit dem Baum.
Unten: Bunte Häuserfassaden schaffen ein idyllisches Ambiente.

reduziert. Neuere Studien schließen eher auf 400 bis 600 Jahre. Die Wahrheit liegt vermutlich dazwischen. Zweifelsohne zählt er zu den ältesten Gewächsen, die man auf dem Globus kennt. Der Drago hat einen Stammdurchmesser von mehr als 20 Metern und ragt 17 Meter hoch in den Himmel. Ein eigenes Belüftungssystem schützt den rund 120 Tonnen schweren Baum vor Verwitterung.

Die Legende seiner Entstehung schlägt eine Brücke von den Kanaren ins antike Griechenland. Dem Mythos zufolge hüteten die Hesperiden in einem zauberhaften Garten einen Baum mit goldenen Äpfeln, der als Geschenk für Hera zu ihrer Hochzeit mit Zeus dienen sollte. Dieser Hesperidengarten befand sich angeblich auf den Kanarischen Inseln und wurde von dem hundertköpfigen Drachen Ladon bewacht. Atlas tötete den Drachen, um an die goldenen Äpfel zu gelangen. Aus jedem Blutstropfen, der aus der Wunde des Drachens zu Boden fiel, wuchs ein Drachenbaum und in diesen »Söhnen des Drachens« soll er weiterleben. Der Drachenbaum besteht aus einem dicken Stamm, von dem sich Äste abzweigen, die wiederum viele kleine Abzweigungen aufweisen. Sie sollen die hundert Köpfe des Drachens verkörpern.

Mal ehrlich …

SCHÖN IST WAS ANDERES

Die Appartementhäuser an der Playa de San Marcos haben schon einige Jahrzehnte auf dem Buckel und sehen ziemlich trist aus. Das ist sehr schade und gar kein schöner Anblick. Trotzdem bietet die Bucht durch ihre Steilwände eine schöne Naturkulisse. Man richtet den Blick eben besser auf die andere Seite. Spätestens wenn man am Strand liegt, beginnt man die Bucht zu genießen. Die weithin bekannten Restaurants werden am Wochenende häufig von Ausflüglern angefahren.

Der Drachenbaum der Geschichte

Bereits die Guanchen haben den roten Saft, der beim Anritzen aus seinem Stamm rinnt, wegen seiner Heilkraft verehrt. Sie verwendeten ihn zur Versorgung offener Wunden, aber auch bei inneren Krankheiten. In der Kultur der Guanchen wurde rund um den Drachenbaum die Versammlung der Stammesältesten abgehalten. Die Dragos wurden sehr verehrt, und heute noch werden sie in der kanarischen Bevölkerung aufgrund ihrer Langlebigkeit und Schönheit mit großem Respekt behandelt. Von den Kanaren aus wurde der Drago durch Händler und Eroberer auf das Festland exportiert. Später zahlten die Römer hohe Preise für seinen Saft, den die Damen bei ihren Schönheitsritualen verwendeten. Im Mittelalter wurde er zur Bekämpfung von Lepra eingesetzt.

Der älteste Drachenbaum der Insel soll übrigens in La Orotava gestanden haben. Er war das Ziel des bekannten deutschen Naturforschers Alexander von Humboldt. Der Stamm dieses Baumes soll einen Durchmesser von 15 Metern gehabt haben und sein Alter wurde auf 6000 Jahre geschätzt. Dieses lebendige Fossil fiel 1867 einem verheerenden Sturm zum Opfer. Seither gilt der Drago von Icod de los Vinos als ältestes Exemplar.

Cueva del Viento

Die Cueva del Viento in den Bergen oberhalb von Icod de los Vinos bietet einen Ausflug in die spannende Unterwelt Teneriffas. Die Vulkanröhre zählt mit einer Länge von 18 Kilometern zu den längsten der Welt. Sie entstand vor rund 27 000 Jahren, als der Pico Viejo Feuer spuckte. Diese Lavaröhren entstehen immer dann, wenn der Lavastrom ins Stocken gerät. Die äußere Hülle erkaltet, und wenn die heiße Lava im Inneren dann wieder zu fließen beginnt, bleibt ein tunnelartiges Gebilde zurück. Sie

Der Stamm des ehrwürdigen Riesen, der seine Wurzeln schon zu Zeiten der Guanchen tief im Boden der Insel verankert hat.

AUTORENTIPP!

BESTATTUNGSRITUAL IN VULKANRÖHREN

Die Vulkanröhren waren Schutz- und Rückzugsorte der Guanchen. Manchmal wurden sie auch als Begräbnisstätten genutzt. Allerdings wählte man dafür meist Höhlen aus, die sich in den Steilwänden befanden und nur schwer zugänglich waren. Man legte die Toten zusammen mit Gegenständen des täglichen Gebrauchs wie Tonkrügen, Hirtenstäben, Lanzen und Fellen in den Höhlen ab. Ranghohe Stammesmitglieder wurden einer Mumifizierung unterzogen. Eine Bestattungsart, die sonst nur aus der Hochkultur Ägyptens überliefert ist. Diese Tatsache hat Historiker vermuten lassen, dass es eine Verbindung zwischen dem alten hoch entwickelten Ägypten und den Guanchen geben musste. Wahrscheinlich haben die Berber vor ihrer Übersiedlung Kontakt zu den Ägyptern gepflegt. Das würde auch die Herkunft des astronomischen und meteorologischen Wissens der Stammesältesten erklären.

Oben: Die Engelstrompete wächst auf Teneriffa zu gigantischen Bäumen heran. Die nicht ganz ungefährliche Pflanze steht unter Naturschutz.
Unten: Die Plaza ist das Herz des Städtchens.

zieht sich von Los Piquetes in den Bergen bis hinunter an die Playa San Marcos. Zirka 1,8 Kilometer wurden vor einigen Jahren für die Öffentlichkeit zugänglich gemacht. Das empfindliche Ökosystem darf nur eine sehr begrenzte Besucherzahl betreten. Derzeit werden zwei Führungen am Tag in spanischer und englischer Sprache kostenlos angeboten. Die Besucher finden sich in der Stille und Faszination einer unterirdischen Welt wieder, in der erkaltete Lava noch in Form von Tröpfchen von der Decke hängt und die Spuren der fließenden Lava an den Wänden zu erkennen sind. Von einer kleinen Plattform aus kann man 20 Meter in die Tiefe blicken und erhält so einen kleinen Eindruck von der Dimension dieses unterirdischen Systems, das den Augen so lange verborgen blieb. Infos und Anmeldung zur 2-stündigen Führung mittleren Schwierigkeitsgrads beim Besucherzentrum der Cueva de Viento, Los Piquetes, Tel. 922 81 53 39 www.cuevadelviento.net. Festes Schuhwerk und ein leichte Jacke mitnehmen!

Fiesta San Andrés

Es versteht sich von selbst, dass Icod de los Vinos besonders mit dem Thema Wein verbunden ist. Ende November wird deshalb das Fest des Schutzpatrons der Winzer, San Andrés, gefeiert: mit gerösteten Kastanien und Wein. Bekannt ist dieses Fest durch die *Tablas de San Andrés*: Junge Leute rutschen auf Brettern die steilen Gassen in der Innenstadt hinab, wobei sie ein beachtliches Tempo erreichen und zum Schluss in aufgetürmten Autoreifen landen. Das ausgelassene Treiben geht auf die Zeit zurück, als die Holzfäller in den Pinienwäldern Bäume fällten. Da es damals noch keine Lastwagen gab, machte man sich das Gefälle der Landschaft zunutze. Man ließ die schweren Stämme ins Tal rutschen. Dort wurden sie von den Schreinern erwartet und weiterverarbeitet.

Infos und Adressen

INFORMATION

Tourismusbüro. C/ San Sebastian 8 , Icod de los Vinos, Tel. 922 81 21 23. Gleich gegenüber der Plaza an der Iglesia de San Marco.

ESSEN UND TRINKEN

Agustín y Rosa. Zentral gelegenes Restaurant mit kanarischer Küche. Direkt in der Fußgängerzone. C/ San Sebastian 15, Tel. 922 81 07 92.

Landhotel Finca San Juan. Außerhalb, oberhalb von San Juan de la Rambla gelegenes Landhotel. Etwa 12 Kilometer von Icod entfernt. Bekannt für das große Frühstücksbuffet an jedem Tag der Woche. Einkehr mit Panoramablick über die Nordwestküste. Camino Mazapé 3, San Juan de la Rambla, Tel 922 69 40 78, www.finca-san-juan.com

ÜBERNACHTEN

Es gibt in Icod de los Vinos leider nur wenige Übernachtungsmöglichkeiten. Die meisten befinden sich in privater Hand auf ländlichen Fincas, die für Urlauber ausgebaut wurden. Einige Vorschläge sind über die Webseite des Rathauses unter www.icoddelosvinos.com/vercasas.php zu finden. Das nächste Hotel befindet sich im Nachbarort El Guincho:

Hotel San Agustín. Einziges Hotel in Icod de los Vinos. Sehr hübsches kleines Stadthotel in einem Gebäude ais aus dem 18. Jahrhundert. Zauberhaftes, kanarisches Flair. Calle San Agustín 18, Icod de los Vinos, Tel. 0034/922- 81 31 94, www.hotel-sanagustin.es

Hotel El Patio. Ländliches Hotel in einem Herrensitz aus dem 16. Jahrhundert. Insgesamt stehen 28 moderne Zimmer mit kanarischem Charme zur Verfügung. Die Anlage steht unter Denkmalschutz. Finca Malpaís, El Guincho, Tel. 0034/922-13 32 80, www.hotelpatio.com, der Mindestaufenthalt beträgt 3 Nächte.

EINKAUFEN

Bodega Viñatigo. In dieser Bodega, die Weine aus der Gemarkung Yoden-Daute-Isora herstellt, gibt es jedes Jahr preisgekrönte Tropfen. Sie befindet sich direkt an der Landstraße in Richtung La Guancha und ist Interessenten Mo–Fr von 10–18 Uhr geöffnet. Man kann dort direkt probieren und einkaufen. C/ Cabo Verde s/n, La Guancha, Tel. 922 82 87 68, www.vinatigo.com. Bevor man sich auf den Weg begibt, sollte man sich anmelden. Besonders im Herbst, wenn gekeltert wird, kann es zu abweichenden Öffnungszeiten kommen.

ARTlandya. Zauberhaftes Puppen- und Teddybärenmuseum, in einer charmanten Finca oberhalb von Icod de los Vinos. Außergewöhnliche Kollektion mit mehr als 650 Teddybären und Künstlerpuppen aus aller Welt. Deutschsprachige Führungen. Die Zufahrt ist von Icod de los Vinos aus gut ausgeschildert. Calle El Moleiro 21, Santa Bárbara bei Icod de los Vinos, Tel. 922-81 26 15, www.art-landya.com

Die Casa de los Cáceres ist ein Kulturzentrum für Konzerte und Ausstellungen.

DER NORDWESTEN

Vorangehende Doppelseite: Das Dörfchen Masca liegt in einer traumhaften Schlucht. Ideal zum Wandern oder auch um einfach mal die Seele baumeln zu lassen.
Mitte: Garachico bei Nacht
Unten: Die Kirche Nuestra Señora de los Ángeles direkt am Rathaus

29 Garachico

Vom Handelshafen zum Fischerdorf

Täglich strömen Hunderte Touristen aus aller Welt durch die engen Gassen: Garachico darf man einfach nicht versäumen. Aufgrund der zahlreichen historischen Gebäude im Ortskern erhielt es sogar den Preis der Schönen Künste für Stadtarchitektur. Das erste Wahrzeichen, das man von Weitem sieht, ist der steil vor der Küste aus dem Wasser ragende Roque (Felsen), idealer Rückzugsort für viele Seevögel.

Entstanden aus einer Kapelle

Der Ort wurde unmittelbar nach der spanischen Eroberung von Cristobál de Ponte, einem Bankier aus Genua, gegründet. 1520 entstand im heutigen Stadtzentrum die Ermita Santa Ana, die von einer kleinen Kapelle zur stattlichen dreischiffigen Basilika ausgebaut wurde. Sie birgt in der Kapelle Cristo de la Misericordia das Bildnis des Barmherzigen Christus, eine Figur aus Maispaste, die von dem Indianerstamm Tarascos aus Michoacán in Mexiko geschaffen wurde. Sie soll Mitte des 16. Jahrhunderts nach Garachico gekommen sein. Im klassizistischen Tabernakel des Altarraums findet man ein Holzkreuz von Martín de Andújar sowie daneben das Bildnis der Santa Ana, die ebenfalls Schutzpatronin von Garachico ist. Kreuz, Santa Ana und San Roque sind die Protagonisten der Fiesta de San Roque, die Mitte August gefeiert wird.

Die trutzige kleine Burg Castillo de San Miguel wurde Ende des 16. Jahrhunderts gebaut und diente zur Abwehr von Freibeutern. Heute beherbergt sie ein kleines Museum mit Erinnerungfotos aus vergangenen Zeiten und wechselnden Kunstausstellungen. Die ehemaligen Verliese jagen manchem Besucher Gänsehaut über den Rücken. Am Eingang sind die Wappen der Adelsfamilien zu sehen, darunter auch das von Kaiser Karl V.

Reiche Handelsmetropole

Im Lauf des 16. und 17. Jahrhunderts wurde der Hafen zum wichtigsten Tor des Welthandels. In der Handelsmetropole Garachico residierten Landgrafen; Händler feilschten um die besten Geschäfte. Schiffe aus England, Portugal oder auch aus Übersee kamen und gingen fast täglich. Vor allem Wein und Zuckerrohr wurden verschifft. Besonders bekannt war der süße Malvasia-Wein, der in den europäischen Königshäusern hohes Ansehen genoss. Im Gegenzug trafen Gewürze aus aller Welt und vor allem Kunst der flämischen Schule auf Teneriffa ein. Der Reichtum und Wohlstand der Bevölkerung soll sich sogar in einer Hauptstraße aus reinstem Marmor manifestiert haben.

Im 18. Jahrhundert gab es fünf verschiedene Klöster, was damals ebenfalls ein Zeichen von Wohlstand war. Kaufleute, Künstler, Adelige und eine gut situierte Mittelschicht ließen sich hier nieder und unterstützten die religiösen Gemeinschaften mit großzügigen Spenden. Als letztes intakte Kloster findet man das Convento Las Concepcionistas Franciscanas, das von Franziskanerinnen bewohnt wird. Heute noch leben die Nonnen in einer strengen Klausur und haben kaum Kontakt zur Außenwelt.

Der Niedergang

Dass die einstige Handelsmetropole heute nur noch ein Fischerdorf ist, liegt an den Launen der Natur. Es begann damit, dass Krankheiten eingeschleppt wurden, darunter auch die Pest. 1645 kostete eine gewaltige Sturmflut rund 80 Menschen das Leben, und circa 40 Schiffe wurden im Hafen versenkt.

AUTORENTIPP!

FEURIGE FIESTA

Garachico ist nicht nur für seinen außergewöhnlichen Charme, sondern vor allem für seine Feste bekannt. Das Hauptereignis des Jahres, die Fiesta de San Roque, wird jedes Jahr im August gefeiert. Ein Umzug mit prachtvoll geschmückten Wagen sowie jede Menge Folklore füllen die engen Gassen und verwandeln sie in eine gigantische Partymeile unter freiem Himmel.
Ähnlichen Aufwand betreibt man für das Dreikönigsfest. Am Vorabend, dem 5. Januar, verwandelt sich die komplette Innenstadt in die Kulisse der Weihnachtsgeschichte. Die drei Weisen aus dem Morgenland kommen in prachtvollen Gewändern auf Kamelen vom Berg herab geritten. Sie treffen auf eine berittene römische Legion, Herodes und natürlich auf Maria und Josef mit dem Jesuskind in der Krippe. Ein Spektakel, das man sich unbedingt ansehen sollte.
Ein ganz besonderes Highlight ist das Vulkanfest, das nur alle fünf Jahre im August gefeiert wird, immer in den Jahren, die auf Fünf oder Null enden. Es erinnert an den Ausbruch des Vulkans Montaña de Trebejo 1706.
Kaum jemand kann sich einer Gänsehaut erwehren, wenn die imitierte Lava zu Tal fließt und man sich insgeheim fragt, »Was wäre wenn …«

Oben: Die Naturbecken von Garachico im Lavagestein sind ein Badeerlebnis der besonderen Art. **Unten:** Blick auf die alte Verladestation des Hafens, als hier noch das Tor zur Welt war.

Mal ehrlich …

TOURISTENFALLE

Durch die Besucherströme, die täglich nach Garachico kommen, sind die Geschäftsleute und Restaurantbesitzer ziemlich verwöhnt. Man gibt sich nicht immer die Mühe, die man als Gast erwartet. Morgen kommen ja schon die nächsten … Man muss bereit sein, ein Auge zuzudrücken und ein bisschen mehr zu zahlen als anderswo. Wer das nicht möchte, sollte zum Essen lieber zurück nach Icod de los Vinos oder in eine der nächsten Ortschaften fahren.

1697 zerstörte eine Feuersbrunst mehr als hundert Häuser. Doch das endgültige Aus kam am 5. Mai 1706 mit dem Ausbruch des Vulkans Montaña de Trebejo. Drei Tage lang spuckte der feurige Berg seine Lavamassen, die mit ihrer zerstörerischen Kraft ins Tal strömten. Der größte Teil des Hafens wurde von der Lava zerstört, zahlreiche Häuser unter der glühenden Masse begraben, ebenso die legendäre Hauptstraße aus Marmor. Damit war das Ende Garachicos als Handelsmacht besiegelt. Der Hafen von Santa Cruz wurde das neue Zentrum.

Aus der Not machte Garachico eine Tugend. Die Bewohner bauten ihre Stadt auf der erkalteten Lava wieder auf, deshalb verfügt der Ortskern noch immer über zahlreiche historische Häuser. Viele der ehemaligen Herrschaftshäuser – darunter das Haus des Grafen von La Gomera gegenüber der Plaza La Libertad (16./17. Jahrhundert) und das Haus der Familie Ponte in der Calle Esteban de Ponte 34 (18. Jahrhundert) – und die Basilika Santa Ana wurden restauriert und lassen den Glanz vergangener Zeiten erahnen. Das ehemalige Kloster San Francisco de Asis neben dem Rathaus dient als Kulturzentrum und wird für Ausstellungen und Konzerte genutzt. Es kann von Mo–Fr von 10–19 Uhr und Sa von 10–15 Uhr besichtigt werden.

Garachico heute

Heute ist Garachico ein beliebter Ausflugsort und Anziehungspunkt für zahlreiche Besucher. Auch ein richtiger Hafen ist wieder im Entstehen, wenngleich er dieses Mal eher für Sport- und Privatjachten gedacht ist. Ab 2012 soll der Ort wieder das typische Hafenambiente zurückerhalten.

Die Bucht, in der die Fischerboote zu Wasser gelassen werden, ist ein Teil des einst berühmten Hafens. Mitten auf dem Parkplatz ragt ein modernes Denkmal zu Ehren der Fischerfrauen auf, die meistens mitarbeiteten. Sie hatten einen harten Arbeitstag: Die *Pescadoras* warteten am Morgen darauf, was ihre Männer eingefangen hatten. Die Fische luden sie in einen Korb, setzten diesen auf den Kopf und spazierten in die Berge. Dort wurde der Fang an die Bergbewohner verkauft oder gegen Eier, Gemüse, Kartoffeln oder ein Hühnchen getauscht. Diese wandelnden Marktfrauen gab es nicht nur in Garachico, sondern in allen Küstenorten.

Baden in Garachico

Dort, wo einst die großen Handelsschiffe verkehrten, treffen sich die Menschen heute zum Bad. Ein Kieselstrand mit kleinen Steinchen in einer ruhigen Bucht, die nur selten Wellengang hat. Am Ufer muss man zwar über die Steine balancieren, aber dann steht dem Schwimmvergnügen nichts mehr im Wege. Wie in einem riesigen Pool sind ausgedehnte Runden kein Problem. Auch Schnorchler finden sich gerne ein, um die Unterwasserwelt zu bestaunen. Besonders bei jungen Leuten beliebt ist die Kaimauer, die sich auf der Ostseite um die Bucht schlängelt. Denn von dort aus sind waghalsige Sprünge in das tiefe Wasser möglich. Wer es lieber ruhiger mag, geht in das Gemeindeschwimmbad an der Hauptstraße. Es grenzt direkt an den Ozean und wird mit Meerwasser gespeist, allerdings ist

AUTORENTIPP!

HISTORISCHE HOTELS

Das historische Ambiente in Garachico spiegelt sich in seinen besonderen Hotels wider. Es gibt insgesamt drei Häuser in geschichtsträchtigen Gebäuden der Innenstadt, die sich durch ihr besonderes Flair auszeichnen. Fernab einer klassischen Kategorisierung sind sie einfach anders und erfüllen trotzdem das Bedürfnis nach modernem Komfort.
Das älteste, das Hotel San Roque, residiert im ehemaligen Palacio de Ponte, einem Herrenhaus, das einst der Familie des Stadtgründers gehörte. Es ist nur für Hotelgäste zugänglich, alle Zimmer wurden von Designern stilvoll und individuell ausgestattet. Das Hotel La Quinta Roja entstand im einstigen Haus der Marquesa de la Quinta Roja. Es liegt im Herzen Garachicos direkt neben der Plaza und gegenüber dem Rathaus. Das jüngste, das Garahotel, entstand aus einem privaten Wohnhaus und gewährt so einen Blick in die Wohnverhältnisse, die sich häufig hinter unscheinbaren Fassaden verbergen. Die Zimmer sind im typisch kanarischen Stil erhalten und in Größe und Einrichtung unterschiedlich, wie es eben auch in einem normalen Wohnhaus wäre. Trotzdem verfügt es über modernen Komfort und auch einen Spa-Bereich.

die vorhandene Liegefläche nicht sehr groß. Wer es beim Sonnenbad gerne ruhig mag, der kann sich in der weitläufigen Badelandschaft rund um die daneben liegenden Naturbecken niederlassen. Hier hat man eine ungewöhnliche Perspektive auf das Dorf, die Berge und das Meer. Zwischen dem Vulkangestein haben sich Becken gebildet, in denen man ungestört baden kann: ein außergewöhnliches Erlebnis. Selbst hier muss man allerdings auf die Warnflagge und den Wellengang achten. Große Wellen schwappen bei hoher See nämlich über die Steine, was sich ungemütlich auswirken kann.

Das Denkmal des Emigranten

Im letzten Jahrhundert verließen viele Canarios ihre Heimat, um ihr Glück in der Fremde zu suchen. Mit dem Geld, das sie dort verdienten, ernährten sie ihre Familien. Nicht nur das europäische Festland war das Ziel, sondern auch Südamerika. Vor allem Venezuela wird deshalb oft als achte kanarische Insel bezeichnet. In zum Teil wackligen Booten machten sie sich auf die weite Reise über den Großen Teich. Der Überlieferung zufolge verloren damals viele ihr Leben, noch ehe sie auf der anderen Seite des Ozeans angekommen waren. Sogar Schauermärchen über Kannibalismus an Bord machen die Runde. All diesen Menschen, die ihr Glück in der Ferne suchten oder dabei ihr Leben ließen, ist das Denkmal auf dem Aussichtspunkt oberhalb der Bucht gewidmet. Die Skulptur von Fernando García Ramos wurde am 3. August 1990 eingeweiht. Sie zeigt einen Mann mit gepackten Koffern. In der Mitte des Brustkorbes, wo das Herz schlägt, klafft ein großes Loch. Genau darin liegt die Bedeutung, die der Künstler zum Ausdruck bringen wollte. Wenn ein Canario seine geliebte Heimat verlassen muss, so bleibt sein Herz dennoch immer zurück. Viele, die damals weggegangen sind, kehrten deshalb auch wieder zurück.

Oben: Wellenbrecher schützen die Badebucht von Garachico.
Mitte: Aussichtspunkt des einsamen Emigranten, der sein Herz auf Teneriffa zurück lässt.
Unten: Schmalen Gässchen und hübsche Häuschen machen das besondere Ambiente des Dorfes aus.

Infos und Adressen

INFORMATION

Tourismusbüro. C/ Esteban de Ponte 5, Garachico, Tel. 922 13 34 61.

ESSEN UND TRINKEN

Restaurant Rocamar. Typisch kanarisches Restaurant, direkt an der Hauptstraße. Besonders schön ist die Terrasse im ersten Stock, wo man während des Essens einen herrlichen Ausblick genießen kann. C/ Esteban de Ponte 11, Tel. 922 83 01 76.

Pizzeria Rugantino. Leckere Pizza und andere italienische Spezialitäten. Am besten pünktlich dort sein, denn es ist fast immer sehr voll. C/ Esteban de Ponte 44, Fr–So ab 19 Uhr.

Restaurante Ribamar. Einfaches kanarisches Restaurant mit einer guten und preiswerten Küche. Man findet es direkt an der Hauptstraße von Garachico in Richtung Los Silos. Ctra. Icod – Buenavista 12, Tel. 922 831 311.

ÜBERNACHTEN

Hotel San Roque. Edel eingerichtetes Vier-Sterne-Hotel, Mitglied von Tenerife Select, einem Zusammenschluss führender Hotels. Es verfügt über 20 elegante, individuell gestaltete Designerzimmer. C/ Esteban de Ponte 32, Tel. 922 13 34 35, www.hotelsanroque.com

Hotel La Quinta Roja. Ein schönes, kleines Hotel im ehemaligen Haus des Markgrafen aus dem 16. Jahrhundert. Im Herzen der Stadt, an der Plaza de La Libertad gelegen, ist es im typisch kanarischen Stil und sehr geschmackvoll eingerichtet. Glorieta S.Francisco, Tel. 922 13 33 77, www.quintaroja.com

Garahotel. Intimes hübsches Landhotel in einem ehemaligen privaten Wohnhaus. Ein Haus mit Persönlichkeit. Individuell eingerichtete moderne Zimmer mitten im alten Ortskern mit Blick auf das Castillo und die Naturbecken. Echtes kanarisches Flair. C/ Esteban de Ponte 7, Tel. 922 83 11 68, www.garahotel.com

Am Kiosk an der Plaza bekommt man einen Kaffee, ein Gläschen Wein oder einen Drink – allerdings zu gesalzenen Preisen.

30 Los Silos

Verträumtes Idyll

Das verträumte Städtchen reicht von der Küste bis in die Berge. Sein Werbeslogan »Los Silos natural« trifft es auf den Punkt: Natur ist das herausragendste Merkmal des Ortes. Berge im Hintergrund und davor der blaue Atlantik: Das ländliche Idyll ist ideal für Wanderer oder Spaziergänger, die entweder an der Küste entlangschlendern oder sich an die etwas schwierigeren Touren durch die Schluchten machen.

Mitte: Üppige Natur und Schutzgebiete bestimmen das bei Wanderern beliebte Umfeld von Los Silos. **Unten:** Die Plaza de la Luz ist der zentrale Punkt des Dorfes. Unter alten Bäumen findet man ein Schattenplätzchen und eine kleine Bar für den Snack zwischendurch.

Ideal zum Überwintern

Seit Jahrzehnten wird Los Silos von menschlichen Zugvögeln angesteuert, die vor dem kalten Winter in der Heimat in den sonnigen Süden fliehen. Viele Menschen mit Gelenk-, Haut- oder Atemwegsproblemen erfahren durch das milde Klima Linderung ihrer Beschwerden. Mittlerweile hat diese Gemeinde den höchsten Ausländeranteil auf der Isla Baja und ist ein lebendiger Beweis für ein harmonisches Miteinander zwischen den Einheimischen und den Fremden. Kaufleute im Dorf profitieren von dem Zustrom, der in den Monaten September bis April die Umsätze ankurbelt. An der Plaza genießen alle Nationalitäten im friedlichen Miteinander die Idylle unter den großen Schatten spendenden Bäumen.

Los Silos in den Analen

Los Silos taucht erstmals 1509 in den Geschichtsbüchern auf, als der Ort entlang des damals königlichen Wegs entstand, der Garachico mit Buenavista del Norte verband. Seinen Namen erhielt er von dem Portugiesen Gonzalo Yanes, der damals Getreidelager in dem Tuffstein ausschachtete, diese also zu Getreidesilos machte. Ihm gehörte der Boden, auf dem Los Silos entstand wie auch das Landgut und die Zuckerrohrfabrik an der Küste. Beides hatte Yanes von dem spanischen Eroberer Alonso Fernández de Lugo gepachtet. Der Zuckerrohranbau war damals ein lukratives Geschäft und verhalf den Großgrundbesitzern zu einigem Wohlstand. Regelmäßig legten Schiffe vor allem aus Großbritannien an der geschützten Playa de las Arenas an.

Im Zentrum

Das eigentliche Dorfleben in Los Silos entstand aber dennoch entlang der Hauptstraße, die durch die Anhöhe Aregume vor den scharfen Nordwinden geschützt wird. An ihrem Fuß entstand die Plaza de la Luz, das soziale Zentrum, das durch einen kleinen Pavillon sowie uralte knorrige Bäume einen ganz besonderen Charme ausstrahlt. Die angrenzende Kirche Nuestra Señora de la Luz ent-

Tiefe Schluchten durchziehen das Tenogebirge. Verschiedene Wanderwege führen von den Bergen durch diese Schluchten ins Tal.

WANDERUNG TALAVERA

Los Silos ist bekannt für sein interessantes Netz von Wanderwegen. Zu Fuß erwandert man sich die Insel durch nahezu unberührte Natur und entdeckt auf dem Weg viele Exemplare der einheimischen Flora und Fauna.
Die Wanderung Talavera hat ihren Namen von einem alten Weiler, der von dem Spanier Pedro de Talavera erbaut wurde, und verläuft auf einem ehemaligen königlichen Handelsweg. Auf dem faszinierenden Weg mit bizarren Felsen, hohen Steilwänden sowie typisch kanarischer Flora und Fauna kann man mit etwas Glück auch ein Seeadlerpärchen am Himmel entdecken. Die mittelschwere Wanderung Los Silos – Talavera – Monte del Agua ist etwa 7,5 Kilometer lang und dauert etwa drei Stunden. Der Weg beginnt an der Hauptstraße nach Buenavista. Ab dem Punkt Pina beginnt der Aufstieg, vorbei an den Wasserhäuschen, die als Orientierungspunkt dienen. Von dort führt der Weg zu den Casas de Talavera in ungefähr 600 Metern Höhe. Über den Camino de las Cabras erreicht man El Palmar. Wer möchte, kann hier abbrechen oder mitten durch den Monte del Agua mit alten Lorbeerbäumen und anderen faszinierenden Gewächsen weiterwandern.

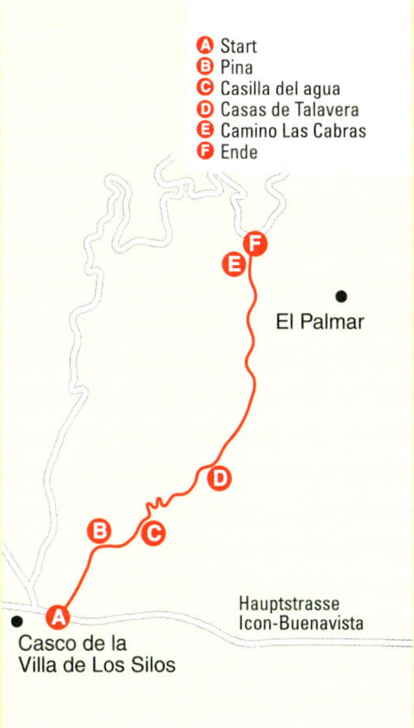

An den Steilklippen der Küste freuen sich Angler über den Fisch an der Angel.

stand im Lauf des 16. Jahrhunderts. Zunächst nur eine kleine Kapelle, wurde sie im Lauf der Jahrzehnte zu einer stattlichen Kirche ausgebaut. Heute erstrahlt sie in dem für Spanien so typischen Weiß und repräsentiert den neugotischen Stil.

Ein weiterer wichtiger Orientierungspunkt ist das ehemalige Kloster San Sebastián, das genau zwischen Plaza und Kirche steht. Es wurde am 31. August 1649 von Sebastián Pérez Enrirquez und seiner Ehefrau Luisa gegründet. In ihm lebten Nonnen des Bernhardinerordens, darunter drei Töchter des Klostergründers. Aufgrund der großen Armut in der Gegend gehörten dem Kloster weniger als ein Dutzend Ordensschwestern an, 1836 wurde es schließlich komplett aufgelöst. Heute ist das Gebäude im Stil typischer kanarischer Architektur Teil des Rathauses, außerdem befindet sich dort ein Kulturzentrum, in dem Ausstellungen oder Konzerte stattfinden, und auch das Tourismusbüro ist hier untergebracht.

Charco de los Chochos nennt man den kleinen Tümpel direkt hinter dem Walskelett, in dem man auch im Winter bei ruhiger See baden kann.

Der Ortskern ist komplett von Kopfsteinpflaster durchzogen und strahlt mit seinen typisch kanarischen Fassaden eine nostalgische Stimmung aus. Schon früh am Morgen treffen sich die älteren Herren an der Plaza zum Morgenplausch, nachmittags finden sich auch Frauen zum Kaffeeklatsch ein und selbst abends ist sie ein beliebter Treffpunkt für Jung und Alt.

Die Küste von Los Silos

Los Silos ist ein Paradies für Menschen, die Urlaub fernab der touristischen Metropolen suchen. Eingebettet in das Tenogebirge und umgeben von zahlreichen Naturschutzgebieten lockt das Städtchen Naturliebhaber, Wanderer, Wassersportler und Menschen, die Ruhe und Erholung suchen. Direkt an der Küste findet man eine Urbanisation mit Ferienwohnungen und -häusern aus den 1970er-Jahren, die bei ausländischen Urlaubern und Überwinterern sehr beliebt ist. Ins Auge sticht der zwölf Stockwerke hohe Gebäudekomplex »Sibora«, der zu den ersten touristischen Einrichtungen auf diesem Teil der Insel gehört. Dieses Haus hatte einst sogar einen Architektenpreis erhalten.

Zum Baden laden das Freibad sowie die beiden Buchten Charco de las Arañas und Agua Dulce ein. Das Freibad ist einer der wichtigsten Anziehungspunkte. Sowohl im Winter als auch im Sommer kann man dort in Meerwasser ein erfrischendes Bad nehmen. Die weitläufige Anlage bietet versteckte Winkel zum ungestörten Sonnenbad und bei guter Sicht einen herrlichen Blick auf den Teide. Angeschlossen sind ein Restaurationsbetrieb und Fitnesscenter. Unmittelbar westlich des Bades liegt die Bucht Charco de las Arañas. Wer hier im offenen Meer schwimmen will, muss allerdings mit Felsen im Wasser rechnen, und auch am Strand wechseln sich größere mit kleineren Stein-

Das vollständige Skelett eines gestrandeten Seiwals wurde restauriert und als Mahnmal aufgestellt.

AUTORENTIPP!

WAL IN SICHT

Nicht lebendig aber trotzdem in Lebensgröße kann man an der Bucht Charco de las Arañas das restaurierte Skelett eines Seiwals bewundern. Dieser Meereskoloss, der zur Familie der Bartenwale zählt, wird bis zu 20 Metern lang und 45 Tonnen schwer. Trotzdem zählt er mit einer Spitzengeschwindigkeit von bis zu 50 km/h zu den schnellsten Schwimmern unter den Meeressäugern. Diese Giganten bevorzugen normalerweise die Hochsee der gemäßigten und subpolaren Gewässer. Umso erstaunlicher war es, dass dieses Prachtexemplar 2005 an der Küste von Gran Canaria angeschwemmt wurde. Eine Obduktion des komplett erhaltenen Kadavers ergab, dass das Tier an inneren Parasiten verstorben war. Weltweit gibt es nur fünf weitere vollständig erhaltene Exemplare dieser Spezies. Der Seiwal stellt nicht nur eine touristische Attraktion für die gesamte Isla Baja dar, sondern auch eine Mahnung an den Menschen, die Weltmeere zu achten und zu schützen. Man schätzt, dass noch rund 60 000 Tiere in den Weltmeeren leben.

Oben: Typische kanarische Häuschen zeichnen das Ortsbild im Zentrum. Oft sieht man nur die Tür und ein oder zwei Fenster, doch dahinter verbirgt sich oft eine stattliche Wohnfläche.
Unten: Blüten und Gewächse wohin das Auge blickt

Mal ehrlich …

BADE-KOMPROMISS

Schöne Strände sind nicht gerade die Stärke von Los Silos. Die Buchten sind zwar relativ ruhig, aber entweder muss man sich im Wasser oder am Strand mit Steinen abfinden. Glücklicherweise bietet das öffentliche Schwimmbad eine echte Alternative. Dennoch ein kleiner Geheimtipp: Gleich hinter dem Walskelett findet sich ein kleines, aber feines Naturbecken. Ausgedehnte Schwimmrunden sind zwar nicht möglich, aber zu kleinen Erfrischungen taugt es allemal.

chen ab. Eine Alternative ist die Bucht Agua Dulce auf der entgegengesetzten Seite der Küstenlinie. Vor allem in den Sommermonaten kann man sich hier über ein weiches Sandbett im Wasser freuen, nur am Strand muss man sich leider mit den Steinen arrangieren. In den Herbst- und Wintermonaten ist die Bucht besonders bei Wellenreitern beliebt.

Die Küste ist aber nicht nur zum Baden da, sondern bietet vor allem die Möglichkeit zu einem herrlichen Spaziergang. Relativ eben kann man auf einer Sandpiste bis zum Leuchtturm oder bis in den Nachbarort Buenavista del Norte laufen (ca. 6 km). Eine schroffe Steinküste mit Steilklippen und versteckten Buchten sind abwechslungsreiche Begleiter.

Telegrafenhäuschen und Zuckerrohrfabrik

Oberhalb der Bucht Agua Dulce steht ein kleines unscheinbares Häuschen, das 1883 das erste telegrafische Büro beherbergte. Ein im Meer verlegtes Kabel sorgte für die direkte Kommunikation mit der Nachbarinsel La Palma. Das Kabel schlummert zwar noch auf dem Meeresgrund, wird aber längst nicht mehr genutzt.

Direkt dahinter befindet sich ein weiteres Überbleibsel vergangener Zeiten: die alte Zuckerrohrfabrik. In der ersten Hälfte des 16. Jahrhunderts war das Zuckerrohr wichtigstes Exportgut, zu seiner Verarbeitung wurden Wassermühlen gebaut. Nachdem dieser Wirtschaftszweig erloschen war, funktionierte man die Zuckerrohrfabrik in eine Verpackungsstelle um, die heute noch genutzt wird. In erster Linie ist die Anlage eine Erinnerung an die ersten Anzeichen der Industrialisierung und ein Wahrzeichen des Dorfes. Heute ist der Bananenanbau eines der wichtigsten Standbeine der Landwirtschaft, weshalb der Ort auch von einem »Bananen-Meer« umgeben wird, wie man es im lokalen Sprachgebrauch nennt.

Der Kalkofen

Ein weiterer wichtiger Erwerbszweig im 19. bis etwa Mitte des 20. Jahrhunderts war die Produktion von Kalk. Man nutzte ihn als Baustoff und zur Desinfektion von Häusern und vor allem Ställen. Erst mit der Einführung des Zements war seine Blüte vorbei. Die Kalksteine wurden aus Fuerteventura per Boot in den kleinen Hafen gebracht und in den typischen Öfen zu Kalk gebrannt. Das letzte Exemplar steht in unmittelbarer Nähe zum gut ausgeschilderten Schwimmbad von Los Silos und wurde von Grund auf renoviert. »Mein Vater hat an diesem Ofen gearbeitet. Ich weiß noch, wie wichtig es damals war, das Wetter anhand von Beobachtungen vorauszusehen. Bei hohem Wellengang oder heftigem Wind konnten die Boote nicht fahren. Alles musste gut geplant werden«, erinnert sich der Rentner Horacio aus Los Silos an seine Kindheit.

Oben: Los Silos ist ein Ort eingebettet in grüne Bananenplantagen, das dunkle Tenomassiv und den blauen Atlantik.
Mitte: Der alte Kalkofen ernährte einst die Familien des Dorfes.
Unten: Das Schwimmbad direkt an der Küste lädt zum erfrischenden Bad mit Blick auf den Teide ein.

Feste feiern

Schon im Januar beginnt das Jahr mit einem der festlichen Höhepunkte, der Fiesta San Antonio Abad, die Tausende Besucher anzieht. Dabei werden alle möglichen Nutz- und Haustiere bis hin zu den exotischsten Exemplaren herbeigebracht, um den kirchlichen Segen zu erhalten und anschließend in einer Prozession durchs Dorf zu ziehen. Beliebt ist auch ein Bummel über den Kunsthandwerksmarkt, der extra für diesen Tag aufgebaut wird.

Anfang September wird das Fest zu Ehren der Schutzpatronin Virgen de la Luz gefeiert. Um diese Statue ranken sich verschiedene Legenden. Die einen erzählen, sie sei 1521 an der Küste angeschwemmt und gefunden worden, andere behaupten, sie sei für La Orotava bestimmt gewesen. Beim Transport vom Süden sei die Delegation von einem Sturm überrascht worden. Dadurch sei die Figur in Los Silos gelandet und dort geblieben. Welche Version der Wahrheit entspricht, weiß keiner genau. Die Schutzpatronin des Ortes und ihre Krone stellt jedenfalls eine seltene Kostbarkeit dar. Sie wird auf das Jahr 1650 datiert und ist ein auf den Kanaren einzigartiges Stück mexikanischer Handwerkskunst.

Immer in der ersten Dezemberwoche wird es in Los Silos humorvoll und poetisch. Dann findet ein internationales Geschichtenfestival statt, bei dem sich Geschichtenerzähler aus aller Welt die Ehre geben. Lustiges und Tiefsinniges, Liebes- und Schauermärchen oder auch Poesie in Kombination mit musikalischen Einlagen füllen das Programm, das Kinder und Erwachsene gleichermaßen anspricht. In diesen Tagen ist Fernsehen »out«, und die guten alten Geschichten stehen im Zentrum. Meist gibt es mindestens einen Programmpunkt in deutscher Sprache. Das ausführliche Programm erhält man im Tourismusbüro.

Oben: Selbst die Hauskatzen lassen sich in Los Silos nicht aus der Ruhe bringen.
Mitte: Die Blüte der Maracuja
Unten: Bei der Fiesta de San Antonio Abad füllen sich die Straßen im Januar mit allem Getier, das Haus und Hof zu bieten haben.

Infos und Adressen

INFORMATION

Centro de Visitantes de Los Silos. Plaza de Ntra. Sra. de la Luz, Los Silos, Tel. 922 84 10 86. Hier erhält man – auch auf Deutsch – Infos zu Wandertouren oder kann Ausflüge in den Süden der Insel zur Wal- und Delfinbeobachtung buchen.

ESSEN UND TRINKEN

La Piscina. Restaurant mit großer Außenterrasse und Bar. Die Speisekarte ist typisch kanarisch. Besonders bekannt ist das Lokal für leckeren fangfrischen Fisch. Direkt am Schwimmbad, Tel. 922 84 02 29.

La Ermita. Einfaches aber gutes Restaurant in dem kleinen Bergdorf oberhalb von Los Silos. Es existiert bereits seit 15 Jahren und ist besonders für sein hervorragendes Ziegenfleisch und das typische Gericht Carne de Fiesta bekannt, eine Art kanarisches Gulasch, für das jeder seine eigene Rezeptur hat. Plaza de la Iglesia, Tierra de Trigo, Tel. 922 84 00 88.

Tasca La Bodeguita. Junge und moderne kanarische Küche in einem gemütlichen Ambiente. Ctra. El Puertito 10, Los Silos. Tel. 922#84#17#30

Tasca Mar y Luna. Dieses Restaurant im Ortsteil Las Canteras liegt etwa 50 Meter in einer Seitenstraße der Hauptstraße nach Buenavista del Norte. Es ist klein, aber fein und sehr hübsch eingerichtet. Außerdem verfügt es über eine Terrasse. Es werden günstige kanarische Gerichte, Tapas und Landeswein serviert. Camino San Juan de Taco 7, Las Canteras, Tel. 922 84 07 15.

Pizzeria La Escuela. Das Lokal ist im Stadtzentrum in der Parallelstraße hinter der Plaza. Gute Pizza à la italiana. Besonders hervorzuheben ist allerdings das Ambiente, denn man sitzt in der ehemaligen Dorfschule. C/ La Estrella.

ÜBERNACHTEN

Luz del Mar. Hübsches Vier-Sterne-Hotel, das dem deutschen Reiseveranstalter Wikinger Reisen gehört. Es erinnert durch seine außergewöhnliche Architektur eher an ein kleines Dorf als an ein Hotel. Avda. Sibora 10, Tel. 922 84 16 23, www.luzdelmar.de

Landhotel La Hacienda. Dieses Haus im Bergdorf Tierra del Trigo oberhalb von Los Silos verfügt über Appartements im typisch kanarischen Stil. Würzige Bergluft und die sanfte Meeresbrise treffen dort zu einem einzigartigen Mix zusammen. C/ Nuestra Señora de Lourdes 2, Tierra del Trigo, Tel. (mobil) 610 69 43 26, www.fincalahacienda.es

Finca Casa Amarilla. Das kleine Landhaus mit sechs Zimmern wurde im 18. Jahrhundert für einen englischen Ingenieur der Zuckerrohrfabrik gebaut. Daher stammt sein typischer englischer Kolonialstil. La Caleta de Interián, Tel. 922 84 01 18, www.fincacasamarilla.com

EINKAUFEN

Jeden Sonntag zwischen 9 und 14 Uhr findet an der Plaza von Los Silos ein Bauernmarkt statt, auf dem man Produkte der lokalen Bauern kaufen kann.

AKTIVITÄTEN

Los Silos wirbt mit einem eigenen Label, *Los Silos natural*, für sich. Die Natur, die das herausstechendste Merkmal der Gegend ist, steht im Mittelpunkt. Es bietet sich nicht nur die Möglichkeit zu wandern, sondern es werden auch noch andere Aktivsportarten angeboten oder vermittelt. Dazu gehören Reiten, Paragliding, Mountainbiking, Fischen oder Bootsausflüge. Nähere Informationen und Hilfe bei der Buchung bekommt man im Tourismusbüro.

31 Buenavista del Norte

Das letzte Dorf vor La Gomera

Buenavista heißt übersetzt »schöne Aussicht«, und diesem Namen macht der Ort am nordwestlichsten Ende der Insel alle Ehre. Eingebettet zwischen dem Naturschutzgebiet Teno und dem Atlantik, genießt man hier sowohl das Meer als auch eine reiche Bergwelt. Dieser Teil der Insel gehört zu den sonnigsten Ecken im Norden der Insel. Meist weht eine leichte Brise und oft scheint die Sonne, wenn woanders schon Wolken aufziehen.

Mitte: Mit der Kirche Virgen de los Remedios und den ersten bescheidenen Häusern wurde der Grundstein für Buenavista del Norte gelegt. **Unten:** Die Schutzpatronin wird jedes Jahr im Oktober mit einem großen Fest geehrt.

Das Zentrum des reizenden kleinen Dorfes mit rund 5500 Einwohnern liegt nicht direkt an der Küste, sondern etwa 90 Meter über dem Meeresspiegel. Man trifft sich auf der zentralen Plaza, die Kinder toben auf Spiel- und Sportplätzen. Hier lebt man eben einfach seinen dörflichen Rhythmus. Wer auf der Suche nach Ursprünglichkeit und Liebreiz ist, findet hier den richtigen Ort, an dem man die Seele baumeln lassen kann.

Geschichtliches

Gegründet wurde Buenavista del Norte von Juan Mendéz 1513. Er war bei der Eroberung Teneriffas dabei und bat um die Erlaubnis, einen Ort zu gründen. Es begann mit der Plaza und der Kirche Iglesia de Nuestra Señora de Los Remedios. Drum herum entstanden die ersten Gebäude, Klöster und Kapellen wurden gebaut, und die Menschen begannen sich niederzulassen. Der Ortskern mit seinen typisch kanarischen Häusern, der Kirche und dem Rathaus mit seinen Holzbalkonen steht unter Denkmalschutz.

Große Herrschaftssitze außerhalb des Ortszentrums, sogenannte Haciendas, waren den Reichen vorbehalten. Sie sind zum Teil als Ruinen erhalten oder auch heute noch in Privatbesitz. Die einfache Bevölkerung lebte in kleinen Bauernhäuschen, die rund um den Ortskern verstreut waren und betrieb Landwirtschaft. Das Zuckerrohr brachte auch hier den ersten Aufschwung, wurde aber inzwischen von Bananen, Kartoffeln, Zwiebeln und Gemüse abgelöst. An der Küste werden Kakteen gezüchtet, die hier angeblich die besten klimatischen Bedingungen vorfinden und durch das milde Klima gleichmäßig und robust heranwachsen. Inzwischen ist Buenavista del Norte zu einer stattlichen Gemeinde mit Neubaugebieten an den Ortsrändern herangewachsen.

Iglesia de Nuestra Señora de los Remedios

Der Grundstein zur Hauptkirche Iglesia de Nuestra Señora de Los Remedios wurde mit der Ortsgründung 1513 gelegt, aber erst 1558 war das erste Kirchenschiff fertig. Bis zum 18. Jahrhundert folgten immer wieder Erweiterungen – der heutige Kirchturm entstand sogar erst 1951 –, doch trotz der langen Bauzeit erscheint das Gebäude ausgesprochen harmonisch. Leider wurden zahlreiche Kunstschätze zerstört, als zur Jahrtausendwende ein verheerender Brand große Teile der Kirche verschlang. Erhalten blieben der barocke Altar und die Figur der Schutzpatronin aus dem 17. Jahrhundert. Die Ursache des Feuers wurde nie völlig aufgeklärt, Brandstiftung gilt als sehr wahrscheinlich. In einer jahrelangen Restaurierung wurden die Schäden behoben.

Das Franziskanerkloster

In der Nähe der Busstation befindet sich das ehemalige Kloster San Francisco aus dem 17. Jahrhundert. Rund ein Dutzend Mönche kümmerten

AUTORENTIPP!

EL BURGHADO UND EL ADERNO

Am äußersten Ende der Sackgasse, die zur Küste führt, fällt der Blick auf das romantische Restaurant El Burghado. Die große Außenterrasse ist nach Südwesten ausgerichtet und mit einem Dach aus Fischernetzen überspannt. Ein kleines Bächlein fließt mitten durch die Terrasse und plätschert leise vor sich hin. Während man dort sitzt, genießt man eine herrliche Aussicht auf Meer und Berge. Die Spezialität des Hauses ist fangfrischer Fisch.

Die süßeste Verführung Teneriffas bietet die Konditorei El Aderno im Ortszentrum. Hausgemachte Pralinés in verschiedensten Geschmacksrichtungen, Kuchen und Törtchen, Gebäckstückchen oder Mousse in allen Variationen locken Schleckermäulchen an. Auf Teneriffa sind diese Süßigkeiten einmalig, wovon auch zahlreiche Auszeichnungen zeugen. Die Pralinen eignen sich auch als leckeres Souvenir. Es stört übrigens niemanden, wenn man sich dort den Kuchen holt und sich anschließend in das Café an der Plaza setzt und den Kaffee dazu bestellt.

El Burghado. Avda. Paya de Las Arenas, Buenavista del Norte, Tel. 922 12 78 31.

El Aderno. C/ La Alhóndiga 8, Buenavista del Norte, Tel. 922 12 73 68 www.eladerno.com

Oben: Der Pavillon am Dorfplatz wird nachts zur schönen Kulisse für Urlaubsfotos.
Mitte: Teneriffas Pflanzenwelt hat viele Blüten, Farben und Formen.
Unten: Einen Kaffee in Ehren auf dem Dorfplatz kann niemand verwehren.

Mal ehrlich ...

BADEN NUR IN DER SOMMERPAUSE

Die Küste in Buenavista del Norte eignet sich nur in den Sommermonaten zum Baden. Im Winter ist der Atlantik an dieser Stelle zu gefährlich. Dann allerdings bietet die Natur oft ein gewaltiges Naturschauspiel ihrer Kraft, das auch beeindruckend ist. Meist bleibt am oberen Rand sogar eine kleine Sandterrasse übrig, auf der man sich auch im Winter sonnen und den Ozean auf sich wirken lassen kann. Außerdem bleibt in diesen Monaten immer noch das Schwimmbad als kleines Trostpflaster.

sich von hier aus um das Seelenheil und die schulische Bildung der Bewohner. Mitte des 19. Jahrhunderts wurde das Kloster mit seinem hübschen Zypressenhof für kurze Zeit als Friedhof genutzt. Heute noch original erhalten ist der schöne Eingang aus Quadersteinen mit einer Dekoration im Zick-Zack-Muster. In der Mitte des Tores ist das Wahrzeichen der Franziskaner zu erkennen: ein Arm in einer Kutte, dem sich eine bittende Hand entgegenstreckt, darüber das Kreuz. Das Kloster selbst ist nicht mehr in Betrieb und wurde 1868 abgerissen. Ein paar Mauern und der Eingangsbereich sind alles, was von ihm übrig blieb.

Los Lavaderos

Mitten durch den heutigen Ort führt der Barranco Triana, eine Schlucht, die einst das Wasser aus den Bergen in den Atlantik führte. Ein kleiner Spaziergang in diesem Grünstreifen lohnt sich. An den Felswänden erkennt man noch die ehemaligen Wasserrinnen, wo die Hirten ihre Ziegen tränkten und die Frauen Wäsche wuschen. Heute ist der Barranco mit seinen verschwiegenen Büschen und Winkeln ein gern genutzter Treffpunkt der verliebten Dorfjugend.

Die Küste von Buenavista

Wer zur Küste von Buenavista möchte, folgt dem Wegweiser am Ortsausgang. Eine gewundene kleine Straße führt direkt ans Meer und endet in einer Sackgasse. Dort findet man hübsch angelegte Spazierwege, die entweder unterhalb des Golfplatzes oder auf der anderen Seite die Steilküste entlang führen. Egal, für welche Seite man sich entscheidet – eine herrliche Aussicht ist gewiss. Wer die Steilküste wählt, spaziert zwischen Zypressenduft und endemischen Kakteenarten. Zwischendurch laden Bänke zum Verweilen ein, und man entdeckt versteckte kleine Badebuchten oder ideale Angelplätze. Auf der anderen Seite, direkt am Ende der Sackgasse, trifft man auf das öffentliche Schwimmbad. Wer sich nicht den Wellen aussetzen, aber dennoch im Salzwasser baden möchte, hat hier die Gelegenheit dazu. Das beheizte Wasser ist auch im Winter angenehm. Angeschlossen sind zudem eine Sauna und ein kleines Fitnesszentrum.

Strandleben

Der Strand Playa de las Arenas ist nicht nur zentraler Badeplatz in den Sommermonaten, sondern auch der faszinierendste Strand der Insel. Der Grund: Er wechselt je nach Jahreszeit sein Gesicht. In den Sommermonaten, ab etwa Juni, findet man einen herrlichen Strand aus schwarzem Vulkansand vor. Hier kann man sich lässig in der Sonne räkeln und ein erfrischendes Bad in den kühlen Wellen nehmen. Durch die Lavafelsen entstehen kleine Becken und Badewannen, in denen sich das Wasser sogar babygerecht aufwärmt. Ein idealer Strand für die ganze Familie.

Doch kaum beginnen die Herbststürme mit den ersten großen Atlantikwellen, ist Las Arenas nicht wiederzuerkennen. Aller Sand ist wie von Zauber-

Mit lautem Getöse und spritzender Gischt prallen die Atlantikwellen im Winter auf die schroffe Felsküste.

AUTORENTIPP!

WANDERHERBERGE BUENAVISTA

Für den kleinen Geldbeutel oder als Stützpunkt für mehrere Wanderungen bietet sich die Wanderherberge in Las Portelas an. Mitten im Naturschutzgebiet gelegen, ist sie ein idealer Ausgangspunkt, um alleine oder auf Wunsch auch in ortskundiger Begleitung die Gegend kennenzulernen. Man nächtigt in Mehrbettzimmern für 10 bis 14 Personen, die Verpflegung vor Ort kann mitgebucht werden. Außerdem ist in die Herberge ein kleiner Souvenirshop mit lokalen Produkten und Handwerkskunst integriert.

Albergue de Bolico. Camino Finca de Bolico. Los Charcos s/n. Las Portelas, Tel. 922 12 73 34, www.alberguebolico.com

Oben: Das Dörfchen Masca über der tiefen Schlucht des Tenogebirges
Mitte: Alte Häuschen in der kargen Steinlandschaft – das ist Masca.
Unten: Am oberen Ende des Tals liegt das kleine Dorf Masca. Vom Guerges-Steig aus fotografiert.

hand weggefegt, es bleiben raue Steine und Felsenlandschaft. Die gleiche Naturmagie, die den Sand wegnimmt, bringt ihn aber im Frühling wieder. Ab etwa April kann man in den anrollenden Wellen Sand erkennen, der dann so lange angehäuft wird, bis im Juni/Juli wieder ein Sandstrand zum Baden einlädt – ein einmaliges Naturphänomen!

Geht man auf dem geschlungenen Pfad an der Küste entlang, trifft man auf eine alte Ruine. Genau dort befindet sich zur Rechten die versteckte kleine Badebucht Playa de las Mujeres. Die kleine sandige Bucht, die auch bei Wellenreitern sehr beliebt ist, bietet allerdings nur bei Ebbe eine Liegefläche. Gleich unterhalb der Ruine kann man sich in einem echten Naturbecken zwischen den Lavasteinen erfrischen. Es ist so groß wie ein mittlerer Pool und kann auch im Winter genutzt werden, wenn die Brandung nicht allzu heftig ist. Allerdings kann man sein Badetuch nur auf etwas unbequemen Felsen ausbreiten.

Aktivurlaub

In Buenavista del Norte kann man sich nicht nur ausruhen, sondern auch so richtig aktiv werden. Es gibt einen Golfplatz, Wanderfreunde finden zahlreiche Wandertouren rund um den Ort und auch in den Bergen, außerdem werden Gleitschirmflüge angeboten. Auch Bergsteigen und Mountainbiking ist möglich, und Wassersportler finden interessante Tauch- und Schnorchelgebiete. Besonders attraktiv sind Ausflüge per ozeantauglichem Kajak an die Punta de Teno oder rund um den Roque de Garachico.

Masca – Traumwelt in den Bergen

Von Buenavista des Norte über El Palmar gelangt man in das kleine Dorf Masca. Man bleibt immer auf der ausgeschilderten Bergstraße und schlängelt sich auf ihr bergan. Etwa eine halbe Stunde muss man für die Fahrt auf der engen, aber gut ausgebauten Straße einkalkulieren.

Wer nach Masca fährt, taucht ein in eine Märchenwelt, die zauberhafter nicht sein könnte. Schon die Anfahrt ist atemberaubend und noch viel mehr das Bergidyll, das man vor Ort vorfindet. Übrigens: Bis Anfang der 1970er-Jahre war das Dörfchen so gut wie von der Außenwelt abgeschottet und nur über eine Sandpiste zu erreichen. Trotz der vielen Besucher träumt Masca immer noch in einem Vulkankrater vor sich hin. Die kleinen Häuschen schmiegen sich an die Berghänge, die Glöckchen der Ziegenherden bimmeln leise. Auf fruchtbaren Terrassen wachsen Zwiebeln, Kartoffeln und Knoblauch, an den Bäumen vor allem Zitrusfrüchte. Viele junge Leute entfliehen der Bergwelt, und zurück bleiben die Alten oder die Besitzer der zahlreichen urigen Restaurants. Das Bekannteste ist in der alten Schule untergebracht.

Trotz der abgeschiedenen Lage zieht Masca jedes Jahr Hunderttausende Besucher an.

El Palmar oberhalb von Buenavista del Norte wird vor allem von Bauern und traditionellen Kunsthandwerkern bewohnt.

AUTORENTIPP!

EL PALMAR

Das Bergdorf El Palmar oberhalb von Buenavista liegt direkt auf dem Weg nach Masca. Es ist vor allem bekannt für seine Kunsthandwerker, die ihre Ware zum Teil in offenen Garagen anbieten. Besonders am Sonntag, zum Wochenmarkt, empfiehlt sich ein Zwischenstopp. Frischer Ziegenkäse, Obst und Gemüse je nach Saison oder auch Wein aus El Palmar werden zum Kauf angeboten. Im Spätsommer wird auf dem Platz vor der Markthalle das Fest der Traditionen gefeiert. Dann wird Getreide wie in früheren Zeiten mithilfe von Pferden und per Hand gedroschen. Gleich oberhalb der Markthalle gibt es einen Spiel- und Grillplatz, an dem man sich mit Freunden und Bekannten zur kleinen Barbecue-Party trifft. Ganz besonders hübsch ist es im Frühling, wenn die zahlreichen Mandelblüten rosa und weiß vor sich hin leuchten. Der Grillplatz verfügt über sanitäre Anlagen und eine Campingzone. Wer sich vorher beim Gemeindeamt von Buenavista anmeldet, darf hier auch sein Zelt aufschlagen.

Eine Serpentinenstraße schlängelt sich durch die Tenoberge bis nach Masca.

Millionen Urlauber besuchen diesen Ort jedes Jahr und lassen sich von seinem Zauber berühren. Bei einem Waldbrand Ende Juli 2007 musste Masca aus der Luft gelöscht werden. Es entstand ein großer Schaden an Häusern und auch in der Natur. Das meiste ist mittlerweile aber wieder behoben.

Barranco de Masca

Inmitten des Naturschutzgebietes zieht sich der zerklüftete Barranco de Masca bis hinab an die Küste. Dieser Wanderweg zählt zu den beliebtesten der Insel, ist aber nicht ganz einfach. Immerhin muss man rund 700 Höhenmeter zurücklegen. In der Badebucht, die nur über den Wanderweg zu erreichen ist, findet man im kühlen Wasser Erfrischung. Früher einmal war in dieser Bucht der geheime Rückzugsort der Piraten.

Insgesamt sechs Stunden muss man für den Hin- und Rückweg einkalkulieren. Über festes Schuhwerk sollte man ebenso verfügen wie über Verpflegung und vor allem Wasser. Wer sich den Aufstieg ersparen möchte, kann im Dorf eine Fahrt im Wassertaxi bestellen, das den müden Wanderer nach Los Gigantes bringt. Wenn man sich einer geführten Wandertour anschließt, ist das Problem des Transports automatisch gelöst.

Mitte: Palmen, Ziegengemecker und üppige Felder sind das Markenzeichen. Einen hervorragenden Ruf für ihre süße Würze haben die roten Zwiebeln aus Masca.
Unten: Sonnenuntergang über der Nachbarinsel La Palma

Adressen in Buenavista del Norte

INFORMATION

Tourismusbüro. C/ El Puerto 27, Buenavista del Norte, Tel. 922 12 90 30 (DW -142).

ESSEN UND TRINKEN

Burghados. Gemütlich eingerichtetes Lokal mit großer Terrasse. Moderne kanarische Küche zu vertretbaren Preisen. Besonders zu empfehlen sind die Fleischgerichte und leckeren Garnelenspieße. Camino El Rincon 1, am Ortsende.

La Cabaña. Einfaches, aber gutes Restaurant in der Nähe der Plaza. Bekannt für seine gute inseltypische Küche. An den Sonntagen ist es meist überfüllt. C/ El Puerto, 26, Tel. 922 12 70 50.

Mesón del Norte. Außerhalb gelegenes Restaurant, direkt an der Hauptstraße zwischen El Palmar und Las Portelas. Typisches kanarisches Flair und gute einheimische Küche. Ctra. Gral. El Palmar – Las Portelas, Buenavista, Tel. 922 12 80 49.

ÜBERNACHTEN

In Buenavista del Norte gibt es außer dem Fünf-Sterne-Hotel keine Hotelunterkunft. Ausweichen kann man auf einige kleine Privatvermieter.

Finca La Cancela. Hübsche Ferienwohnungen im kanarischen Stil in einer Bananenplantage direkt im Ort. Es ist ein Pool vorhanden. Ctra. General a Teno 2 (Hauptstraße in Richtung Teno), Buenavista del Norte, Tel. 922 12 76 28, www.lacancela.eu

Morro Catana. Ferienwohnung in der Einsamkeit der Berge in Masca. El Lomito, Masca, Tel. 922-35 31 97.

AKTIVITÄTEN

Es gibt in Buenavista del Norte zwei Unternehmen, die sich auf umweltfreundlichen Aktivtourismus spezialisiert haben und ein vielfältiges Angebot bieten. Bei Wanderungen ist der Vorteil, dass die Anfahrt und auch Rückfahrt, die oft an verschiedenen Punkten ist, organisiert sind. Zudem erfährt man einiges über die endemische Flora und Fauna, an der man sonst vielleicht achtlos vorbeigeht. Allerdings wird kein Deutsch gesprochen, sondern allenfalls Englisch.

Teno Activo. Geführte Wanderungen, Tauchen, Kajak-Ausflüge. Manchmal finden auch nächtliche Kajakausflüge statt, die ein besonderes Erlebnis sind. Besonders interessant sind kombinierte Touren: Kajak & Wandern. C/ Alhóndiga 45, Tel. 922-12 80 60, www.tenoactivo.com

El Cardón. Geführte Wanderungen vor allem zu unterirdischen Vulkanröhren, Ausflüge mit elektrischem Fahrrad, Paragliding, Kajak-Ausflüge. Man muss nicht selbst Gleitschirmflieger sein, sondern kann auch Tandemsprünge buchen. Plaza Nuestra Señora de los Remedios 2, Tel. 922 12 79 38, www.elcardon.com

Ein kleiner Kaffee und ein Croissants mit Schinken und Käse sind eine typische Zwischenmahlzeit.

32 Buenavista
Zum Golfen schön

Der 18-Loch-Golfplatz liegt direkt an der Steilküste von Buenavista del Norte. Mit dem tiefblauen Atlantik im Vordergrund und dem dunklen Tenogebirge im Rücken bietet er ein einmaliges Panorama. Die im Oktober 2003 eröffnete Anlage hat sich bei den Golf-Liebhabern bereits einen oberen Platz in der Rangliste erobert. Entworfen vom spanischen Top-Golfer Severiano Ballesteros entstand der Platz auf einstigem Brachland und mit Rücksicht auf die Umwelt und die für diese Gegend typische Flora.

Der Parade-Platz

Zahlreiche endemische Pflanzen wurden angepflanzt und andere alte unter Naturschutz stehende Gewächse, wie zum Beispiel der strauchige Strandflieder wurden in den Platz integriert. Die Greens sind einfach drum herum gebaut. Auch die Fauna profitiert von dem Platz, denn er gilt als Ruhezone für Zugvögel. Archäologische Besonderheiten wurden ebenfalls berücksichtigt. Dieser Einsatz für die Natur wurde im Oktober 2006 mit der »Madera Verde«, der nationalen Auszeichnung für besonders umweltfreundliche Golfplätze, honoriert.

Beim Golfen macht man hier zugleich einen Spaziergang zwischen inseltypischen Gewächsen und unter Palmensäuseln. Bei so manchem Abschlag hat man den Eindruck, direkt auf den Atlantik zu zielen. Ein See mit einem Wasserfall sowie das im Zentrum der Anlage befindliche Clubhaus sorgen für stilvolles Flair.

Mitte: Auf dem Platz von Buenavista Green Golf schlägt man den Ball mit direktem Blick auf den Atlantik.
Unten: Erst im Frühjahr 2010 öffnete das 5-Sterne-Hotel »Vincci Selección Buenavista Golf & Spa«. Hier der Lounge-Bereich.

Zum Einschlagen steht eine nach Süden gerichtete Driving Range zur Verfügung. Sie ist terrassenförmig und leicht ansteigend angelegt, sodass Anfänger den Kurs des Balles leicht verfolgen können. Auch auf dem Putting Green kann man die ersten Übungsschläge absolvieren, bevor man sich am ersten Loch versucht. Obwohl Buenavista in einer sehr ländlichen Gegend liegt, erwartet man auf dem Golfplatz die übliche Etikette. Dazu gehören angemessene Kleidung sowie Softspikes.

Buenavista Golf gilt in der Szene nicht nur als besonders schön, sondern er ist auch bekannt dafür, dass er seine Spieler fordert. Durch die Nähe zum Atlantik weht eigentlich immer ein leichter Windhauch, der sich manchmal zu einer steifen Brise steigern kann. In diesen Momenten ist das echte Können der Sportler gefragt. Auf dem Platz werden regelmäßig Turniere von regionaler, nationaler oder sogar internationaler Bedeutung ausgetragen.

AUTORENTIPP!

SPAZIERGANG UM DEN GOLFPLATZ

Sie sind kein Golfspieler und trotzdem neugierig auf die viel gerühmte Anlage? Kein Problem – wie wäre es mit einem kleinen Spaziergang? Direkt an der Steilklippe entlang kann man auf der Ozeanseite des Golfplatzes entlanglaufen. Der Weg beginnt direkt am Schwimmbad, das ebenfalls an der Küste liegt. Zur Rechten genießt man auf diesem Spazierweg den Blick auf den Golfplatz und zur Linken blickt man auf den Atlantik. Eine ideale Kombination zum Abschalten. Vielleicht bekommen Sie beim Zuschauen ja Lust, doch einmal den Schläger zu schwingen …

AUTORENTIPP!

SEVERIANO BALLESTEROS: GOLFSPIELER UND ARCHITEKT

Severiano Ballesteros wurde am 9. April 1957 in Kantabrien geboren. Schon sein Onkel war in den 60er-Jahren als bester Golfer Europas bekannt. Das Schicksal hat dem Neffen diese Begabung in die Wiege gelegt: Mit zehn Jahren spielte er sein erstes Turnier und 1974 wurde er Profi. Seine Karriere ist von vielen Siegen gezeichnet. 1978 siegte er in den USA, Kenia und Japan. Ein Jahr später gewann er sein erstes Open Británico und 1980 das Masters-Turnier in Augusta/Georgia. Als erster Europäer erreichte er dort das grüne Jackett. Ballesteros brillierte in einer Zeit, als die großen Golfer noch aus den USA oder England kamen. Zweifelsohne ist er der erfolgreichste und charismatischste Spieler, den Spanien hervorgebracht hat. »Seine Schläge sind unglaublich. Er ist der kreativste Spieler, den dieser Sport je gekannt hat«, betonte Tiger Woods, als sich Ballesteros 2007 aus gesundheitlichen Gründen aus dem Golfzirkus verabschiedete. Nach wie vor organisiert er aber Turniere und plant Golfplätze. Mehr als 30 Plätze in Europa, Amerika, Japan, Thailand und auf den Philippinen wurden von ihm geschaffen.

Vincci Selección Buenavista Golf & Spa

Dieses Luxushotel öffnete erst im Frühjahr 2010 seine Pforten. Es grenzt direkt an den Golfplatz an und ist nach dem Hotel Botánico in Puerto de la Cruz das zweite Fünf-Sterne-Hotel im Norden Teneriffas. Der Neubau im typischen Kolonialstil wirkt auf den ersten Blick eher wie ein restaurierter Landsitz. Von außen scheint es, als ob zu dem Komplex auch eine Kirche gehörte, in Wirklichkeit beherbergt dieser Gebäudeteil jedoch die Hotelbar. Das Haus verströmt einen besonderen Charme und bietet einen unbeschreiblichen Blick auf den Golfplatz, das Meer und das Tenogebirge.

Insgesamt stehen 117 Zimmer mit viel Wohnatmosphäre und einem begehbaren Kleiderschrank zur Verfügung. Darunter befinden sich auch 53 Luxuszimmer sowie 14 Junior-Suiten, die zum Teil mit einem eigenen Jacuzzi brillieren. Auch ausgewiesene Nichtraucher- und behindertengerechte Zimmer sind vorhanden. Eleganz und moderner Komfort, gepaart mit einer unglaublichen Umgebung machen dieses Hotel zu einem Ort des Hochgenusses.

Besonders ins Auge fällt der kleine Kirchturm, der direkt an das Hauptgebäude angrenzt. Obwohl er neu gebaut ist sieht er aus, als stünde er schon im-

Die Poollandschaft der 5-Sterne-Urlaubs-Oase

Manchmal fällt es bei so viel Panorama wirklich schwer, sich auf den Golfball zu konzentrieren.

mer an diesem Ort. Im Inneren verbirgt sich nicht etwa eine Kapelle, sondern eine stilvolle Cocktailbar.

Zur Erholung kann man in einem der fünf Pools schwimmen, auf der Aussichts-Sonnenterrasse relaxen oder sich im Nammu-Spa verwöhnen lassen. Der Wellnessbereich beinhaltet sogar eine Vulkangrotte. Im Schönheitssalon wird eine breite Auswahl verschiedenster Gesichts- und Körperbehandlungen angeboten. Wie wäre es denn zum Beispiel mit einer Bananenmaske? Wer lieber selbst aktiv wird, kann sich den Kursen in Pilates, dynamischem Yoga, Nordic Walking, Fit-Ball, Qi-Gong oder Bodyforming anschließen. Auf dem Golfplatz genießen die Hotelgäste Sonderkonditionen. Die jüngsten Gäste sind bei einem speziellen Animationsprogramm bestens aufgehoben.

Wer nicht in diesem Hotel seine Ferien verbringt, kann hier bei einem Wochenendausflug absteigen oder eines der Restaurants ausprobieren. Egal ob zum Frühstücksbüffet, zur Tapa in der Cafeteria, zum Abendessen im Büffet- oder Á-la-carte-Restaurant oder einfach nur für den Drink in der Bar: Hier ist jeder Gast willkommen.

Infos und Adressen

WEITERE GOLFPLÄTZE IN BUENAVISTA

Buenavista Golf.
C/ La Finca, Buenavista del Norte,
Tel. 922 12 90 34,
www.buenavistagolf.es

Golfplatz mit 18 Loch. Die Greenfee für 18 Löcher kostet 76 €. Wer nur die Hälfte des Platzes bespielen möchte, zahlt 41 €. Trollys und Buggys können extra angemietet werden. Bei Zehnerkarten erhält man eine Ermäßigung.

Vincci Selección Buenavista Golf&Spa.
C/ La Finca, Buenavista del Norte,
Tel. 922 06 17 00,
www.vinccihoteles.com

Fünf-Sterne-Luxushotel in privilegierter Lage, direkt am Golfplatz. Ein Paradies – nicht nur für Golfer.

33 Tenogebirge

Zerklüftete Nordwestspitze

Das zu Buenavista del Norte gehörende Tenogebirge ist zu weiten Teilen Naturschutzgebiet. Es reicht von Los Llanos über Masca bis hin zum westlichsten Teil der Insel. In der nahezu unberührten Natur leben zahlreiche endemische Arten der tinerfenischen Flora und Fauna wie etwa die bedrohten Seeadler, die in den Steilwänden in Richtung Los Gigantes ihre Horste haben. Auch Menschen können sich hier von dem Lärm und der Hektik des Alltags erholen und der Stille lauschen.

Man erreicht den Hauptort Teno Alto über El Palmar. Von der Hauptstraße aus führt nach Westen ein Weg zum Bauernmarkt. Folgt man dieser kleinen Straße immer weiter bergan, erreicht man nach etwa 15 Minuten Autofahrt Teno Alto.

Teno Alto

Die Bergwelt von Teno Alto gilt auf Teneriffa immer noch als Geheimtipp. Dabei lohnt es sich, diesen rund 1000 Meter hohen westlichsten Gebirgszug zu entdecken. Von bizarren Felsen und üppigem Grün geprägt, durchziehen Schluchten die Landschaft und schaffen so immer wieder natürliche Barrieren, aber auch herrliche Ausblicke. Duftende Wälder und Terrassenfelder an steilen Hängen erschließen dem aufmerksamen Betrachter eine bizarre Einöde, in der Menschen nur mit harter Arbeit überleben. Fernes Ziegengemecker und munteres Vogelgezwitscher sind die ständigen Begleiter.

Mitte: Dramatische Stimmung im Tenogebirge. Zwischen steile Felswände mischen sich Ginsterbüsche und Kakteengewächse.
Unten: Rundblick von dem rund 1000 m hohen wesltichen Gebirgszug auf die Küste

Wer sich die zerklüftete Landschaft genauer betrachtet, kann sich auch gut vorstellen, woher die Tradition des Lanzensprungs kommt: Die Hirten konnten ihren Ziegen oft nur mithilfe der rund zwei Meter langen Stöcke folgen. Das angespitzte Ende wurde in die Erde gerammt, um Halt zu geben. Dann schwang man sich mithilfe des Stockes über kleine Schluchten oder überwand Höhenunterschiede im Gelände.

Derzeit leben auf dem Hochplateau nur noch 85 Menschen, wovon die meisten bereits das Rentenalter erreicht haben, und rund 1000 Ziegen. Letztere haben in Teno Alto übrigens Vorfahrt: Verkehrsschilder weisen darauf hin, dass man Platz machen sollte, falls man einer Ziegenherde begegnet.

Abgeschieden von der Außenwelt

Eigentlich ist Teno Alto nichts weiter als ein kleiner vergessener Weiler irgendwo in den Bergen. Eine Straße führt erst seit 1972 dorthin. Vorher musste man zu Fuß über den Barranco Risco ins Tal laufen, wenn man von dort etwas benötigte. Für den Transport von Lasten war dieser schmale Steig jedoch nicht geeignet. Die Erzeugnisse der Bauern wurden mit Eseln und Maultieren über einen breiteren, aber längeren Weg via El Palmar transportiert. Arzt und Pfarrer kamen per Esel sporadisch vorbei, und das auch nur, wenn sie gerufen wurden. In Notfällen wurden, ähnlich wie beim Staffellauf, mehrere schnelle Läufer ins Tal geschickt, die jeweils eine Etappe übernahmen.

El Roque de la Cruz, ein Berghang nordwestlich von Teno Alto, wird von den Bewohnern gemieden. In einer Höhle befinden sich zwei sargähnliche Kisten, eine größere und eine kleinere, die bis 1972 dazu dienten, die Toten ins Tal zu bringen,

AUTORENTIPP!

ANGELN AN DER PUNTA DE TENO

Auf Felsvorsprüngen oder in kleinen Buchten gibt es an der Punta de Teno ideale Fleckchen zum Angeln. Es heißt, dass die Fische hier besonders gut beißen, allerdings sollte man nur bei ruhiger See die Rute auswerfen, im Winter, wenn die Wellen auch mal höher schlagen, ist Vorsicht geboten. Einheimische begeben sich im Taucheranzug auch auf Tintenfischjagd. Sie werden unter Wasser mit einem Messer gefangen und dann am Tauchergürtel befestigt, bis man wieder aufsteigt.
Übrigens: Die Fischer angeln auf Teneriffa oft mit altem Brot oder Krabben. Angeblich sollen die Fische speziell an der Punta de Teno auch auf Bananen und Tomaten stehen.
Weitere Information. Die Angelausrüstung muss man selbst mitbringen, normalerweise ist ein Angelschein erforderlich. Urlauber angeln meist ohne Genehmigung, man sollte nur darauf achten, kleine Fische wieder ins Meer zurückzuwerfen.

Während der Eine sein Petri-Heil mit der Angelrute versucht, zieht es der Nächste vor, die Fische an der Punta de Teno als Schnorchler zu entdecken.

um sie in geweihter Erde zu begraben. Meist taten dies die Männer, die sich die Kisten auf die Schulter luden, während die Frauen zu Hause Vieh und Kinder hüteten. Man kann sich vorstellen, welch schauriges Bild sich bot, wenn eine Gruppe schwarz gekleideter Männer mit einer Kiste auf den Schultern aus dem Nebel ins Tal zog ...

Das Ziegendorf

Ziegenkäse ist auch heute noch die Haupteinnahmequelle der wenigen Bewohner. An vielen Häusern sieht man das Schild *Se vende queso* (»Käse zu verkaufen«), und jeder hat seine eigene geheime Rezeptur. Wer nicht unbedingt an fremde Türen klopfen möchte, kann auch den kleinen Laden gleich am Ortseingang aufsuchen, in dem Käse aus Teno Alto zum Kauf angeboten wird. Man hat die Wahl zwischen frischem weißen Ziegenkäse, einem geräucherten, halbfesten Käse oder einer Variante mit Paprikakruste. Am besten, man nimmt von jedem ein Stück, denn alle schmecken vorzüglich!

Empfehlenswert ist auch, sich mit Brot, Käse und Wein einzudecken und dann ein verschwiegenes Fleckchen für ein improvisiertes Picknick in freier Natur zu suchen. Bei guter Sicht hat man von vielen Punkten aus einen herrlichen Blick bis auf die Nachbarinseln La Gomera und La Palma. Man

Oben: Scharfe zerklüftete Kanten in den Schluchten des Tenogebirges
Mitte: El Palmar liegt in einem alten Krater.
Unten: Feuer trifft Wasser – erkaltete Lavamassen formen die Nordwestküste der Insel.

Mal ehrlich ...

SONNTAGS – NIE

Die Punta de Teno mit ihrem kleinen Sandstrand und dem Leuchtturm ist zwar außergewöhnlich schön, aber am Wochenende, besonders sonntags, sollte man einen weiten Bogen darum machen. Parkplatz und der kleine Strand sind dann total überfüllt, und im dichten Gedränge hält sich der Spaß doch sehr in Grenzen. Empfehlenswert ist, den Ausflug an einem Wochentag einzuplanen.

kann aber auch in eines der beiden kleinen Lokale einkehren, in denen man einfache Gerichte aus der Landesküche serviert bekommt.

Wer hier zu einer Wanderung aufbricht, hat die Wahl zwischen relativ ebenen Spazierwegen rund um das Hochplateau. Wald, Wiese und eine mondähnliche Sandsteinlandschaft liegen auf dem Weg, der hinter der kleinen Plaza abzweigt. Oder man wagt sich an den Abstieg an die Punta de Teno, die rund 1 000 Meter unterhalb direkt am Meer liegt. Direkt neben der Plaza weisen Schautafeln den Weg über den Risco-Steig. Der Abstieg dauert rund zwei Stunden und ist beschwerlich.

Punta de Teno

Am schnellsten erreicht man den Süden, wenn man an die Punta de Teno fährt, den nordwestlichsten Zipfel der Insel. Denn dort darf man sich auf das gleiche Wetter wie in Los Gigantes freuen. Selbst wenn der Norden bewölkt und kühl ist, hat man hier, an der Nordwestspitze, häufig schönstes Wetter. Geografisch gesehen, liegt sie nämlich auf einer Linie mit der Westküste der Insel.

Man erreicht die Punta de Teno, wenn man am Ortsende von Buenavista del Norte geradeaus fährt.

Wandertour: Von Teno Alto bis zur Nordwestspitze Punta de Teno

Eine Kajakfahrt an der Punta de Teno ist eine ganz andere und spannende Art, Teneriffa zu erleben.

Infos und Adressen

EIN RAUES LEBEN

So herrlich das Hochplateau bei schönem Wetter ist, so ungemütlich erweist es sich, wenn dicke Nebelwolken es verhüllen oder eisige Winde darüber hinwegfegen. Wer die Gegend aufmerksam erkundet, entdeckt den einen oder anderen Steinwall irgendwo in der Landschaft. Diese Steinhaufen haben sich die Ziegenhirten gebaut, um sich in ihrem Schatten vor den kalten Böen zu schützen.

Auch die Frauen hatten nicht gerade ein einfaches Leben. Sie waren in der Regel zuständig für Haus und Kind. Die Wäsche wuschen sie in einem Lavadero, der von einer Quelle gespeist wurde. Dort holte man auch das Trinkwasser oder tränkte das Vieh. In Dürreperioden, wenn kein Wasser mehr floss, mussten die Frauen bis nach El Palmar laufen, um die Wäsche zu waschen oder Trinkwasser für die Familie in Kanistern nach Hause zu schleppen. Noch heute verwenden viele alte Frauen, ihr Abwaschwasser in der Küche bis zu drei Mal. Zu tief steckt die Gewohnheit, die aus jenen kargen Zeiten stammt.

Oben: In den Steilklippen haben die letzten Seeadlerpaare Teneriffas ihr Refugium.
Mitte: Die Straße nach Punta de Teno hat Abenteuercharakter.
Unten: Das Licht des Leuchtturms an der nordwestlichsten Spitze weist den Seeleuten den Weg.

Dabei sollte man sich nicht unbedingt von dem Warnschild »Vorsicht, Steinschlag« abhalten lassen, das lediglich eine Vorsichtsmaßnahme mit dem Ziel des Haftungsausschlusses darstellt. Der Weg an die Punta de Teno führt nämlich über eine Privatstraße, die man bei schlechtem Wetter und Regen allerdings wirklich besser nicht befahren sollte.

Die gewundene Straße schlängelt sich an der Küste entlang. Auf der anderen Seite des finsteren, engen Natursteintunnels fährt man der Sonne entgegen: Plötzlich findet man sich in einer Wüstenlandschaft wieder, die nur von Kakteen, Tomaten und den gigantischen Flügeln der Windkraftanlagen unterbrochen wird. Hier findet man die letzten Tomaten vor La Gomera, die manchmal bergeweise am Straßenrand liegen. Bedienen Sie sich ruhig: Es handelt sich um Ausschussware, die nicht mit auf den Markt gekommen ist, aber meist dennoch lecker schmeckt.

Am Horizont sieht man auch schon den Leuchtturm, um den herum kurze Spazierwege verlaufen, die hier und da in eine kleine Bucht führen. Von Holzwegen aus kann man direkt in tiefes, glasklares Atlantikwasser eintauchen. Hauptsächlich wird aber direkt unterhalb des Parkplatzes an einem kleinen Kieselstrand gebadet. Er ist nicht groß, aber die Bucht ist geschützt, sodass man nicht mit hohen Wellen rechnen muss, und auch die Strömungen beginnen erst, wenn man weiter draußen ist. Besonders beliebt ist diese Bucht auch bei Schnorchlern und Kajakfahrern, die hier in See stechen. Von der Meerseite aus nähert man sich der Masca-Schlucht oder paddelt durch abenteuerliche Höhlen. Ein unvergessliches Ferienerlebnis! Die Punta de Teno war übrigens schon Schauplatz verschiedenster Film- und Fernsehproduktionen, unter anderem auch für das deutsche Fernsehen.

Infos und Adressen

INFORMATION

Tourismusbüro. C/ El Puerto 27, Buenavista del Norte, Tel. 922 12 90 30 (DW -142), Fax 922 12 91 87.

ESSEN UND TRINKEN

Los Bailaderos. Das Lokal besteht seit 1948, und seitdem hat sich auch nicht viel geändert. Typische Hausmannskost, Ziegenkäse und -fleisch, Gofio, Palmenhonig und im August auch Kaktusfeigen. Schlicht, preiswert und gut – eine echte Wandereinkehr. Auf der linken Seite der Hauptstraße am Ortsende, Tel. 922 69 30 60.

Bar Teno Alto. Genau gegenüber auf der rechten Straßenseite. Diese Bar ist noch einfacher und bietet das, was eine Bar früher zu bieten hatte: Rotwein aus der Region und Ziegenkäse. Diesen kann man gemütlich auf der kleinen Terrasse vor der Bar auf einer Holzbank genießen.

ÜBERNACHTEN

In dieser Gegend gibt es nur ein paar private Ferienhäuschen. Allerdings sind sie nicht unbedingt für jeden geeignet, denn man befindet sich tatsächlich in der Einsamkeit, fernab der Zivilisation. Wer aber wirkliche Ruhe und Einsamkeit sucht, der kann dort perfekt abtauchen und sich ausklinken.

El Aderno. Über die Konditorei sind sowohl ein Ferienhäuschen in Teno Alto als auch in Punta de Teno zu buchen. Fotos finden sich auf der Webseite. La Alhóndiga 8, Buenavista del Norte, Tel. 922 12 73 68, www.eladerno.com

Casa Quemada. Typisches kanarisches Ferienhäuschen in der Abgeschiedenheit. Paraje de Teno Alto, Teno/Buenavista Tel. (mobil) 639 66 89 02.

Casa Las Piedras. Das typische kleine Berghäuschen aus weißem Stein verfügt über nur ein Schlafzimmer und kann maximal von drei Personen genutzt werden. Las Piedras s/n. Carrizal Alto/Buenavista, Tel. (mobil) 670 95 37 18, www.tenoturismo.com

AKTIVITÄTEN

Normalerweise gibt es vom Norden aus keine Ausfahrten zur Wal- und Delfinbeobachtung. Die Boote fahren in der Regel von den Häfen im Süden ab. Aber es gibt kleine Anbieter vor Ort, die aufs Meer fahren. Vor Ort oder im Tourismusbüro Buenavista kennt man bestimmt jemanden. Einfach mal nachfragen.

Kulinarischer Hochgenuss – Mischung aus kanarischer und internationaler Küche im Vincci-Hotel

34 El Tanque
Das Wolkenkuckucksheim

Umgeben von Vulkanen liegt El Tanque in den Bergen oberhalb von Garachico auf einer Höhe von 590 Metern. Zu den Naturschutzgebieten, die an den Ort grenzen, gehören der Naturpark der Baumgrenze, das Tenogebirge, das speziell geschützte Gebiet um den Vulkan Chinyero, die Acantilados de la Culata sowie das für die Wissenschaft interessante Interina. Deshalb ist El Tanque auch ein optimaler Ausgangspunkt für Wanderungen, Mountainbike-Touren oder vielleicht sogar für einen Ausritt.

Mitte: Hoch oben über der Isla Baja thront El Tanque auf einem Hochplateau.
Unten: Jedes Dorf hat seinen Dorfplatz und so natürlich auch El Tanque.

Landschaftsreize

Der Pinienwald verläuft quer über den ganzen Bergrücken, und dazwischen darf man sich auf faszinierende erkaltete Vulkanfelder freuen. Sie sehen aus wie frisch gepflügt, aber es ist keine Erde, sondern Lava, die nach dem Abkühlen eine tief durchfurchte Landschaft hinterließ. Der Vulkan Trebejo, der 1706 Garachico verschüttete, zerstörte auch die fruchtbaren Felder, Weinreben und Obstplantagen von El Tanque. Damals hatte man die

Mal ehrlich …

KÜHLSCHRANK EL TANQUE

El Tanque ist bestimmt der kälteste Ort der Insel. Fast jeden Nachmittag hüllt er sich in Wolken und verschwindet auch im Sommer häufig in einer Nebelwand. Ausflüge sollten deshalb vor allem am Vormittag geplant werden – und ein Blick in die Höhe, bevor man in die Berge fährt, ist auch nicht verkehrt …

Von El Tanque aus blickt man auf die Küste wie aus der Vogelperspektive.

Gegend abgeschrieben, doch der heutige Ort entstand rings um diese Lavafelder, sozusagen wie Phoenix aus der Asche. Die vielen Naturschutzparks sind auf den Ausbruch und seine Auswirkungen zurückzuführen. Heute blüht und grünt es auf diesem wasserreichen Hochplateau, die Felder werden bewirtschaftet und werfen üppigen Ertrag ab.

Verborgen im Nebel

El Tanque ist eine der wenigen Gemeinden, deren Verwaltungsgebiet nicht bis an die Küste reicht. Man sieht sie nur von Weitem, wenn man den Blick schweifen lässt. »Man schaut sich um und hat das Gefühl wie vom Himmel herabzublicken. Das Meer sieht wie ein großer Teppich aus«, so beschrieb es der spanische Anthropologe Luis Diego Cuscoy. Tatsächlich hat man das Gefühl, die Insel aus einer neuen Perspektive zu entdecken. Weitab von allem Rummel erscheint alles Alltägliche ganz klein und unwichtig.

Im Ortsteil San José de los Llanos findet man einen Grillplatz mitten im Wald, auf dem man sich zu einer kleinen Rast oder sogar zum Campen niederlassen kann. Von Los Llanos aus in Richtung Santiago del Teide entsteht in einem alten Bauernhof an der Landstraße ein Ökomuseum, das

AUTORENTIPP!

LANDHOTEL CASERIO DE LOS PARTIDOS

Dieses außergewöhnliche Landhotel ist aus einem alten kanarischen Minidorf aus dem 17. Jahrhundert inmitten einer 90 000 Quadratmeter großen Finca entstanden. Die geschlossene, komplett restaurierte Anlage besteht aus kleinen Plätzen mit Brunnen sowie einigen Häuschen, auf die sich die zwölf Zimmer aufteilen. Bei aller Romantik bietet das Bad mit gemauerter Badewanne allen modernen Komfort. Man befindet sich praktisch am Fuß des Teide und genießt so eine grandiose Sicht auf den Vulkan. Die nostalgische Anlage mit Zimmern in altem Gemäuer, rustikalen Holzmöbeln und Kaminfeuer bildet auch einen idealen Ausgangspunkt für Wanderungen oder Moutainbike-Touren. Einsam und abseits gelegen, empfiehlt sich dieses Haus nur für absolute Naturliebhaber, die es mögen, sich für eine Zeit aus dem normalen Leben auszuklinken. Der nächste Ort, San José de los Llanos, ist ungefähr zwei Kilometer entfernt.

Caserio de los Partidos. Los Partidos, San José de los Llanos, El Tanque. Zu buchen ist es über Tel. 922 69 30 90, www.caserio-lospartidos.com

Eine steile kurvige Straße windet sich hinter Garachico nach El Tanque. Sie ist allerdings recht breit und gut zu befahren.

2011 fertig sein soll: Hier soll das einstige bäuerliche Leben nachvollziehbar werden, auch ein alter Dreschplatz, typisches Kunsthandwerk und weitere traditionelle Tätigkeiten werden vorgestellt.

Wanderung Piedra Alta – Charcas

Entlang dem königlichen Weg, der ehemals die einzige Handelsroute auf Teneriffa markierte, verläuft dieser schöne und leicht begehbare Wanderpfad. Er beginnt in der Calle Dóniz in Ruigómez. Von dort aus folgt man dem Königsweg in Richtung Süden. Dabei passiert man den Nachbarort Erjos mit seinen vielen kleinen Seen. Sie entstanden durch das Wasser, das sich in den Gruben sammelt. Die Gruben selbst entstanden in den 60er und 70er Jahren durch das Abtragen der Erde zur Anreicherung des Bodens auf Feldern im Süden. Gleichzeitig ist die Seenlandschaft die Heimat vieler Vogelarten, insbesondere von Wasservögeln. Der buchstäbliche Höhepunkt ist erreicht, wenn man auf dem Lomo Bolico steht. Dann befindet man sich genau zwischen dem Norden und dem Süden der Insel.

Die eher einfache Wanderung dauert rund drei Stunden und ist gut ausgeschildert. Feste Schuhe und eine Jacke sind zu empfehlen, denn El Tanque versteckt sich gerne in den Wolken und dann wird es schnell kühl. Wer nicht genügend Proviant dabei hat, kann sich in einer der kleinen Bars am Wegesrand in Erjos oder Ruigómez stärken.

Machen Sie den Kamelführerschein!

Hier oben in den Bergen erwartet man eigentlich keine Kamele. Und doch befindet sich am Ortsende eine Kamelfarm! Rund 50 einhöckrige afrikanische Dromedare warten auf Besucher, und in der

Tat haben diese Tiere weitaus mehr mit den Kanaren zu tun, als man gemeinhin glaubt. Die genügsamen, aus Marokko importierten Tiere wurden früher als Zugtiere in der Landwirtschaft oder zum Transport von Waren eingesetzt. Mittlerweile ist die Einfuhr lebender Exemplare untersagt und die Herde besteht aus eigenen Nachzuchten.

Die Besucher der Kamelfarm verwandeln sich im Handumdrehen in Wüstennomaden: Mit blauer Tunika und schwarzer Kopfbedeckung ausgestattet, kann die schaukelnde Reise auf dem Dromedarrücken losgehen. Im Park leben außerdem Ponys, Ziegen, Schafe und auch Esel, sodass der Ausflug auch Kindern viel Vergnügen bereitet. Wer nach dem Ausritt hungrig geworden ist, findet in dem angeschlossenen Restaurant Deftiges aus der kanarischen Küche, wie zum Beispiel den schmackhaften Eintopf Rancho Canario. Oder aber man gönnt sich nur ein Tässchen Kaffee auf der Sonnenterrasse.

Auf der Farm sitzt noch ein Zigarrendreher, der aus Tabakblättern in Handarbeit echte Zigarren fertigt. Natürlich kann der Tabakfreund dort die hochwertigen Handgedrehten auch direkt kaufen. Zur Erinnerung an den Ausflug gibt es zum Abschluss einen Kamelführerschein. Übrigens: Er berechtigt auch Lamas in Peru, Elefanten in Indien und Kängurus in Australien zu reiten.

Beduinengefühl auf Teneriffa im Kamelpark vom El Tanque

Infos und Adressen

INFORMATION

Tourismusbüro. Las Casitas 2, Casa de la Juventud, El Tanque, Tel. 922 13 62 22.

ESSEN UND TRINKEN

Bar los Llaneros. Einfaches, rustikales Lokal. Spezialität: Bocadillos (Baguettes) mit Carne mechada (»gerupftes Fleisch«). Avda. Venezuela 35.

Bar Risco. Uriges Lokal mit ökologischer Küche, sonntags häufig Livemusik und spontane Jamsessions. An der Hauptstraße San José de los Llanos gelegen.

ÜBERNACHTEN

Außer dem abseits gelegenen Landhotel gibt es höchstens einige Privatunterkünfte.

Campingplatz. Auf dem Grillplatz Los Llanos de San José stehen 30 Zeltplätze zur Verfügung. Die Anmeldung erfolgt über Punto Info, eine Webseite des Fremdenverkehrsamts von Teneriffa, Tel. 922ä23 91 99, www.todotenerife.es

AKTIVITÄTEN

Kamelpark Camello-Center. Direkt an der TF-82 nach dem Ortsende El Tanque in Richtung Süden, etwa in Höhe von Kilometer 10. Direkt an der Straße gelegen, kann man es eigentlich nicht verfehlen. Tägl. 9–18 Uhr. Ausritt: Erwachsene 8 €, Kinder 4 €. Ctra. TF-82, Km 10, El Tanque, Tel. 922 13 61 91, www.camellocenter.com

DER SÜDWESTEN

Vorangehende Doppelseite: Ausflüge zu Delfinen und Walen werden von Los Gigantes und Los Cristianos aus angeboten.
Mitte: Der Dorfkern von Santiago del Teide liegt in den Bergen am Fuße des Teide.
Unten: Plaza von Puerto Santiago

35 Santiago del Teide
Im Schatten der Vulkane

Dieser recht stattliche Ort, der genau genommen Villa de Santiago del Teide heißt, liegt in einem fruchtbaren Tal auf einer Höhe von rund 925 Metern. Das Dorf an den Südhängen des Tenogebirges wird vor allem mit dem jüngsten Vulkanausbruch auf Teneriffa vor rund einem Jahrhundert in Verbindung gebracht. Bekannt und beliebt sind vor allem die an der Küste gelegenen Stadtteile Los Gigantes und Puerto de Santiago.

Aus der Armut zum Touristenmagnet

Im Jahr 1552 lebten nur zwölf Menschen in Santiago del Teide. Der frisch ernannte Landgraf Fernando del Hoyo y Solórzano ließ Ende des 16. Jahrhunderts eine Kirche erbauen, doch es dauerte weitere hundert Jahre, bis sich eine Art Dorfgemeinschaft gründete. Erst seit Anfang des 20. Jahrhunderts besteht die heutige Gemeinde mit eigener Verwaltung, mit dem beginnenden Tourismus in den 1960er- und 1970er-Jahren erlebte dieser Ort einen ungeahnten wirtschaftlichen Aufschwung.

Neben der Landwirtschaft sicherte die Töpferei den Bergbewohnern in früheren Zeiten ein bescheidenes Einkommen. Krüge, Teller, Schüsseln und alles, was man für das tägliche Leben benötigte, wurde von den Frauen hergestellt. Im Ethnografischen Museum Cha Domitila im Ortsteil Arguayo wird die Entwicklung von der Töpferkunst der Ureinwohner bis heute dokumentiert. Die Ausstellung zeigt fertige Teile, außerdem kann man den Tonkünstlerinnen direkt auf die flinken

Finger schauen. Sie arbeiten nur mit ihren Händen, ohne Töpferscheibe.

Ausflüge in die Natur

Von Santiago del Teide aus führt eine Bergstraße in etwa 6 Kilometern zum malerischen Bergdorf Masca. Besonders hübsch ist das gesamte Tal im Frühjahr, wenn die Mandelbäume zartrosa blühen – ein Anblick, der nicht nur Maler und Naturfreunde inspiriert. Mandeln und ihre Erzeugnisse waren früher wichtiger Bestandteil des täglichen Broterwerbs. Dass der Ertrag der Felder auch heute noch eine Rolle spielt, kann man am Samstag und Sonntag zwischen 8 und 15 Uhr auf dem Bauernmarkt erleben, der mitten im Ort in einer eigenen Halle stattfindet. Honig, Wein und Frisches vom Baum oder Feld werden dann zum Kauf angeboten. In der Bergwelt findet man außerdem ein ausgedehntes Netz von beschilderten Wanderwegen, das zu allen Jahreszeiten interessant ist, allen voran die Wege rund um den Vulkan Chinyero. Am ersten Wochenende im Februar organisiert die Gemeinde eine geführte Wanderung zur Mandelblüte, die Ruta del Almendo en Flor.

Blick auf das Tourismusgebiet von Los Gigantes

AUTORENTIPP!

CASA DEL PATIO MIT LANDHOTEL

Seit 2009 gibt es in Santiago del Teide ein neues Highlight: die Casa del Patio. Der Komplex aus dem 17. Jahrhundert mit seinem vulkanischen Besucherzentrum und das Landhotel Señorío del Valle sind zu einer perfekten Einheit verschmolzen. Einst war dies der Landsitz des Grafen, heute beherbergt es ein Hotel, mehrere Restaurants, einen Reiterhof und ein Besucherzentrum.
Das Landhotel Señorío del Valle vereint in seinen 20 Zimmern modernen Komfort mit kanarischer Architektur. In diesem besonders hübschen Haus mitten in der Natur sind aber nicht nur Hotelgäste, sondern auch Besucher des Restaurants oder des Informationszentrums willkommen. Wer möchte, kann hier sogar einen Ausritt zu Pferd buchen.
Im Besucherzentrum findet man ausführliche Erklärungen rund um das Phänomen Vulkan, besonders zum Ausbruch des 1560 Meter hohen Chinyero in unmittelbarer Nähe des Dorfes, der am 18. November 1909 ausbrach.
Señorío del Valle. Avda. de la Iglesia 72, Santiago del Teide, Tel. 922 10 49 13, www.senoriodelvalle.com. Der Komplex besteht aus dem Landhotel, einem eleganten Restaurant mit Terrasse und legerem Teil für den rustikalen Zwischenstopp und der Casa del Patio. Außerdem sind eine Bodega und ein Souvenirshop angeschlossen (geöffnet tägl. 8–18 Uhr).

Oben: Je nach Wunsch kann man Ausflüge auf kleinen Booten, Glasbodenbooten, Katamaranen oder Holzkuttern im Piratenlook buchen.
Mitte: An der Playa de las Arenas von Puerto Santiago
Unten: Bunte Sport- und Fischerboote im Hafen von Los Gigantes

Mal ehrlich …

ARCHITEKTONISCHE TOURISMUSSÜNDEN

Manche behaupten, dass die Erschließung der Küste mit ihren vielen Bettenburgen hässlich ist. Über die architektonische Schönheit von Wohn- oder Hotelanlagen kann man streiten, und einiges ist hier bestimmt nicht als ästhetisch zu bezeichnen. Wo es zuvor überhaupt nichts gab, kann man jedoch nicht ohne weiteres ein gewachsenes Dorf erwarten. Doch zumindest befindet man sich auf der Sonnenseite der Insel. Und der touristische Rummel ist längst nicht so ausgeprägt, wie in den Tourismuszentren Las Ámericas und Los Crístianos.

Los Gigantes

Aus dem verschlafenen Fischernest ist ein beliebter Urlaubsort geworden. Die Szenerie prägen die *Acantilados de Los Gigantes*, die »Steilfelsen der Riesen«. Man blickt direkt auf das rund sieben

Die bizarre Schönheit dieser Steilküste kann man nur vom

Millionen alte Hochplateau des Tenogebirges und seine bis zu 800 Meter steil abfallenden Felswände. Die unzugänglichen Felsnischen dienen Seeadlerpärchen als Refugium; auch andere endemische Greifvögel- oder Taubenarten ziehen sich in den sicheren Unterschlupf zurück.

Los Gigantes lädt zum Stadtbummel und Wassersport ein. Auch Angeln oder sogar Hochseefischen sind beliebte Freizeitaktivitäten. Der Ort ist vor allem bei Engländern sehr beliebt, aber auch deutsche Urlauber haben seinen Reiz für sich entdeckt. Der Vorteil: Man lebt in einem touristisch erschlossenen Ort mit Annehmlichkeiten wie modernen Hotels, Bars, gepflegten Stränden und Freizeitprogramm und setzt sich trotzdem nicht dem Urlaubstrubel aus, wie er weiter südlich herrscht.

Bekannt ist Los Gigantes für seine Badebucht Playa Los Guios. Sie ist immerhin rund 130 Meter lang und gewährt einen fabelhaften Blick auf die Steilküste und aufs Meer. Im warmen schwarzen

Boot aus entdecken.

Wale und Delfine in ihrem natürlichen Element zu erleben, ist ein unvergessliches Erlebnis.

AUTORENTIPP!

AUF ZU DEN WALEN UND DELFINEN

An Bord der Delfinboote sticht man vom Hafen in Los Gigantes in See, um Delfine zu sehen. Die mehrstündige Tour bringt die Besucher direkt zu den Meeressäugern, die sich vor der Küste tummeln. Verschiedene Delfin- und Walarten kann man hautnah in der Natur erleben. Die meisten Veranstalter geben sogar eine Garantie darauf, dass man auch wirklich Delfine und Wale zu Gesicht bekommt.

Häufig begleiten sogar kleine Delfin-Gruppen das Ausflugsboot oder demonstrieren mit akrobatischen Sprüngen ihre Überlegenheit. Was manchmal wie einstudiert wirkt, ist Natur pur und deshalb umso faszinierender. Die Fahrt führt bis in die Bucht von Masca, die nur vom Meer aus oder über einen steilen Fußpfad an Land zu erreichen ist. Wer möchte, kann sogar vom Boot aus ins Wasser springen. Ein aufregender Tag vor einer imposanten Kulisse mit einer bleibenden Reiseerinnerung ist gewiss.

Sand genießt man das beeindruckende Panorama. Am Tag ist Action angesagt, am Abend herrscht romantische Stimmung.

Puerto de Santiago

Ebenso wie die Nachbargemeinde Los Gigantes ist auch Puerto de Santiago von einem Fischerdorf zum Urlaubsgebiet mutiert. Vor allem rund um den Hafen kann man noch den typischen Fischercharme spüren. Hier bieten einfache kleine Restaurants fangfrischen Fisch. Dieses ursprüngliche Flair zwischen einfachen Häusern und schaukelnden Holzbooten steht in direktem Kontrast zum geschäftigen Urlaubstreiben in der Ortsmitte, wo sich Restaurants und Geschäfte aneinanderreihen.

Besonders beliebt in Puerto de Santiago ist die Playa de la Arena, die seit mehr als zwei Jahrzehnten mit der blauen Umweltfahne der EU ausgezeichnet wird, und auch Rollstuhlfahrern barrierefreien Zugang gewährt. Sanitäre Anlagen stehen in ausreichender Zahl zur Verfügung und eine Rettungswacht sorgt für Sicherheit. Der Strand ist auch ideal für Familien mit Kindern, allerdings sollte man bei heftigem Wellengang vorsichtig sein und sich an den Fahnen orientieren. Wer Lust auf einen Spaziergang in der Meeresbrise hat, kann auf der malerischen Uferpromenade zwischen Sonne und Meer flanieren.

Oben: Moderner Komfort im kanarischen »Landhotel Señorío del Valle« in Santiago del Teide
Mitte: Kirche von Santiago del Teide. Im Vordergrund die Mauern des alten Pfades, auf dem einst die Marktfrauen von Dorf zu Dorf zogen.
Unten: Typische Landesküche

Eine ursprüngliche kanarische Küche ist im Besucherzentrum des Landhotels in Santiago del Teide zu sehen.

Infos und Adressen

INFORMATION

Tourismusbüro. Avda. Marítima 34, Playa de la Arena/Puerto de Santiago, Tel. 922-86 03 48.

ESSEN UND TRINKEN

Restaurant Vista Guama. Außerhalb gelegenes, preiswertes Restaurant mit Panoramablick. Bekannt für Fleisch und Hähnchen vom Grill. Avda. Coronel Gorrin 80, Tamaimo (direkt an der Hauptstraße zwischen Santiago del Teide und Puerto de Santiago), Tel. 922 86 36 97.

Café Jardin Flor del Drago. Sehr romantisches Restaurant in einem blumenreichen Ambiente. Kreative, sehr gute Küche, die auch Probiermenüs anbietet. Paseo Marítimo, direkt neben Hotel Playa la Arena, Puerto de Santiago, Tel. 922-86 12 62.

Restaurant Lúpulo. Unscheinbares Restaurant direkt an der Plaza im Nachbarort Alcalá, außergewöhnliche, kreative kanarische Küche. Geheimtipp für Gourmets. Sehr gutes Preis-Leistungs-Verhältnis. Plaza 13, Alcalá, Tel. 922 83 22 74.

Restaurant Tajinaste. Kanarisches Restaurant mit Barbecue und Liveunterhaltung. Am besten per Taxi zu erreichen (kostet nur rund 3,50 €). La Caldera, Santiago del Teide,Tel. 922 86 70 36.

ÜBERNACHTEN

Playa La Arena. Hübsches Vier-Sterne-Hotel der Oasis-Hotelgruppe direkt am Meer mit großzügigen und modernen Zimmern und einer hübschen Poollandschaft in exotischem Garten. Das Haus liegt direkt am Meer. C/ El Lajial 4, Puerto de Santiago, Tel. 922 86 29 20, ww.hotelplayalaarena.com

Los Gigantes. Sehr schöne Anlage inmitten eines Parks, die 2008 mit einer Goldmedaille ausgezeichnet wurde. Stilvoll eingerichtet, moderne Zimmer, traditionelle und moderne Küche, Poollandschaften und Spa-Bereich. Mit direktem Blick auf den Atlantik und die Steilküste. C/ Flor de Pascua 8, Los Gigantes, Tel. 922 86 10 20, www.hotellosgigantes.com

Barceló Santiago. Vier-Sterne-Hotel auf einem vulkanischen Kliff mit Blick auf den Ozean und La Gomera. Guter Fußweg um Strand, rund 200 Meter. C/ La Hondura 8, Puerto de Santiago, Tel. 922 86 09 12, www.barcelosantiago.com

MUSEEN

Ethnografisches Museum Cha Domitila. Töpfermuseum im Centro Alfarero, Ctra. Gral. 33, Arguayo (zwischen Santiago del Teide und Guía de Isora), Di–So 10–13 und 16–19 Uhr.

Museo del Pescador. Das interessante Museum hat sich der zeitgenössischen Kunst verschrieben und bietet ständig wechselnde Ausstellungen lokaler und internationaler Künstler. Avda. 5° Centenario , Puerto de Santiago, www.museodelpescador.com, Mo-Sa 10-13 und 17-21 Uhr.

AKTIVITÄTEN

Krabbenkutter Katrin von Hodorf. Der Krabbenkutter von 1940 liegt gut im Wasser und schaukelt fast nicht. Abfahrt So–Fr 11.30 und 13.45 Uhr, zwei Stunden ca. 25 €. Büro direkt am Hafen, Los Gigantes, Tel. 922 86 03 32, www.portal-de-canarias.com/html/katrin_von_hodorf_teneriffa.html

Piratenatmosphäre Flipper Uno. Ein Holzboot mit dicken Planken, Wind in den Segeln und einem Holzaufbau, auf dem auch Captain Cook stehen könnte. Ausfahrt drei Stunden mit Paella an Bord, ca. 35 €. Avda. Marítima 15, Edificio Las Palmeras, Puerto de Santiago, Tel. 922 86 21 20, www.flipperuno.com

Los Gigantes Diving Center. Tauchkurse während des ganzen Jahres für alle Stufen, vom Anfänger bis zum Profi. Galeria de la Marina, Los Gigantes, Tel/Fax 922 86 04 31, www.divingtenerife.co.uk

Sporthafen. Jetski, Banana-Boote oder Hochseefischen – am Sporthafen werden die Träume der Wassersportler wahr. Los Gigantes Marina, Los Gigantes, Tel. 922 86 19 18.

Mitte: Spanisches, strahlendes Weiß an einer schönen Appartmentanlage.
Unten: Strandgenuss an der Playa Fañabe

36 Costa Adeje
Tourismus auf hohem Niveau

Unter dem Namen Costa Adeje ist der gesamte Küstenabschnitt bekannt, der sich an Santiago del Teide anschließt und südlich von Las Américas endet. Historisches oder Denkmalgeschütztes gibt es hier kaum zu entdecken. Weitläufige Sandstrände und mannigfaltige Zerstreuungsmöglichkeiten sorgen dafür, dass der Besucherboom in den letzten Jahrzehnten nicht abriss. So wurde aus einem kleinen Bergdorf namens Adeje die reichste Gemeinde Teneriffas, die durch die Erschließung ihrer Küste zu Wohlstand gekommen ist.

Luxusoase

In diesem Küstenabschnitt findet Tourismus auf höchstem Niveau statt. Baugenehmigungen gab es ausschließlich für Hotels der Vier- oder Fünf-Sterne-Kategorie. Das teuerste unter ihnen ist

Mal ehrlich …

NICHT ALLES IST ROSIG

Natürlich kann man sagen, dass Betonwelten manchmal ein wenig schönes Panorama entstehen ließen. Hochhäuser, Terrassenbauten an kahlen Hängen voller Appartements trüben den Blick auf das Bergpanorama im Hintergrund der Küste. Einen dörflichen Charakter oder typisch Kanarisches sucht man hier vergebens. Aber Hetztiraden machen es nicht besser. Und: Costa Adeje hat auch sehr viele schöne Ecken zu bieten, Luxushotels und Parkanlagen sowie ein unterhaltsames Freizeitprogramm. All dies gehört zu einer Urlaubsmetropole dazu, und die Stammgäste suchen genau das, was sie hier finden.

zweifelsohne das »Bahia del Duque« direkt am Strand in Costa Adeje, eines der führenden Hotels weltweit, das regelmäßig Stars und Sternchen der internationalen Highsociety beherbergt. Luxus, Komfort und Wohlergehen in verschiedenster Form sind die Zutaten für einen perfekten Urlaubsmix. Am öffentlich zugänglichen Strand unterhalb des Luxushotels badet man in einer türkisblauen Lagune. Golfplätze und Wellness-Oasen sorgen für aktive oder passive Entspannung, hochwertige Einkaufszentren und Shoppingmeilen laden zum gemütlichen Einkaufsbummel ein.

Costa Adeje – Urlaubsoase mit Stil

Das Stadtgebiet von Costa Adeje geht fast nahtlos in die Nachbargemeinde Arona über. Diese beiden bilden mit ihrer touristischen Infrastruktur das Herz des pulsierenden Urlaubslebens auf der Insel. Sie sind so miteinander verwoben, dass manche Teile mal dem einen und mal dem anderen Ort zugeordnet werden. Gerade zwischen Las Américas und Los Cristianos sind die Übergänge zwischen den Gemeinden Adeje und Arona manchmal fließend.

Für stille Genießer eignet sich die Gegend sicherlich nicht. Sonnenhungrige, die einen abwechslungsreichen Badeurlaub verbringen möchten, sind hier aber an der richtigen Stelle. Die Costa Adeje bietet herrliche Strände mit viel Komfort wie Sonnenliegen und -schirme, sanitäre Anlagen und Wasserwacht. Auch das Vergnügen im Wasser wird groß geschrieben: Man kann sich unter anderem auf Wasserbananen über die Wellen ziehen lassen oder Jetskis mieten. Die Küste verzeichnet nur mäßige Brandung und eignet sich daher auch im Winter gut zum Schwimmen und Planschen.

AUTORENTIPP!

EL PUERTITO

Früher lebten die Bewohner von El Puertito ausschließlich vom Fischfang. Eine Ruine, die einst als Lagerhalle diente, zeugt von diesen Zeiten. In der verträumten Bucht schaukeln noch heute bunte Fischerboote auf den Wellen, und am Ufer wartet ein schmaler Sandstrand auf Badegäste. Wegen ihrer Artenvielfalt und tollen Unterwasserlandschaften ist die Bucht auch bei Tauchern sehr beliebt. Nur wenige Häuschen schmiegen sich am Ufer entlang, manche kommen dem Ozean so nah, dass er jederzeit an die Haustür klopfen könnte. Eine kleine Kirche und eine einfache Bar, in der man sich genüsslich eine Tapa schmecken lassen kann, runden das Bilderbuch-Panorama ab.

Wer möchte, kann über einen schmalen Pfad einmal um die Bucht herumgehen. Dort findet man Sandsteinlandschaften, die in hellen Beigetönen wie natürliche Sonnenterrassen am Ufer liegen. Über Leitern kann man zum Baden ins Wasser steigen. Ein Abstecher lohnt sich für alle, die ein Faible für das ursprüngliche Teneriffa haben. Mitten im Urlaubsgebiet ist hier von Massentourismus nichts zu spüren.

Die versteckte Bucht ist nicht ganz einfach zu finden: Man fährt bis zur Abfahrt Adeje/ Caleta und Playa Paraíso. Von dort auf der TF 47 in Richtung Armeñime und Playa Paraiso. Vor dem Ortseingang steht auf der linken Seite das Kamelrestaurant Casa del Camello. Dort geht es links Richtung Hotel Bahia del Principe. Direkt vor dem Hotel führt wiederum links eine kleine Seitenstraße in Richtung Küste. Dieser Straße folgt man rund 3 Kilometer und landet direkt in El Puertito.

Oben: Dorfkirche in Adeje
Mitte: Der Hafen von Los Cristianos lädt zum Spaziergang zwischen malerischen Booten ein.
Unten: Im alten Ortskern von Adeje findet man im Gegensatz zur belebten Küste noch so etwas wie kanarische Lebensart.

Wer vom Wasser genug hat, findet auch an Land zahlreiche Freizeitangebote. Straßencafés oder stilvolle Restaurants, Einkaufszentren für Normalverbraucher, aber auch Luxusboutiquen oder Edeljuweliere laden zum Bummeln und Kaufen ein. Die Strandpromenade eignet sich für kleine oder große Spaziergänge wie auch zum Rollerskaten oder Fahrradfahren.

Fañabé – die etwas ruhigere Alternative

In Fañabé findet man den gleichnamigen Traumstrand mit Uferpromenade und hellem Sand. An diesem romantischen Fleck zum Träumen kann man abends ungestört einen schönen Sonnenuntergang genießen. In der großflächigen Bucht kann man sich entweder in die Liegestuhlreihen einordnen oder sich einfach gemütlich auf einem Handtuch im warmen Sand räkeln. Die Bucht ist für ihren kaum spürbaren Wellengang bekannt, was auf einen vorgelagerten Wellenbrecher zurückgeht. Hier verbringen daher auch viele Familien mit Kindern ihre Ferien. Wer im Wasser nicht nur schwimmend aktiv werden möchte, kann natürlich Boote, Jetski und anderes Wasserspielzeug ausprobieren.

Im Rücken des Strandes befinden sich Supermärkte, Cafés und Restaurants, die zu einem Sonnenpäuschen oder einer kleinen Stärkung einladen. Obwohl in Fañabé für Touristen viel geboten wird, ist es nicht ganz so überlaufen wie der nur wenige Kilometer entfernte Nachbarort Las Américas. Fañabé entstand erst später, und so konnten viele Bausünden, die man in den frühen Jahren der touristischen Erschließung begangen hat, vermieden werden.

Kultur im Urlaubsgebiet

In dieser Gegend steht der Strand- und Partytourismus absolut im Mittelpunkt, dennoch haben sich einige Traditionen erhalten oder entwickelt, die eng mit dem Leben der Einwohner verbunden sind. An Ostern ist Adeje bekannt für seine Passionsspiele. Unter freiem Himmel stellen Hunderte Laiendarsteller den Leidensweg Jesu dar und verwandeln die Innenstadt in eine riesige Bühne.

Noch tiefer im Leben verankert ist das Fest des Schutzpatrons San Sebastián, das im Ortsteil Enramada gefeiert wird. Ihm werden Wunderheilungen nachgesagt, sodass viele Kranke bei diesem Fest Hoffnung suchen. Gemeinsam mit der Marienfigur La Encarnación wird es vom 20. bis 22. Januar gefeiert. In Enramada wurde im 16. Jahrhundert die erste Kapelle des südlichen Teneriffa gebaut, und der Überlieferung zufolge soll es dort Marienerscheinungen gegeben haben. Daher werden beide, der heilige Sebastian und die Gottesmutter, von der Bevölkerung besonders verehrt. Das tut dem ausgelassenen Feiern allerdings keinen Abbruch. Am beliebtesten ist das Spektakel, wenn gegen Mittag Pferde und Reiter zum rituellen Bad in den Atlantik steigen. Danach wird mit Folklore, kanarischem Essen und Wein tüchtig gefeiert. Übrigens: Besonders gerne kommen die auf Teneriffa lebenden Gomeros zu diesem Festtag. Im Inneren der Kapelle ist nämlich eine exakte Nachbildung der Jungfrau von Guadelupe, der Schutzpatronin La Gomeras.

Kongresszentrum Magma Arte

Der Süden Teneriffas eignet sich nicht nur für Urlaubsreisen, sondern auch für Kongresse und Geschäftstreffen, Konzerte oder kulturelle Veranstaltungen aller Art. Im hochmodernen Kunst- und Kongresspalast Magma findet man Räumlichkei-

AUTORENTIPP!

ALTERNATIVE STRÄNDE

Playa del Camison. Der 350 Meter lange Badestreifen mit hellem Sand hat sich seine Position innerhalb der Hauptstrände erobert. Er liegt entlang dem maritimen Spazierweg, der fast die gesamte Küste umfasst. Wegen seines mittelstarken Wellengangs ist er bei Wellenreitern beliebt.

Playa Las Torviscas. Dieser Strand mit feinem weißen Sand ist nach der dazugehörigen Urbanisation Las Torviscas benannt. Über die Uferpromenade kann man nach Norden bis zum Nachbarstrand Playa Fañabé laufen. Südlich schließt sich der Sporthafen Puerto Colón an. Sehr zentral gelegen, und es herrscht kaum Seegang.

Playa Honda. Dieser Strand in Las Américas hat einen rauen Charakter. Durch seine starke und variationsreiche Brandung ist er vor allem ein Paradies für Wellenreiter, die den ultimativen Kick auf der perfekten Welle suchen. Direkt am Strand gibt es ein Geschäft, in dem man sich Ausrüstung leihen kann.

Playa Troya. Der Veteran unter den Stränden rund um die Costa Adeje ist der erste, der im Zuge der touristischen Erschließung in Las Américas entstanden ist. An diesem charmanten ruhigen Badefleckchen kann man sich gefahrlos mit Taucherbrille und Luftmatratze tummeln.

Playa Costa del Silencio. Diese Gegend an der Südwestspitze Teneriffas, zehn Kilometer von Costa Adeje entfernt, gehört zu den ältesten Tourismusgebieten. Der Strand ist wildromantisch und steinig. Zwischen Vulkanfelsen führen Treppen ins Wasser.

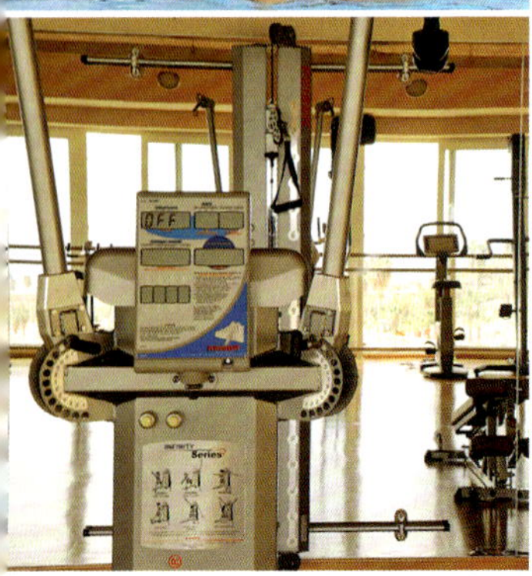

Oben: Und zwischendurch … ein kleiner Fruchtcocktail als Vitaminbombe.
Mitte und unten: Das T3-AthleticSphere bietet Profibedingungen für Sportler verschiedenster Sportarten.

ten mit den unterschiedlichsten Kapazitäten. Schon von außen besticht das Gebäude durch seine ultramoderne futuristische Architektur. Die avantgardistische Gestaltung ist von dem vulkanischen Innenleben der Insel mit seinen Lavaströmen inspiriert. Geschwungene Formen und verschiedene Materialien verschmelzen miteinander. Im Inneren steht man diesem ersten Anschein in nichts nach, denn Funktionalität war oberste Prämisse. Technisches Equipment auf dem neuesten Stand sorgt für perfekte audio-visuelle Präsentationen, optimale Beleuchtung und Ton. Zudem stehen Catering, Hostessen und Dolmetscher auf Bestellung bereit. Näheres unter www.magmatenerife.es

T3 AthleticSphere

Rund 15 Millionen Euro wurden in dieses hervorragende Trainingszentrum am Golfplatz Costa Adeje gesteckt, das regelmäßig von Hochleistungssportlern aus aller Welt genutzt wird. An keinem anderen Ort Europas sind Trainingscamps unter freiem Himmel das ganze Jahr über möglich. Durch den Einsatz von Spezialkameras über und unter Wasser können Sportler und Trainer Bewegungsabläufe analysieren und optimieren oder die größte Gegenstromanlage Spaniens nutzen. Es eignet sich nicht nur für Schwimmer, sondern auch für Wasserball, Wassergymnastik und Ähnliches, die hier trainiert oder im Wettbewerb ausgetragen werden. Ideale Voraussetzungen zur Vorbereitung auf große Wettkämpfe finden aber auch Landsportarten. Es stehen je drei Tennis- und Squashplätze sowie zwei Fußballplätze zur Verfügung. Das 57 000 Quadratmeter große Trainingszentrum kann von jedermann genutzt werden, die Preise sind nicht überzogen.
T3 AthleticSphere. Avda. de los Acantilados s/n, La Caleta de Adeje, Tel. 922 782 755, www.tenerifetoptraining.com

Infos und Adressen

INFORMATION

Fremdenverkehrsbüro Fañabé. Avenida Litoral, Fañabé, Costa Adeje, 922 71 65 39.

Fremdenverkhersbüro Playa de las Américas Plaza del City Center, Avenida Rafael Puig, 19, Playa de las Américas, Tel. 922 79 76 68.

ESSEN UND TRINKEN

La Antigua Casa Dulce. Sehr hübsches Restaurant in einem 200 Jahre alten Haus. Ein Ambiente mit Seltenheitswert in dieser Gegend. Gute Küche mit vielen Spezialitäten. C/ Las Galgas 15, Adeje, Playa Paraiso, Tel. 922 74 16 27.

El Arrozal. Das Restaurant liegt direkt an der Küste. Schönes Ambiente und eine Küche, die vor allem die verschiedensten Reisvariationen hervorzaubert. Avda. Litoral, Playa de las Américas, Adeje,Tel. 922 79 02 77.

Villa Chez Damien. Etwas oberhalb, in Richtung Berge, im Ortsteil San Eugenio Alto gelegen, bietet dieses Haus hervorragende französische Küche, in der offenen Küche frisch zubereitet. Überdachte Terrasse mit Panoramablick. Avda. Europa Villas Marbellas 80, San Eugenio Alto, Adeje, Tel. 922 74 12 51.

ÜBERNACHTEN

Das Angebot im Gemeindegebiet Costa Adeje ist so groß, dass nur einige wenige Beispiele herausgegriffen werden können. In den Tourismusbüros berät man gerne und hat ausführliche Informationen in verschiedenster Richtung.

Roca Nivaria Gran Hotel. Ausgezeichnetes Fünf-Sterne-Hotel. Pool- und Gartenanlagen vermitteln das Gefühl, im Paradies gelandet zu sein. Avda. Adeje 300, Playa Paraíso, Costa Adeje, Tel. 922 74 02 02, www.adrianhoteles.com

Bahia Princess Hotel. Sehr schönes Hotel der Vier-Sterne-Kategorie. Geräumige Zimmer, sehr schöne Anlage, nur 200 Meter vom Strand Fañabé und etwa drei Kilometer vom Golfplatz Costa Adeje entfernt. C/ Bruselas 1, Fañabé, Costa Adeje Tel. 922 71 25 55, www.princess-hotels.com

Parque Santiago. Sehr schöner mehrteiliger Hotelkomplex, direkt an der Uferpromenade. Geräumige Ferienwohnungen im kanarischen Stil. Ideal für Familien mit Kindern. Avda. Litoral, Playa de las Américas, Tel. 922 74 61 03, www.parquesantiago.com

NACHTLEBEN

Tibu Bar. Das Erfolgskonzept aus Marbella wurde erst 2009 nach Teneriffa importiert, hat sich aber innerhalb kürzester Zeit zu einem Highlight im Nachtleben des Südens etabliert. Ein exklusives, plüschiges Ambiente im Loungestil sowie eine breite Auswahl an Musik der verschiedensten Stilrichtungen, Show- und Themenabende sorgen für eine gute Unterhaltung. Von Soul über Salsa bis hin zu Hip-Hop – hier kommt jede Altersklasse auf ihre Kosten. Américas Shoppingcenter, Playa de las Américas (neben dem Hotel Las Palmeras), Tel. 922 79 65 86, www.tibutenerife.es

Faro Chill Art. Angesagter Lounge-Club direkt am Meer mit mehreren Terrassen, Djs und Liveunterhaltung. C/ Valencia, Centro Comercial Costa Torviscas, Adeje, Tel. 922 71 28 41, www.faro.chillart.org, tägl. 19–6 Uhr.

Monkey Beach Club. Die perfekte Mischung aus Essen und Musik. Cafeteria, Restaurant, Bar, Musik und dabei den Blick aufs Meer genießen. Der Club garantiert gute Laune. Avda. de Rafael Puig 3, Playa de las Américas, Adeje, www.monkeybeachclub.com.

EINKAUFEN

Direktverkauf der Delikatessen-Manufaktur Delicias del Sol in Chio. Hausgemachte Mojos, Marmeladen, Konfitüren, Chutneys, Gewürzmischungen und ausgesuchte kanarische Spezialitäten. Hauptstraße von Chio in Richtung Teide TF 28 (Km 32,5), Paseo de la Libertad 65. Geöffnet: täglich 10-15h. Sonntags geschlossen, Tel. 922-85 13 85, www.deliciasdelsol.eu

Mitte: Die faszinierende Höllenschlucht hat auch etwas Märchenhaftes.
Unten: Nach dem Einstieg in den Barranco wandert man auf befestigten Wegen in die Schlucht hinein.

37 Barranco del Infierno
Wandern in der Höllenschlucht

Durch die »Höllenschlucht«, wie Barranco del Infierno auf Deutsch heißt, führt eine der schönsten Wanderungen der Insel. Die üppig bewachsene Schlucht bietet einen Kontrast zur sonst wüstenähnlichen Landschaft, wie man ihn sich drastischer nicht vorstellen könnte. Die Wanderung ist rund sechs Kilometer lang und nicht besonders schwer.

Entstehungsgeschichte

Diese Schlucht entstand im Laufe der Jahrtausende zu einer Zeit, als es, man kann es kaum glauben, in dieser Region nahezu täglich Regenfälle gab, die teils sogar wolkenbruchartig gewesen sein sollen. Die Wassermassen stürzten als reißender Bach zu Tal und sorgten so auf ihrem Weg für Bodenerosion und tiefe Rinnen im Gestein. Die Macht des Wassers und ihre stetig höhlende Kraft ließ den Barranco del Infierno entstehen.

Vor rund 500 Jahren haben die Guanchen hier ihre Spuren hinterlassen. Die Ureinwohner führten ihr Vieh hierher, um es zu tränken und an der üppigen Vegetation weiden zu lassen. An den Hängen legten sie terrassenförmige Felder an, wie zahlreiche archäologische Funde belegen. Später wurden die ersten Wasserleitungen gebaut, um das kostbare Nass als Trinkwasser für die Bewohner der Umgebung zu nutzen. Früher einmal reichte es aus, um die Bewohner von Adeje mit dem kostbaren Gut zu versorgen.

Die Höllenschlucht heute

Heute sieht es im Barranco del Infierno ganz anders aus. Regen fällt nur noch selten und vor allem in den Wintermonaten. Ab Mai ist Regen eher unwahrscheinlich. Die Schlucht hat für die Trinkwasserversorgung der Region keine Bedeutung mehr, wohl aber für den Tourismus. Für viele Besucher zählt ihre Durchquerung zu Fuß zu den schönsten Urlaubserlebnissen der Insel, fasziniert sie doch durch ihre Gegensätze sowie durch die Wildheit der Natur, die sich üppig ausbreitet und wuchert. Als Höhepunkt kann man am Ende des Wanderweges den einzigen Wasserfall Teneriffas bestaunen, der das ganze Jahr über 80 Meter in die Tiefe stürzt. Der dazugehörige Bach ist das einzige fließende Gewässer der Insel, das das ganze Jahr über Wasser führt, wobei die Menge in den Wintermonaten naturgemäß größer ist. Doch auch im Sommer bietet der Wasserfall ein Naturschauspiel, das in der Tiefe berührt.

Der Wanderweg

Der Wanderweg beginnt im alten Dorf Adeje, das bereits existierte, als das Tourismuszentrum Costa

Auf dem ersten Etappenstück ist man der Sonne schutzlos ausgesetzt: Für Kopfbedeckung und Sonnenschutz sorgen!

AUTORENTIPP!

ADEJE

Der alte Dorfkern von Adeje hat nur wenig mit der Urlaubswelt an der Küste zu tun und seit dem Aufkommen des Massentourismus an Bedeutung verloren. Dabei sind die Allee mit indischen Lorbeerbäumen oder die Kirche Santa Úrsula aus dem 16. Jahrhundert durchaus sehenswert. Diese Überreste aus vergangenen Zeiten erinnern inmitten der Neubauten an längst vergangene Zeiten.

Übrigens: Vor der Eroberung durch die Spanier im 18. Jahrhundert war Adeje schon einmal Zentrum der Insel, befand sich in dieser Gegend doch einst der Stammsitz des Guanchenkönigs Gran Tinerfe, der über die ganze Insel Teneriffa herrschte. In der wasserreichen Schlucht, die auch heute noch ein Anziehungspunkt ist, weideten damals seine Untertanen ihre Ziegen oder bearbeiteten die Felder. Danach wurde die Herrschaft über die Insel in neun Königreiche aufgeteilt, in der jeweils ein König, Mencey, herrschte. Der letzte Guanchenkönig in dieser Gegend unterwarf sich nach der Eroberung den Spaniern und ließ sich auf den Namen Diego de Adeje taufen. Er ist der Einzige, von dem man weiß, dass er nach der Eroberung weiterhin auf Teneriffa lebte. Man sprach ihm Land zu, das er mit seinem Gefolge besiedelte. Durch die Kolonisierung ließen sich nach und nach immer mehr Familien in dieser Gegend nieder, bauten die ersten Kapellen und gründeten den Ort Adeje.

Oben: Zuerst kommen karge von Kakteen und genügsamen Sträuchern bewachsene Hänge, bis man am Grund der Schlucht auf das üppige, feuchte Biotop trifft.
Mitte: Die kleinen trockenen Bachläufe führen im Winter auch Wasser.
Unten: Der Barranco aus der Luft

Die Höllenschlucht mit Costa Adeje im Hintergrund

Adeje noch nicht einmal als Idee geboren war. Zahlreiche Hinweisschilder führen den Besucher zum Einstieg in den Barranco ungefähr 200 Meter über der Schlucht. Auf der Südwestseite führt ein breiter Wanderweg in die Höllenschlucht hinein, wobei das Einzige, was mit dem Begriff höllisch assoziiert werden kann, die sengende Sonne ist, der man auf dieser ersten Etappe schonungslos ausgesetzt ist. Entlang des Weges trifft man auf Eidechsen, die sich auf den warmen Steinen sonnen, viele Pflanzen, die in der Schlucht wachsen, sind endemisch und kommen also nur auf den Kanaren vor, manche sogar nur auf Teneriffa. So mancher mag sich wundern, dass in dieser Trockenheit sogar Büsche, die den deutschen Margeriten ähneln, gedeihen. Immer wieder wird man von der Natur, von ihrer Anpassungsfähigkeit und ihrer Üppigkeit überrascht. Entlang des Weges laden mehrere Aussichtspunkte zum Innehalten ein. Ein herrlicher Blick in die Tiefe der Schlucht und über die gesamte Küste des Südwestens lässt den Alltag weit weg erscheinen.

Barranco del Infierno

Nach etwa einer Stunde erreicht man den Boden der Schlucht, wo man sich in einem völlig anderen Ambiente wiederfindet. War vorher noch Hitze und Trockenheit vorherrschend, wird man nun von einer angenehmen Kühle und Schatten spendenden Bäumen empfangen. Weidenbäume bilden einen einmalig schönen Auwald, Brombeersträucher wuchern links und rechts oder manchmal auch über den Weg. Auch hier wachsen zahlreiche endemische Arten und bilden eine Art kanarischen Urwald.

Nun bewegt sich der Wanderer nur noch auf schmalen Pfaden immer tiefer in die Schlucht hinein. Der Weg führt den Bach entlang, der vom Wasserfall gespeist wird. Manchmal muss man ihn überqueren, also über die Steine im Bachbett balancieren, um vorwärts zu kommen.

Dann plötzlich, am Ende der Schlucht, steht man vor dem eigentlichen Ziel – dem Wasserfall. Glasklares Wasser stürzt sich von den steilen Felswänden in einen kleinen See. Ein wunderschöner Anblick, der einem den Atem stocken lässt.

Felsen und Pflanzen formen diesen ungewöhnlichen Ort,

Infos und Adressen

Der Barranco del Infierno steht unter Naturschutz. Die tägliche Besucherzahl in diesem empfindlichen Ökosystem ist auf 200 Menschen beschränkt. Es ist ratsam, sich vorher telefonisch anzumelden.

Die Wanderung ist rund sechs Kilometer lang, Hin- und Rückweg sind in drei bis vier Stunden zu schaffen. Rund 200 Höhenmeter müssen überwunden werden, was einen geringen Schwierigkeitsgrad ausmacht. Der Rückweg führt übrigens über den gleichen Weg. Allerdings gibt es immer noch so viel zu sehen, dass es bestimmt nicht langweilig wird.

Man sollte auf jeden Fall festes Schuhwerk tragen und für ausreichenden Sonnenschutz sorgen. Die Verpflegung und vor allem Wasser müssen selbst mitgebracht werden. Es gibt zwar am Eingang zur Schlucht ein Restaurant, aber in der Schlucht selbst keine weiteren Verpflegungsmöglichkeiten.

Anmeldung.
Beim Servicetelefon 922 78 28 85.

Öffnungszeiten.
Tägl. 8.30–17.30 Uhr, letzter Einstieg 14.30 Uhr. Bei schlechtem Wetter kann der Barranco aus Sicherheitsgründen geschlossen bleiben.

Eintritt. Erwachsene 3 €, Kinder unter 12 Jahren 1,50 €.

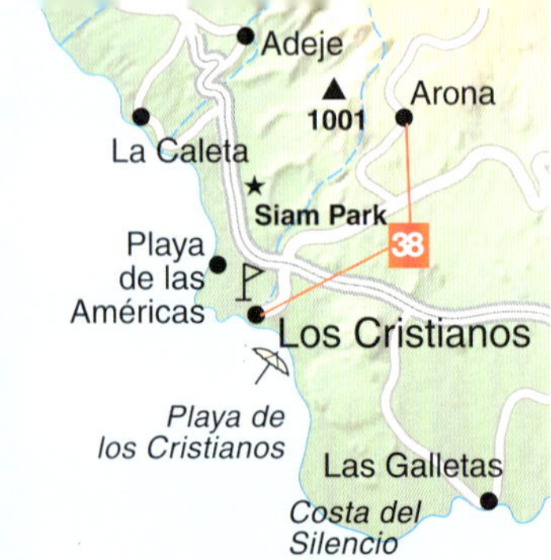

Mitte: Wenn Urlaubs- und romantische Abendstimmung zusammenfallen, ist das die perfekte Mischung.
Unten: Einkaufsbummel durch Las Américas

38 Las Américas und Los Cristianos

Im Herzen des Urlaubstrubels

In Las Américas und Los Cristianos schlägt das Herz des kanarischen Tourismus am lautesten. Hier wird der Traum vom Urlaub unter Palmen wahr. Das Säuseln der Wellen mischt sich mit den Klängen des turbulenten Lebens in den Urlaubshochburgen. Pure Urlaubslust strömt aus allen Poren und sorgt für unvergessliche Ferientage zwischen Vulkanen, Atlantik und ungetrübter Heiterkeit.

Entstanden aus dem Nichts

Los Cristianos ist ein Ortsteil von Arona, während Las Américas zu Adeje gehört. Gemeinsam verwalten die beiden Gemeinden die touristischen Hochburgen der Insel, wobei die Übergänge zum Teil sehr fließend sind.

Erstmals wurde Los Cristianos im 16. Jahrhundert erwähnt. Anfang des 20. Jahrhunderts wurde die erste Hafenmole gebaut und nach und nach zu einem ökonomischen Zentrum erweitert. Während des Zweiten Weltkrieges befürchtete man einen Angriff der Engländer. Aus diesem Grund wurden drei kleine Wehrburgen gebaut, die auch heute noch zu erkennen sind.

Ab der zweiten Hälfte des 20. Jahrhunderts begann der erste bescheidene Urlaubsrummel. Dabei ging es weniger um Sonne und Strand, wie es heute der Fall ist, sondern um die Gesundheit: Die warme Sonne und die salzige Luft wirkten sich positiv auf viele Krankheiten aus. Seither hat sich der Besucherstrom vervielfacht, und die beiden Urlaubsorte sind das Mekka der Sonnenanbeter geworden. Längst motiviert die Menschen nicht mehr in erster Linie die Heilkraft der Sonne, sondern vor allem die Aussicht auf ein unvergessliches Bade- und Urlaubsvergnügen. Die Sonnensicherheit der Südküste macht sie zum Goldesel, der das Einkommen der meisten Familien bestreitet.

Los Cristianos

Meist meint man Los Cristianos, wenn man von der Küste spricht. Hotelanlagen, Wohnkomplexe, Strandlandschaften und eine auf den Tourismus abgestimmte Infrastruktur charakterisieren das Bild. Wer Historisches und Landestypisches sucht, ist fehl am Platz.

Nennenswert sind die zentrale Plaza del Cristo, das Rathaus sowie die Kirche San Antonio Abad aus dem 17. Jahrhundert. Sie ist im klassisch-kanarischen Baustil erbaut. Ringsherum sind die alten kleinen Gassen und die typischen einfachen Wohnhäuser im Fischerstil erhalten. Mitten in der Altstadt wächst der hundertjährige Wappenbaum der Gemeinde neun Meter hoch in die Luft. Aufgrund seines Alters und seiner Größe wurde er zum Naturdenkmal erklärt. In der Straße Camino de San Antonio stößt man auf einem begrünten Platz auf das Kreuz von San Antonio. Es stammt aus dem 19. Jahrhundert und bildet den Mittelpunkt vieler religiöser Feste.

Der Hafen ist nach wie vor ein wichtiges wirtschaftliches Zentrum. Neben der Fischerei dient er als Treffpunkt für Ausflügler zu Wal- und Delfinbesichtigungstouren. Außerdem legen hier die Fähren zu den Nachbarinseln La Palma, La Gomera und El Hierro ab. Landschaftlich sticht vor allem der Vulkankegel Guaza ins Auge. An seinen Flanken hat man prähispanische Höhlen entdeckt, die für Beerdigungsrituale genutzt wurden. Leider

AUTORENTIPP!

LA PIRÁMIDE DE ARONA
Es ist Showtime in der Pyramide. Heiße Flamenco-Rhythmen und südländisches Temperament reißen das Publikum mit. Je nach Saison stehen wechselnde Tanz-Musicals auf dem Programm, die immer durch eine hervorragende Choreografie begeistern. Die Pyramide Arona ist Teil der Ferienanlage Mare Nostrum Resort in Las Américas. An der Namensgebung zeigt sich erneut, wie eng die Orte zusammengewachsen sind. Dieses Gebäude, eines der größten Auditorien Europas, bietet fast 1900 Personen Platz und verfügt über eine 350 Quadratmeter große Bühne.
Mare Nostrum Restort. Avda. Las Américas, Pirámide de Arona, Playa de las Américas, Arona Tel. 922 75 75 45, www.marenostrumresort.com. Auf der Webseite findet man Informationen über das aktuelle Programm und kann auch die Tickets kaufen. Eintritt für Erwachsene 43 €, Kinder ab 13 zahlen die Hälfte.

Blick auf Las Américas bei Nacht. Das Lichterspiel schafft Ambiente.

Mal ehrlich …

ORIENTIERUNG? – FEHLANZEIGE

Los Cristianos und Las Américas sind so miteinander verwachsen, dass die Orientierung selbst für Ortsunkundige nicht selten verwirrend ist. Zahlreiche Einbahnstraßen und eine dürftige Ausschilderung tun ihr Übriges. Am besten, man differenziert nicht so streng zwischen beiden Orten und betrachtet sie als Ganzes. Nach einigen Irrfahrten hat man sich meist ein paar wichtige Punkte gemerkt und findet sich dann ganz gut zurecht. Tipp: Immer schön (kanarisch) gelassen bleiben!

ziert die Kuppe dieses wichtigen Naturdenkmals heute ein Antennenwald.

Las Américas – die Hochburg

Las Américas ist der Inbegriff eines dynamischen Urlaubslebens. Hier findet der Gast alles, was sein Herz begehrt. Darunter natürlich zahlreiche – übrigens künstlich angelegte – Traumstrände, die mit Liegestühlen, Sonnenschirmen, Rettungswacht, sanitären Anlagen und zahlreichen Wassersportmöglichkeiten ausgestattet sind. Auf einer langen Strandpromenade gelangt man zu Fuß, per Mietfahrrad oder mit Rollerskates bis nach Los Cristianos. Dazwischen trifft man immer wieder auf weitere Badestrände.

Das Nachtleben von Playa de las Américas begeistert Touristen aller Altersklassen und hat für jeden Geschmack etwas zu bieten. Restaurants verschiedenster Ausrichtungen, Bars, Nachtclubs und Diskotheken sorgen für eine pulsierende Vergnügungsmeile. Wer Ruhe sucht oder gerne alleine ist, sollte sich lieber einen anderen Urlaubsort aussuchen.

Oben: Im Monkey-Beach-Club ist fast Tag und Nacht der »Affe los«.
Mitte: Monkey ist gleichbedeutend mit »In-Szene« und das nicht nur bei den Urlaubern.
Unten: Das Nachtleben in Las Américas bietet eine Fülle angesagter Kneipen und Chill-out-Clubs.

Die Strände von Los Cristianos

Die Playa de Los Cristianos liegt direkt neben dem Hafen im Herzen der Stadt. An diesem ruhigen, erholsamen Strand mit feinem hellen Sand, der sich über eine Länge von 400 Metern erstreckt, plätschert das Wasser in sanften Wellen ans Ufer. Kleine oder größere Fischerboote schaukeln auf dem Wasser und sorgen für das Flair eines Fischerdorfes. Auch die Segelschule kann man vom Liegestuhl aus beobachten.

Wer sein Badewasser nicht unbedingt mit Schiffen teilen möchte, dem steht gleich um die Ecke die künstliche Playa de las Vistas zur Verfügung. Ihren Namen hat sie von dem wundervollen Ausblick, der sich von hier bei guter Sicht auf La Gomera oder sogar La Palma bietet. Direkt am Spazierweg Paseo marítimo gelegen, der bis nach Las Américas führt, zählt die Playa de las Vistas mit einer Länge von fast einem Kilometer zu den längsten Stränden der Insel. Feiner goldfarbener Sand und ein ruhiger Wellengang sorgen für ungetrübtes Badevergnügen. Aufgrund der guten Wasserqualität, der Sicherheit und des Komforts weht seit vielen Jahren die blaue Fahne als Qualitätssiegel in der sanften Brise.

Die Strände von Las Américas versprechen und halten den klassischen Traumurlaub mit Sonne, Strand und Palmen.

Türkisblaues Wasser in der Bahia del Duque

AUTORENTIPP!

NATURSCHUTZGEBIET MALPAIS DE LA RASCA

Wer sagt denn, dass eine Wüstenlandschaft nicht faszinierend sein kann? Das Gebiet von El Fraile bis zum Leuchtturm wird von drei Vulkankegeln markiert und ist von besonderem geologischem und ökologischem Interesse. *Malpais* bedeutet »schlechtes Land«, doch die Natur vollbringt auch an vermeintlich unwirtlichen Orten Wunder. So gedeihen in der Schutzzone verschiedene Wolfsmilchgewächse und Pflanzen, die sich an die salzhaltige Luft angepasst haben, wie zum Beispiel das Desfontaines-Jochblatt (*Zygophylum fontanesii*) oder der Meeresthymian. Die Gegend ist bekannt für zahlreiche Echsenarten, zudem leben hier die verschiedensten Vogelarten wie zum Beispiel Kanarenpieper, Triel oder Wüstengimpel. Die drei Kilometer lange Wanderung durch dieses Gebiet ist leicht zu bewältigen und rollstuhlgerecht. Ziel des Spaziergangs ist der Leuchtturm von 1898.

Stadtrundgang Las Américas und Los Cristianos

Ⓐ Golfplatz Las Américas
Dieser ausgezeichnete 18-Loch-Golfplatz ist eingebettet in den Hotelkomplex Green Golf Resort.

Ⓑ Siam Park
Das Wasserkönigreich von Teneriffa. Ein absolutes Muss in der Ferienplanung. Aufregende Rutschen und erholsame ruhigere Zonen machen diesen Wasserpark zu einem Erlebnis (siehe Kapitel »Siam Park«).

Ⓒ Magma Kongresszentrum
Modernes Gebäude, das als kulturelles Zentrum des Südens gilt. Hier finden nicht nur Messen und Kongresse statt, sondern auch Konzerte und andere Veranstaltungen (siehe Kapitel »Costa Adeje«).

Ⓓ Playa Las Torviscas
Einer der bekanntesten Strände an der Südwestküste. Direkt anschließend folgen die ebenfalls renommierten Strände Playa Fañabe und Playa del Duque.

Ⓔ Puerto Colón
Von diesem Fischer- und Sporthafen aus starten einige Boote zu Wal- und Delfin-Beobachtungstouren.

Ⓕ Playa de Troya
Der wichtigste Strand in Las Américas gliedert sich in die Abschnitte I und II.

Ⓖ Playa Las Vistas
Ein großer heller Sandstrand mit Blick auf La Gomera. Der wichtigste und schönste Strand von Los Cristianos.

Ⓗ Innenstadt von Los Cristianos
Die Innenstadt von Los Cristianos entstand rund um einen Stadtkern, der einst nicht mehr als ein einfaches, winziges Fischerdorf war.

Magma Kongresszentrum: kulturelles Zentrum

Infos und Adressen

INFORMATION

Tourismusbüro. Plaza del Pescador 1, Centro Cultural, Arona Tel. 922 75 71 37.

Fremdenverkehrsbüro Playa de las Vistas. Paseo Las Vistas s/n, Los Cristianos – Arona, Tel. 922-78 70 11.

ESSEN UND TRINKEN

La Pietra. Italienisches Restaurant mittlerer Preiskategorie; Spezialitäten wie mit Gambas, Birnen oder Käse gefüllten Ravioli oder Lammkeule. C/ Jesus Domnínguez Grilo 3, Los Cristianos, Tel. 922 79 59 02.

La Estancia. Ausgezeichnetes Restaurant mit hervorragender französischer Küche in exklusivem Ambiente, gehobene Preise. C/ Armiche 1, Las Águilas del Teide (den Hinweisschildern zum Jungle Park folgen), Tel. 922 72 93 59, tägl. ab 19 Uhr.

El Molino Blanco. Sehr hübsches, außerhalb gelegenes Restaurant in einer alten Mühle. Rustikales kanarisches Flair und sehr gute mediterrane Küche. Avda. Austria 5, San Eugenio Alto (oberhalb der Autobahn zwischen Siam Park und Aquapark). Tel. 922 79 62 82, tägl. ab 18 Uhr.

ÜBERNACHTEN

Los Cristianos ist als Ferienort älter als Las Américas. Die besten Luxushotels findet man deshalb in Las Américas. Wer dagegen eine Ferienwohnung oder ein günstigeres Hotel sucht, wird in Los Cristianos fündig.

Die Touristenzentren des Südens

Marylanza. Sehr schöner Vier-Sterne-Hotelkomplex mit Ferienappartements. Grenzt direkt an den Golfplatz von Las Américas und liegt in unmittelbarer Nähe zum Traumstrand Playa de las Vistas. C/ Arenales, 20, Los Cristianos; Tel. 922 79 76 71, www.marylanza.com

Apartamentos Atlántida. Angenehme Appartementanlage im Bungalowstil mit großem Poolbereich und hübschem Ambiente. Avda. Londres 3, Los Cristianos, Tel. 922 79 09 08, www.solvasa.com

La Correa del Rosal. Hübsches Landhaus in der Natur mit vier Schlafzimmern. Idealer Ausgangspunkt für Wanderungen. C/ Cruz de San Antonio 57, Arona, Tel. (mobil) 669 75 18 24, www.lacorrea.com

AKTIVITÄTEN

Jungle Park. Ausgerechnet im trockenen Süden findet man einen Dschungelpark mit exotischen Tieren. Besonders stolz ist man auf die Sammlung von mächtigen Greifvögeln mit Freiflugschau. Eine Papageienshow, Sommerrodelbahn und Kletterpark sorgen für Spaß und Unterhaltung. Las Águilas del Teide, Tel. 922 72 90 10, www.aguilasjunglepark.com, tägl. 10–16.30 Uhr. Ab der Autobahnabfahrt Los Cristianos gut ausgeschildert. Von Los Cristianos und Las Américas verkehren Gratisbusse. Haltestellen findet man auf der Webseite. Eintritt für Erwachsene 24 €, Kinder von 4–12 Jahren 16 €.

Neptun Sea Company. Ausfahrten zu den Walen und Delfinen ab Puerto Colon, dem Jachthafen in Los Crístianos, zum Beispiel an Bord des Piratenschiffs »Shogun«. C/ Puerto Colón, Los Cristianos, Tel. 922 79 80 44, www.neptunosctenerife.com

Mitte: Gigantische Schüsseln, ein Drachenschlund, ein Vulkan und vieles mehr sind die Formen, die im Siam Park Badespaß in eine neue Dimension heben.
Unten: Der Power of Tower ist nur etwas für echte Kamikazes.

39 Siam Park

Spaß im Wasserkönigreich

Mit diesem Wasserpark hat Teneriffa vor Kurzem ein neues Highlight bekommen, das ganz oben auf die Urlaubsliste gehört. Von rasant bis beschaulich bieten die zahlreichen Rutschen und Wasserbahnen genau den richtigen Mix zwischen Entspannung und Kick inmitten einer gigantischen tropischen Anlage.

Nur Wasser zählt

Auf 185 000 Quadratmetern entstand 2008 diese Anlage, die ihresgleichen in Europa sucht. Perfekte Organisation, höchste TÜV-geprüfte Sicherheit und moderne Technik garantieren auf allen Rutschen im Siam Park, dass die Besucher einen entspannenden und erlebnisreichen Tag verbringen. Die Liebe zum Detail und spektakuläre Rutschen machen ihn zu einem Urlaubs-Königreich, in dem keine Wünsche offen bleiben. Schließlich hat die Anlage mehr als 50 Millionen Euro gekostet.

Dem Wasserkönigreich Teneriffas stand das Königreich Thailand (ehemals Siam) Pate. Original thailändische Architektur bildet den Charakter des Parks. Schon das imposante Eingangsportal und die Drachen-Wächter hinterlassen einen bleibenden Eindruck. Das Empfangskomitee bildet die fröhliche Seelöwenkolonie.

Details für die Vorfreude

Den Besucher erwartet zunächst das Thai-Dorf, in dem geschäftige Marktatmosphäre herrscht. Von Geschäften über die Massageabteilung bis hin zu einem Thai-Restaurant ist alles im Stil eines thailändischen schwimmenden Marktes arrangiert.

Drum herum schlängelt sich der mit einem Kilometer Länge größte *Lazy-River* der Welt. Auf einem Gummireifen lässt man sich entspannt um das Thai-Dorf schaukeln, passiert die Alligatoren-Insel und erlebt acht kleine Wasserfälle, die den Fahrgast von einer Wasserstufe zur nächsten tragen. Weil die Wände entlang des Flussbettes natürlichen Felsen nachempfunden sind, entsteht der Eindruck, einen echten Fluss zu befahren. Blubbernde Luftblasen im Wasserlauf sorgen für einen Hauch von Exotik.

Relaxen steht auch am Thai-Beach auf dem Programm. Sein Liegestuhl-Sonnenplätzchen sucht man am besten am weißen Sandstrand. Zwischendurch stürzt man sich ins 25 Grad warme Wasser, wo im Abstand von 20 Minuten große künstliche Wellen ans Ufer rollen. Junge Surfer machen dabei eine mehr oder weniger gute Figur. Im Kinderparadies »Verlorene Stadt« kann man eine Wasserburg erobern, über aufregende Brücken balancieren oder sich unter Wasserfällen begießen lassen. Für die Allerkleinsten steht eine separate Babyzone mit warmem Planschbecken zur Verfügung.

Die Adrenalin-Rutschen

Der Drache. Auf einem Gummireifen für vier Personen saust man durch einen finsteren, steilen Tunnel in den trichterförmigen Rachen eines riesigen

Mal ehrlich …

ENTTÄUSCHUNG FÜR ZU KLEINE

Abgesehen vom Kinderparadies sind viele Rutschen erst ab einer Körpergröße von 1,30 Meter zugelassen. Gerade bei Kindern, die knapp unter dieser Grenze liegen, kann der Besuch zu einer Enttäuschung werden, wenn sie vieles noch nicht mitmachen dürfen. Sind die Kinder wesentlich kleiner, spielt es meist keine Rolle.

AUTORENTIPP!

AQUALAND

In unmittelbarer Nähe zum Siam Park befindet sich das Aqualand, das zweifelsohne durch den neuen Wasserpark von seinem Sockel als bestes Spaßbad gestoßen wurde. Dabei bietet der Park ebenfalls viele aufregende Rutschen – in Röhrenform, als Buckelpiste, rasante Kamikazebahn oder als gigantisches V, bei dem der Atem schon mal ins Stocken gerät. Im Vergleich zu seinem neuen Nachbarn und dem Angebot erscheint der Eintritt ziemlich gesalzen.

Allerdings bietet das Aqualand die einzige sehenswerte Delfin-Show im Süden. Die Delfine scheinen ebenso großen Spaß am vergnüglichen Spiel zu haben wie ihre Trainer. Ein großer Teil der Show spielt sich beim gemeinsamen Spiel im Wasser ab: Sie tanzen, springen und tauchen gemeinsam und sorgen immer wieder für Überraschungen.

Im Jahr 2004 errangen Trainer und Tiere den zweiten Platz in einem internationalen Vergleich für die Natürlichkeit im Umgang miteinander und die Trainingsmethoden. Zwei Jahre später wurde das Wasserspiel von Aqualand zur besten Delfin-Show weltweit gekürt. Außerdem wird im Park, ausgeschlossen von der Öffentlichkeit, die einzige Delfin-Therapie Europas angeboten.

Aqualand Costa Adeje Avda. Austria 15, Adeje, Tel. 922 71 52 66, www.aqualand.es

Oben: Wie Dschungelschlangen schlängeln sich die lustigen Wasserrutschen den Hang entlang.
Mitte: 28 Meter freier Fall – da rutscht das Herz automatisch in die Badehose.
Unten: Weißer Sand und Superwellen am künstlichen Strand

Drachens. Mit einer enormen Geschwindigkeit pendelt man in dem Trichter hin und her und geht sozusagen die Wände hoch.

Der Gigant. Der große Tempelwächter entführt in eine mystische und geheimnisvolle Welt. Durch einen Tunnel nimmt man Anlauf, um dann in einer großen Schüssel auf und ab zu schwingen, bis man von einem Loch im Boden verschluckt und am anderen Ende wieder ausgespuckt wird.

Der Vulkan. Immer dunkler und schneller wird die Fahrt auf dem Gummireifen, bis man ins Innere des Vulkankraters gelangt. Eine effektvolle Lasershow imitiert das feurige Innenleben eines Feuerberges, man selbst fühlt sich wie kurz vor einem spannungsgeladenen Ausbruch. Nervenkitzel pur!

Mekong Rapids. Wie beim Wildwasser-Rafting fühlt man sich auf dieser Familienrutsche. In kleinen Gummibooten besteht man das Abenteuer einer Fahrt durch wilde Gewässer.

Dschungelschlangen. Wie riesige Pythons schlängeln sich diese Rutschen den Hang entlang. Man durchquert den Dschungel. Kurven, Neigungen und andere Überraschungen liegen auf dem Weg.

Naga Racer. Wie kommt man am schnellsten über die lustigen Buckelpisten? Auf Gummimatten? Mit der richtigen Haltung? Diese Frage stellen sich viele, die sich mit Freunden Wettrutsch-Partien liefern.

Tower of Power. Wer ist reif für den ultimativen Adrenalin-Kick? Von einem 28 Meter hohen Turm rutscht man fast senkrecht nach unten. Im nahezu freien Fall überwindet man innerhalb von Sekunden 28 Meter Höhenunterschied und sieht sich dabei auf ein Haifischbecken zurasen. Kurz bevor man den Haien zum Fraß vorgeworfen wird, verschluckt den Rutschenden ein Tunnel, der ihn wohlbehalten unter dem Becken durchbugsiert.

Rundgang durch den Siam Park

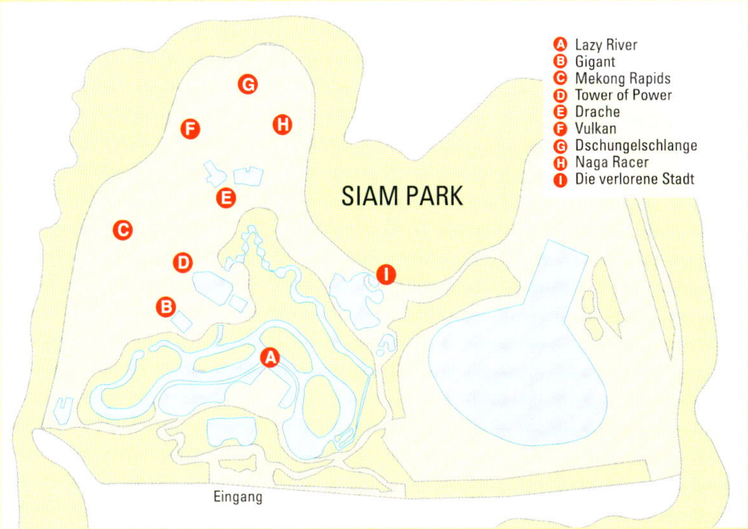

A Lazy River

B Gigant

C Mekong Rapids

D Tower of Power

E Drache

F Vulkan

G Dschungelschlange

H Naga Racer

I Die verlorene Stadt

Siam Park. Autopista TFE 1 Dirección Sur , Costa Adeje, Tel. 902-06 00 00, www.siampark.net.

Anfahrt. Der Siam Park liegt direkt an der Autobahnausfahrt Nr. 29, Costa Adeje.

Öffnungszeiten. 30. März–24. Oktober 10–18 Uhr, 25. Oktober – 29. März 10–17 Uhr.

Eintritt. Erwachsene 30 €, Kinder von 3 bis 11 Jahren 19,50 €. Tipp: Für den Siam Park und Loro Parque wird ein vergünstigtes Kombiticket angeboten.

Mitte: Golfvergnügen pur auf verschiedenen Plätzen mit unterschiedlichen Anforderungen
Unten: Blütenpracht und Wassergraben. Auf den Plätzen Teneriffas wurde viel Rücksicht auf die Natur genommen, aber auch die Sportler kommen auf ihre Kosten.

40 Golfplätze im Süden
Für jeden etwas

Vor allem im Süden ist Teneriffa mit zahlreichen Fünf-Sterne-Hotels gesegnet. Die Gäste, die hier absteigen, stellen gehobene Ansprüche, auch in Bezug auf die Freizeit. Golf rangiert unter den Sportbegeisterten meist ganz oben. Auf diese Wünsche hat sich die Insel eingestellt, sodass sie mittlerweile über ein großzügiges Netz hochwertiger Golfplätze verfügt. Die grünen Oasen in der kargen Landschaft sind aber nicht nur für Golfer eine Augenweide.

Golf Costa Adeje

Der Golfplatz Costa Adeje gehört zu den überzeugendsten der Kanarischen Inseln. Bei der Planung wurde darauf geachtet, möglichst viele Elemete der alten Bananenplantage, in die der Platz eingebettet ist, zu integrieren. Mehr als fünf Kilometer Steinmauern, die typisch für ursprüngliche Fincas sind, wurden restauriert. Auch die unterschiedlichen Plateaus, über die sich der Platz erstreckt, wurden in ihrer Ursprünglichkeit belassen. Der Platz ist in zwei Abschnitte unterteilt: Einen Kurs mit 18 Löchern und 72 Par sowie einen mit neun Löchern und 33 Par. Letzterer ist kürzer, aber spannender, denn gerade dieser gilt durch kleine Teiche als besonders anspruchsvoll. Hier haben sich zahlreiche Golf-Größen von internationalem Rang spannende Turniere geliefert. Unter anderen fanden das BMW World Final 1999, Canarias Open de España 2003 oder das German Business Masters 2006 statt.

Golf Las Américas

Mitten im Herz des touristischen Zentrums schlägt der Golfer seinen Ball auf einer Traumanlage von über 6000 Quadratmetern und über 18 Löcher ab. Der Platz ist eingebettet in einen exotischen Garten und kann das ganze Jahr über bei 23 bis 25 °C bespielt werden. Im Rücken bietet das vulkanische Bergmassiv eine eindrucksvolle Kulisse, denn die dunklen kahlen Berghänge stehen im krassen Gegensatz zum üppigen Grün. Wie auf allen kanarischen Plätzen ist man sich seiner Verantwortung gegenüber der Umwelt bewusst. Auch wurde Golf Las Américas 2008 zum dritten Mal mit dem Preis »Premio D&B« als bester Platz Spaniens ausgezeichnet. Auf dem Platz wurden Turniere von internationaler Bedeutung ausgetragen: BMW Golf Cup Intern., Circuito Barclays de Golf oder Circuito de Golf Diners Club Español. Wer sich auf dem Putting Green oder der Driving Range mit dem Blick auf den Atlantik warm schlägt, spürt das Besondere dieses Ortes.

Golfzentrum Los Palos

Das Golfzentrum Los Palos liegt im Gemeindegebiet von Arona. Der kleine Platz mit neun Löchern wurde 1994 eröffnet. Es wurden kleine Seen und Flüsse als Herausforderung an den Spieler integriert. Dieses Golfzentrum eignet sich ganz besonders für Anfänger, Familien, Menschen unter Zeitdruck oder Spieler, die ihr Kurzspiel optimieren möchten. Es werden auch Trainerstunden und Kurse, individuell oder in der Gruppe in mehreren Sprachen angeboten. Bei der Gestaltung des Platzes durch das Unternehmen Integral Golf Design nahm man auf die Umwelt größtmögliche Rücksicht. Zahlreiche Vogelarten haben hier ein Zuhause gefunden. Auf Informationstafeln werden die Spieler während des Rundgangs darauf aufmerksam gemacht, wenn sie sich einem Schutzgebiet nähern. In Los Palos herrscht eine freundliche, offene Atmosphäre, dass sich jeder wohlfühlt, egal ob Anfänger oder versierter Spieler. Für Kinder steht ein Spielplatz zur Verfügung.

AUTORENTIPP!

ANGEMESSENE AUSRÜSTUNG
Auch auf den Kanaren gelten die für Golfspieler üblichen Kleidernormen. Auch wenn man im Urlaub ist, muss bei dieser Sportart ein bisschen Etikette gewahrt werden. Deshalb sind kurze Hosen und Jogginganzüge unerwünscht. Die Kleidung darf aber durchaus leger und luftig sein. Achtung bei den Schuhen: Auf allen kanarischen Golfplätzen sind Schuhe mit Metallnägeln verboten. Sollte man keine passenden Schuhe zur Hand haben, bieten alle Plätze das Austauschen der Nägel gegen Gumminägel an.

Oben und unten: Auf den Golfplätzen werden abwechselnd mehrere Turniere auf nationalem und internationalem Niveau ausgetragen.

Oben: Sattes Golfgrün inmitten der kargen Vulkanlandschaft im Inselsüden

Infos und Adressen

GOLFPLÄTZE IM ÜBERBLICK

Auf den meisten Webseiten findet man eine ausführliche Fotogalerie oder virtuelle Touren, wo man sich ein noch genaueres Bild verschaffen kann.

Golf Costa Adeje. Los Olivos, Costa Adeje, Tel. 922 71 00 00, www.golfcostaadeje.com

Golf Las Américas. Playa de las Américas, Tel. 922 75 20 05, www.golf-tenerife.com

Los Palos Golf Zentrum. Carretera Guaza, Las Galletas km 7, Arona, Tel. 922 16 90 80, www.golflospalos.com

Amarilla Golf. Urb, Amarilla Golf, San Miguel de Abona, Tel. 922 73 03 19, www.amarillagolf.es

Golf del Sur. Urb. Golf del Sur, Galván Bello, San Miguel de Abona, Tel. 922 73 81 70, www.golfdelsur.net

Amarilla Golf

Der 18-Loch-Platz liegt auf der Südspitze Teneriffas, in San Miguel de Abona, direkt neben dem Golf del Sur. Er ist seit 1989 in Betrieb und genießt einen hervorragenden Ruf. Mit durchschnittlich drei Regentagen im Jahr ist der Platz eine Perle an der Küste. Er wurde von Donald Steel entworfen, der großen Wert auf eine perfekte Anpassung an die Umgebung legte und Schluchten, Hügel und andere von der Natur vorgegebene Hindernisse in die Gestaltung einfügte. Während des Spiels hat man einen wunderbaren Blick auf den Teide und den blauen Atlantik. Besonders an Loch fünf wird die Nähe des Ozeans zur Herausforderung, denn dort führt die ideale Schlaglinie über eine kleine Einbuchtung, die man überqueren muss. Klienten von Amarilla Golf bekommen auch günstigere Konditionen für Reitausflüge, Bootscharter, Tennis- oder Paddelplätze.

Golf del Sur

Dieser Golfplatz existiert seit 1987 und ist mit seiner 27-Loch-Anlage ein absolutes Highlight. Der Entwurf von Pepe Gancedo wurde 2005 von Manuel Piñero überarbeitet und erweitert. Golf del Sur ist der erste Platz auf den Kanaren, der über drei unabhängige Wettbewerbsbahnen mit je neun Loch verfügt. Besondere Aufmerksamkeit verdienen die Kontraste, die durch die Bunker aus schwarzem Vulkansand entstehen. Die Greens sind großzügig, und zwei Seen sorgen für einen hohen Schwierigkeitsgrad. Der Schutz der Flora und Fauna ist ein besonderes Anliegen. Zahlreiche Insekten, Vögel und Echsen sind auf dem Campus zu Hause. Ein Paradies für Golfer, sowohl in puncto sportlicher Herausforderung als auch in Bezug auf die Anlage. Der Brite Karl Woodward stellte hier sogar einen Weltrekord auf: Mit einem Schlag über 408 Yards durchbrach er die magische 400-Yard-Grenze.

Infos und Adressen

ESSEN UND TRINKEN

Asador El Portillo. Eleganz und moderne Elemente sind die Grundsätze dieses Restaurants. Es ist besonders für sein Fleisch vom Grill sowie für seine hervorragenden hausgemachten Süßspeisen bekannt. C/ El Portillo 19, San Miguel de Abona, Tel. 922 16 70 35.

Gulliver's Grill House. Das Restaurant ist im Einkaufszentrum San Blas zu finden. Es ist ein hervorragendes Steakhaus mit saftigen Steaks und schmackhaften Soßen. C/ San Blas 55, San Miguel de Abona, Tel. 922 73 83 03.

Taboos. Hervorragende Küche in einem guten Preis-Leistungs-Verhältnis, Zwei- und Drei-Gänge-Menüs zur Auswahl, Cocktails und gute lokale Weinkarte. Golf del Sur, San Miguel de Abona, Tel. 0034/922-73 89 13.

Castillo San Miguel. Soll es mal was anderes sein? Wie wäre es mit einem Dinner mit Show? Im Castillo San Miguel wird eine aufregende mittelalterliche Show mit Pferden, Fechtkämpfen, Magie und vielem mehr geboten. Aldea Blanca, San Miguel de Abona, Tel. 922 70 02 76, www.castillosanmiguel.com

ÜBERNACHTEN

Wer während der Ferien nicht nur dem Golfsport frönt, sondern dem Grün besonders nah sein möchte, kann sich in unmittelbarer Nähe zu den Golfplätzen in San Miguel de Abona einmieten.

Aparthotel Golf Plaza Spa Resort. In dieser Vier-Sterne-Anlage stehen Studios, Appartements mit einem oder zwei Schlafzimmern sowie Suiten zur Verfügung. Es ist eingebettet in eine schöne Grünanlage und bietet ein umfangreiches Spa-Programm. Urb. Golf del Sur, San Miguel de Abona, Tel. 922-73 70 00, www.golfplazasparesort.com.

Vincci Tenerife Golf. Ein Vier-Sterne-Hotel direkt am Meer. Die schöne Aussicht auf den Atlantik und Zimmer mit Ambiente sorgen für Erholung. Urb. Golf del Sur, Miguel de Abona, Tel. 922 71 73 37, www.vinccihoteles.com

Aquamarina Golf. In diesem Vier-Sterne-Komplex hat der Gast die Wahl zwischen einem Hotelzimmer oder einem großzügigen Appartement. Alle Einheiten sind von Eleganz und warmen Tönen geprägt. Avda. del Atlántico 3, Urb. Golf del Sur, San Miguel de Abona, Tel. 922 73 89 99, www.apartamentosaguamarinagolf.com

DER SÜDOSTEN

41 Reserva San Blas

Ethnopark mit Luxushotel

Mit der Eröffnung des ethnologischen Parks San Blas wurde erstmals auf Teneriffa ein deutliches Exempel für Umwelttourismus statuiert. Die Reserva San Blas Ambiental rückt einen Naturraum in den Mittelpunkt, der sich in Hunderttausenden von Jahren kaum verändert hat. Das außergewöhnliche Reservat birgt auf einer Million Quadratmetern geologische, ethnologische und archäologische Schätze, die das Wesen der Insel beschreiben. Zudem ist es reich an endemischer Flora und Fauna.

Anhand der Beschreibungen, audiovisuellen Medien und Spezialeffekte, denen man im Museum des Besucherzentrums begegnet, taucht man ein in die Entstehungsgeschichte der Insel.

Vorangehende Doppelseite: In Jahrtausenden entstand die Felslandschaft *Paisaje Lunar*, übersetzt Mondlandschaft, aus Schmelztuff.
Mitte: Meeresschildkröte bei einer Vorführung im Informationszentrum San Blas
Unten: Im Naturreservat San Blas

Refugium für Tiere und Pflanzen

In San Blas, einer Schlucht an der Südspitze Teneriffas, traf einst eine vulkanische Aschewolke mit über 100 Stundenkilometern auf den Ozean. Fast 400 °C heiße Aschepartikel verbanden sich mit dem kühlen Wasser des Atlantiks und hinterließen dabei Spuren in den Gesteinsformationen. Der harte, dunkle Basalt bringt mit den gelblichen, weichen Ignimbriten eine besondere Landschaftsform hervor. Ignimbrit ist ein sogenannter Schmelztuff, der durch die Verfestigung von pyroklastischen Dichteströmen nach einer Eruption entsteht. In der Lava fanden Archäologen Gegenstände früherer Generationen, die bis in die Guanchenzeit zurückreichen.

Die Flora und Fauna profitiert von diesem Naturreservat, in dem endemische Arten besonders geschützt werden. Man findet zum Beispiel verschiedene Wolfsmilchgewächse, Strauchiger Krapp, Glatte Baumschlinge oder Balo-Sträucher, die ihre Wurzeln sehr tief in die Erde strecken, um an Grundwasser zu gelangen. Entscheidend für das Überleben dieser Pflanzen war jedoch, dass sie sich an die salzhaltige Meerluft angepasst haben. Auch Echsenarten wie die Westkanaren-Eidechse, der Kanaren-Gecko oder der endemische Käfer *Lepromoris gibba* sind in dem Reservat zu Hause. Der Kanaren-Zilpzalp zwitschert fröhlich, während sich Turmfalken in den Felsnischen ein geschütztes Nest bauen. Zugvögel wie der Königsreiher oder der Flussuferläufer finden am Stausee ganzjährig einen idealen Rastplatz. Selbst der Meeresgrund vor San Blas gilt als besonders schützenswerte Zone. Man fand große Seegraswiesen, die besonders empfindlich auf ökologische Veränderungen reagieren. Unter vielen anderen interessanten Meeresbewohnern tummeln sich hier auch Grüne Meeresschildkröten oder der Bart-Feuerborstenwurm.

Spazierpark durch den Ethnopark

Spätestens beim Überschreiten der Brücke zwischen Besucherzentrum, Hotel und Schlucht begibt man sich auf eine Zeitreise, um den verschiedenen Generationen zu begegnen, die ihre Spuren hinterlassen haben. Dass die Reihenfolge der mit Laiendarstellern nachgestellten Szenen nicht chronologisch ist, spielt keine Rolle. Viel wichtiger ist das Gefühl, dass ein Stück kanarische Geschichte zum Leben erwacht.

AUTORENTIPP!

HOTEL SAN BLAS RESERVA AMBIENTAL

Dieses Fünf-Sterne-Hotel direkt am Meer ist viel mehr als nur ein Hotel. Es ist eine Erlebniswelt, die einem völlig neuartigen Konzept folgt und mit nichts verglichen werden kann, was es bisher gab. Hier wurde eine neue Strategie von nachhaltigem Tourismus realisiert. Mit so wenig Eingriff in die Natur wie möglich ist dieses Hotel im Stil typisch kanarischer Architektur entstanden. Die komfortablen Zimmer orientieren sich in der Farbgestaltung an der umgebenden Natur. Warme, dezente Farben geben den Sinnen die Ruhe, die umgebende Schönheit auf sich wirken zu lassen.

Das Hotel verfügt über sechs verschiedene Pools, drei davon sind auf die Bedürfnisse von Kindern zugeschnitten. Außerdem hat man einen direkten Zugang zum Strand. Das absolute Highlight und Herzstück der Anlage ist der schiffbare See, auf dem man sogar in Kajaks herumpaddeln kann. Das breit gefächerte Animations- und Freizeitprogramm hält für jeden etwas bereit. Bei verschiedenen Ballsportarten, Nordic Walking, Aerobic, Yoga, Pilates sowie einem Kletterfelsen kann man sich nach Herzenslust austoben. Wer seinem Körper lieber passiv Gutes tun möchte, kann sich im Wellness-Zentrum mit Fitnessraum, Sauna, Aktiv-Pool, sensitiven Duschen oder im Eisbrunnen verwöhnen lassen. Das Hotel gilt als besonders familienfreundlich. Ebenso stehen zwei Restaurants mit Panoramablick aufs Meer zur Auswahl.

Hotel San Blas Reserva Ambiental. Plan Parcial Los Abrigos, San Miguel de Abona, Tel. 922 74 90 10, www.sanblas.eu

Oben: Guañameñe nannten die Guanchen ihre Hohenpriester, die für Rituale zur Kommunikation zwischen Himmel und Erde zuständig waren.
Mitte: Die Schlucht von San Blas
Unten: Ein typischer »Tomatero«, Tomatenbauer

Erster Stopp: Lebendige Ureinwohner

In Felle gekleidete Ureinwohner hüten ihre Ziegen. Wie zu Urzeiten bewachen sie ihre Herden und halten Ausschau nach drohenden Gefahren. Die Guanchen waren ein sehr friedliebendes Volk, das sich durch Ackerbau und Viehwirtschaft ernährte. Seltsamerweise hatten sie trotz des Insellebens keine Affinität zum Meer. Sie angelten nicht und hatten auch keine Boote. Wenn sie gelegentlich Fische fingen, taten sie dies mithilfe der Wolfsmilchgewächse. Sie schütteten ihren giftigen Saft in eine fischreiche Bucht, der die Fische betäubte, und als sie auf der Wasseroberfläche trieben, wurden sie einfach eingesammelt.

Schon damals war Getreide eines der Hauptbestandteile der Nahrung. Das Gofio, geröstetes Mehl, stammt aus der Zeit der Guanchen und hat sich bis heute als Grundnahrungsmittel erhalten. Mühsam rieb man die Getreidekörner zwischen runden Steinen. Das Mehl, das man auf diese Weise erhielt, wurde geröstet, mit Wasser vermischt und ungebacken verzehrt.

Zweiter Stopp: Tomatenbauern

Einen kurzen Zeitsprung bringt die Begegnung mit einem typischen Landarbeiter in den Tomatenplantagen der ersten Hälfte des 20. Jahrhunderts. Ein restaurierter Original-Lkw weckt nostalgische Gefühle, während der *Tomatero* von seinem harten Alltag erzählt. Besonders enge Handelsbeziehungen wurden in dieser Zeit mit England unterhalten, wohin die meisten kanarischen Tomaten exportiert wurden.

Marktfrauen liefen früher täglich von der Küste bis nach Vilaflor, um die frischen Fische, Brot oder Tomaten zu verkaufen.

Dritter Stopp: Die wandelnden Marktfrauen

Zur gleichen Zeit trugen die Frauen ihren Teil zur Ernährung bei. Sie arbeiteten Hand in Hand mit ihren Vätern, Brüdern oder Ehemännern, die als Fischer aufs Meer hinausfuhren. Jede Nacht gegen Mitternacht kamen sie zum Hafen und erwarteten den Fang, den sie in große Körbe umluden und meist auf dem Kopf bis ins 1400 Meter hoch gelegene Dorf Vilaflor trugen. Dort tauschten sie die Fische gegen Eier, Gemüse oder Hühner oder verkauften sie gegen Bargeld. Danach liefen sie durch den gleichen Barranco, der heute das Naturreservat beherbergt, zurück ins Tal.

Vierter Stopp: Hammer gegen Stein

Wer sein Brot nicht als Fischer, Händler oder Bauer verdiente, arbeitete im Steinbruch. Es kostete Mühe, den Sandstein abzutragen und in Stücke zu hauen. Je nach Größe verbaute man ihn in Häusern, Mauern oder nutzte ihn als Kies. Bei dieser harten Arbeit standen den Männern kaum Hilfsmittel zur Verfügung. Hammer, Keil und Muskelkraft waren es, die aus Felsbrocken brauchbare Steine machten.

Besuchergruppen werden durch die Schlucht geführt.

AUTORENTIPP!

PRAKTISCHE HINWEISE

Wer sich auf diesen interessanten Spaziergang begeben möchte, sollte einige Vorsichtsmaßnahmen berücksichtigen: Der Weg ist zwar einfach zu laufen und für jedes Alter geeignet, aber dennoch sollte man bequeme und trittsichere Schuhe tragen. Vor der Sonne sollte man sich durch Sonnenschutzcreme, Hut und Sonnenbrille sowie angemessene Kleidung und Wasser schützen.

Die Führungen finden in kleinen Gruppen statt, und per Kopfhörer erhält man Erklärungen zu dem, was man sieht, in spanischer, englischer oder deutscher Sprache. Die Besichtigung von Museum mit Auditorium und einer audiovisuellen Führung durch die Geschichte sowie die anschließende Besichtigung der Schlucht dauern jeweils rund eine Stunde.

Eintritt. Für Hotelgäste 5 €, für externe Besucher 21 €, Kinder bis zwölf Jahre frei.

Info und Anmeldung.
Tel. 902 10 89 26, eine Voranmeldung ist sinnvoll.

Im gigantischen Pool des Hotels »Reserva San Blas« kann man richtig große Runden schwimmen und dabei die Aussicht genießen.

Fünfter Stopp: Der Stausee

Trocken und im Sommer sengend heiß war es in diesem Teil der Insel auch früher schon. Für die Bauern und Landbesitzer bedeutete dies Ernteeinbußen vor allem in den Sommermonaten. Deshalb behalf man sich mit dem Bau von Staudämmen, die das Regenwasser des Winters auffangen und für den Sommer nutzbar machen sollten. Kleine Quellen speisten den Wasserspeicher zusätzlich. Ein solcher Stausee bildet im Barranco heute noch ein Biotop für viele Tier- und Pflanzenarten. Vor allem aber wird hier demonstriert, wie man sich früher an Bord eines einfachen Floßes von einer Seite des Sees zur anderen zog. Auch hier sind menschliche Muskeln die treibende Kraft.

Minimalistische Eleganz in der Eingangshalle des Hotels San Blas

Sechster Stopp: Eine besondere Sprache

Ab diesem Punkt führt die kleine Zeitreise zurück zu den Ureinwohnern. Während man auf der

Nachbarinsel La Gomera den *Silbo*, die Pfeifsprache, erfand, nutzte man auf Teneriffa Muschelhörner, um Neuigkeiten, Warnungen oder sonstige Nachrichten von Barranco zu Barranco zu übermitteln. Der hohle Brummton hatte verschiedene Bedeutungen und ersetzte das, was man heute als Telefon oder Zeitung bezeichnen würde.

Siebter Stopp: Guanchen-Ritual

Die Gemeinschaft der Guanchen wurde von einer Art hohem Priester, dem Guañameñe, angeführt. Zumindest alle Fragen zwischen Himmel und Erde und auch zum Teil die Rechtsprechung lagen in seiner Hand. Er beherrschte die Magie, zelebrierte Rituale und galt als weiser Ratgeber. An vielen Stellen, die als religiöse Orte identifiziert wurden, fand man große runde Steine, die einem Altar ähneln. Nachdem es bei den Guanchen keine Blutopfer gab, weiß man bis heute nicht genau, welchem Zweck sie dienten. Andere Kulthandlungen konnte man nachvollziehen. Hier wird man Zeuge einer Anrufung der höchsten Gottheit Magec, mit der Bitte um Wasser. Aus einer Schale wurde Wasser oder Ziegenmilch als Opfergabe in ein Rinnsal gegossen, in der Hoffnung, die Götter gütig zu stimmen.

Achter Stopp: Zurück in die Gegenwart

Umgeben von Wein, Gesang und Fröhlichkeit findet der interessante Spaziergang ein Ende. Ein Durchbruch in den direkt angrenzenden Barranco bietet dem Besucher die Möglichkeit, auf einem anderen Weg, in Abgeschiedenheit und umgeben von der wilden Schönheit der Landschaft, gemächlich zurückzuwandern. Dieses Erlebnis von lebendig gewordener Geschichte wird man bestimmt noch lange in Erinnerung behalten.

Oben und Mitte: Das moderne 5-Sterne-Hotel bietet Geschmack und Komfort in seiner Vollendung.
Unten: Charmante kleine Details schaffen Ambiente.

42 Vilaflor

Das höchste Dorf Spaniens

Inmitten grüner Kiefernwälder liegt auf rund 1400 Metern Höhe das Dorf Vilaflor, das höchstgelegene permanent bewohnte Dorf Spaniens. Von seinem Thron auf einem Hochplateau aus überblickt es die Ostküste bis zur Südspitze der Insel. In der idyllischen Ruhe scheint der touristische Trubel Lichtjahre entfernt, und tatsächlich fühlt man sich dem Himmel näher als allem Irdischen. Der reinen Bergluft wird eine heilende Wirkung bei Lungenerkrankungen nachgesagt.

Mitte: Der Blick auf das höchste spanische Bergdorf Vilaflor in 1400 Metern luftiger Höhe
Unten: Unter den Einheimischen sind die Blätter, Blüten und Frucht der Kaktusfeige als Heil- und Nahrungsmittel bekannt.

Das Bergdorf

Vilaflor lebt von der Landwirtschaft. Trotz der Höhenlage regnet es allerdings nur selten, deshalb haben die Bewohner eine eigene Variante der Trockenfeldbebauung entwickelt. Dabei nutzt man die Wasserspeicherkapazität des Vulkangesteins und bearbeitet den Boden intensiv, damit er das Leben spendende Nass besser aufnehmen und bewahren kann. Besonders der Wein, der an diesen Hängen wächst, ist weit über die Insel hinaus bekannt. Kurioserweise gibt es aber ausgerechnet in diesem Ort eine der ergiebigsten Trinkwasserquellen der Insel. Unter der Marke »Fuente Alta« wird das Mineralwasser abgefüllt und verkauft.

Die Frauen von Vilaflor sind bekannt für ihre Fingerfertigkeit. Sie zaubern wunderschöne Stickereien und Spitzenarbeiten, die in den zahlreichen Souvenirläden des Ortes erstanden werden können. Früher arbeiteten viele Männer des Dorfes als Kohlemeister. Auf alte traditionelle Art stellten sie ein genau durchdachtes Konstrukt aus Steinen, Holz, frischem Grün, trockenen Fichtennadeln und

Erde zusammen. Kommt dann die verwandelnde Kraft des Feuers hinzu, erhält man als Endprodukt wertvolle Holzkohle. Heute wird keine Holzkohle mehr hergestellt, aber gelegentlich finden Schautage statt, um die Tradition zu erhalten und an die junge Generation weiterzugeben.

Dorfleben in Vilaflor

Das Leben in Vilaflor plätschert gemächlich dahin. Obwohl es heute auch von den zahlreichen Besuchern lebt, die in der Bergwelt neue Eindrücke suchen, lässt man sich davon nicht aus der Ruhe bringen. Wie die besonders prächtigen Pinien, die rund um den Ort wachsen, sind die Menschen tief in ihrer dörflichen Gemeinschaft verwurzelt. Die imposanten Bäume sind wahre Giganten ihrer Art. Bis 45 Meter hoch wachsen sie dem Himmel entgegen, und ein Mensch allein kann die Stämme mit zwei bis drei Metern Durchmesser nicht umfassen. Das Zentrum des Ortes gruppiert sich rund um die Plaza mit seinen gemütlichen Straßencafés. Gastfreundschaft wird hier jedem Besucher entgegengebracht. Die Figur des wohl bekanntesten Sohnes des Dorfes, Padre Pedro, ist allgegenwärtig. Unter blühenden Oleanderbüschen blickt er seine Mitmenschen noch ebenso gütig an wie zu Lebzeiten.

Der heilige Padre Pedro

Pedro de Betancur wurde 1626 in Vilaflor geboren. Schon früh fiel er durch seine tiefe Gläubigkeit auf. Die Religiosität, das liebevolle Wesen, aber auch seinen Humor soll er von der Mutter geerbt haben. In seiner frühen Jugend, bis zum Tod des Vaters, ging er diesem beim Ziegenhüten zur Hand. Danach bearbeitete er die Felder der Familie, und seine Mutter ahnte bereits, dass ihren Sohn ein Fernweh plagte. Eine von der Mutter ge-

AUTORENTIPP!

VILAFLOR PER MOUNTAINBIKE

Die Wanderung zur Mondlandschaft von Vilaflor ist für Mountainbiker ungeeignet. Dennoch gibt es einen interessanten Weg, den man auf zwei Rädern erkunden kann: die Tour zur Wassergalerie Pinalito. Die Galerie selbst ist nichts Besonderes, viele Stollen dieser Art wurden gebaut, um Trinkwasser zu gewinnen. Dennoch bietet die ausgeschilderte Fahrt ein beeindruckendes Naturschauspiel, das sich aus Lavaasche in den erstaunlichsten Farbtönen von Schwarz über Rot bis Gelb zusammensetzt. Der blaue Himmel und die grünen Kiefern setzen die nächsten Farbtupfer, und von vielen Stellen aus, hat man eine wunderschöne Sicht auf die Küste und den Südflughafen. Von der Galerie aus fährt man etwa 300 Höhenmeter bergab, bis man wieder auf die Straße Vilaflor – Teide (TF 21) gelangt und zum Ausgangspunkt in Vilaflor zurückkehren kann.

Zu Fuß oder per Mountainbike bietet die Landschaft rund um Vilaflor interessante Entdeckungstouren.

Mal ehrlich ...

TOURISTENFALLE IN DEN BERGEN

Den Camping- und Grillplatz oberhalb von Vilaflor in Richtung Las Cañadas del Teide sollte man meiden. Zumindest dann, wenn man keine eigene Verpflegung dabei hat. Der Kioskbesitzer schlägt mit seinen Wucherpreisen gnadenlos zu. Wer sein Picknick selbst dabei hat, kann es sich getrost an den Holztischen bequem machen und die frische Waldluft genießen. Kinder können sich auf dem Spielplatz von der Autofahrt erholen und ein bisschen herumtoben, bevor die Fahrt weitergeht.

plante Heirat schlug er aus. Er fühlte sich zum Missionar berufen. In einer Grotte in Granadilla de Abona bei El Médano soll er tagelang über seinen künftigen Lebensweg nachgedacht haben. Dann stand sein Entschluss fest: Er wollte seinen Glauben in die Welt hinaustragen und Gutes tun. Als 23-Jähriger bestieg er in Garachico ein Schiff mit Kurs auf Kuba. Die Grotte ist heute noch ein An-

Vilaflor ist für seinen Blumenreichtum bekannt.

Oben: Die Kirche San Pedro Apostól, in der man dem berühmten, heilig gesprochenen Sohn des Ortes gedenkt.
Mitte: Liebevoll geschmücktes Kreuz
Unten: Vilaflor ist von einer tiefen Religiosität geprägt.

ziehungspunkt für viele Gläubigen die bei Padre Pedro Rat und Hilfe suchen (siehe im Kapitel »El Médano«).

Pedro wurde Franziskanermönch und fand sein neues Betätigungsfeld im fernen Guatemala. Er gründete in seiner Wahlheimat zahlreiche Schulen und Krankenhäuser, bis er im Alter von nur 41 Jahren verstarb. Heute wird San Pedro sowohl auf Teneriffa als auch in Guatemala hoch verehrt. Im Jahr 1990 wurde er vom Vatikan offiziell heiliggesprochen. Seither ist die Insel noch stolzer auf den Heiligen aus den eigenen Reihen.

Die Kirche San Pedro Apostól

Von außen wirkt die Kirche San Pedro Apostól aus dem16. Jahrhundert bescheiden, aber im Inneren findet sich neben außergewöhnlichen Beispielen kanarischer Holzschnitzkunst eine wertvolle Alabasterstatue des Heiligen Petrus. Die Kirche und das Andenken an den Heiligen werden von einer Handvoll Nonnen, die noch in dem benachbarten

Tajinaste vor dem Portal der Kirche im Dorfkern von Vilaflor

DIE LEGENDE DER BLUME VON CHASNA

Zu Zeiten der Ureinwohner hieß diese Gegend Chasna. Nach der Eroberung durch die Spanier im Jahr 1496 lieferten sich die Guanchen erbitterte Kämpfe mit den Eindringlingen. Sie verteidigten ihre Freiheit bis zum letzten Mann. Eines Tages entdeckte Pedro de Bracamonte, ein General der spanischen Truppe, einen Durchgang zur Chasna-Schlucht. Dort traf er auf eine junge Eingeborene, die er als seine Gefangene mitnahm. Die junge Fremde bezauberte ihn vom ersten Moment an mit ihrer Schönheit und ihrem Liebreiz. Als ihr nach einigen Tagen die Flucht gelang, war es um das Seelenheil des Generals geschehen. Er war von dem Verlust, den er empfand, so tief getroffen, dass er sich wie ein Wahnsinniger immer wieder laut schreiend zu Boden warf. Erfolglos bemühten sich seine Kameraden, ihn zur Vernunft zu bringen. Er war und blieb besessen von diesem unbekannten, zauberhaften Wesen. Tag und Nacht dachte er an die geliebte Fremde, die ihm entwischt war. Er schlief kaum noch, und nach drei Monaten soll er an gebrochenem Herzen gestorben sein. Kurz vor seinem letzten Atemzug bäumte er sich noch einmal auf und schrie: »Vi la flor del valle, Vilaflor« (span. »Ich habe die Blume des Tals gesehen«). Seine letzten Worte gaben dem Tal und dem Ort seinen heutigen Namen, denn zum Gedenken an ihren geschätzten Führer nannten die Soldaten das Tal von diesem Tag an Vilaflor.

Kloster leben, liebevoll gepflegt. Sie unterhalten auch freundschaftliche Beziehungen nach Guatemala, um das Lebenswerk des verehrten Bruders weiterzuführen und von Teneriffa aus nach Kräften zu unterstützen.

Oben: Die Wanderwege rund um Vilaflor sind gut ausgeschildert. **Unten:** Mondlandschaft nennt man die Tuffsteinaufschüttungen rund um Vilaflor.

Paisaje Lunar

Von Vilaflor aus führt einer der beliebtesten Wanderwege der Insel zur sogenannten Paisaje Lunar, der »Mondlandschaft«. Vulkane und bizarre Tuffsteinaufschüttungen, gepaart mit Kiefern und Pinien schaffen eine ganz besondere Landschaft wie in einer Traumwelt. Wer sich mit Mineralien auskennt, entdeckt Phonolithe oder Analcimkristalle, aber auch ohne solches Fachwissen beeindruckt die einzigartige Szenerie.

Der breite Rundwanderweg, der von Vilaflor ausgeht, ist gut ausgeschildert und beginnt in der Nähe der Kirche, wo man auch sein Auto parken kann. Rund vier Stunden muss man für die mittelschwere Wanderung einkalkulieren. Übrigens: Man kann die Wanderung auch bei Florida beginnen und dadurch verkürzen. Allerdings ist der Weg dorthin schlecht, und es gibt nur wenige Abstellmöglichkeiten für den Pkw.

Hier kommt man sich vor, wie in einer anderen Welt.

Infos und Adressen

ESSEN UND TRINKEN

El Refugio. Wer nicht in der kleinen Pension übernachten möchte, dem sei ein Besuch der Restaurants mit einer hervorragenden deutsch-schweizerischen Küche empfohlen. Mittlere Preislage. Barranco del Rey, El Topo 34, La Escalona, Vilaflor, Tel. 922 72 58 94, www.el-refugio.com

Teide Flor. Typisches kanarisches Restaurant mit rustikaler und gemütlicher Ausstattung sowie herzhafter Hausmannskost zu eher günstigen Preisen. Ctra. Gral. Teide 6, Vilaflor, Tel. 922 70 91 43.

Casa Pana. Schönes altes Restaurant mit Geschichte, im Zentrum von Vilaflor, neben der Konditorei. Sehr typische einfache Landesküche, die aber sehr schmackhaft ist. C/ Los Castanos 7, Vilaflor, Tel. 922 70 90 70, www.casapana.com

ÜBERNACHTEN

Hotel Spa Villalba. Kleines aber feines Vier-Sterne-Hotel in den Bergen. Besondere Atmosphäre durch einen rustikalen Mix aus Stein und Holz. Helle und freundliche Zimmer sowie ein Spa-Bereich. C/ San Roque, Vilaflor, Tel. 922 70 99 30, www.hotelvillalba.com

Hotel Nogal. Sehr hübsches Landhotel in einem alten Landsitz aus dem 18. Jahrhundert. Die typische kanarische Architektur gibt diesem Haus seinen heimeligen Charakter. Camino Real, La Escalona, Vilaflor, Tel. 922 72 60 50, www.hotelnogal.net

Pension El Refugio. Sehr romantisch gelegenes Haus auf einer Bergfinca. Auf Wunsch werden Kochkurse, Raucherentwöhnungsprogramme oder Wanderausflüge angeboten. Barranco del Rey, El Topo 34, La Escalona, Vilaflor, Tel. 922 72 58 94, www.el-refugio.com

Hotel El Sombrito. Einfaches, aber schönes Familienhotel in den Bergen. C/ Santa Catalina 15, Vilaflor, Tel. 922 70 90 52, www.hotelelsombrerito.es

EINKAUFEN

Wer in Vilaflor ist und ein Faible für Handarbeiten hat, sollte die Stickereien und Handarbeiten der einheimischen Frauen genauer betrachten. Sie sind etwas ganz Besonderes. Im Ortskern finden sich mehrere kleine Lädchen, in denen Häkel-Bordüren, Stickereien und handgefertigte Tischdecken angeboten werden.

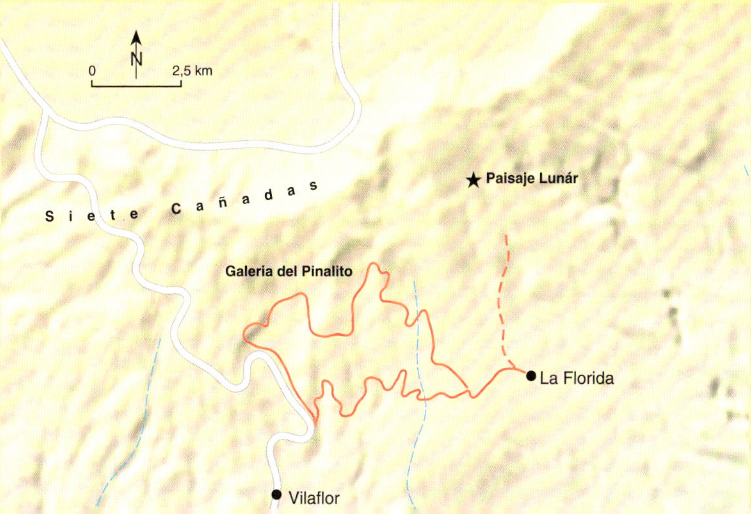

Mitte: Schon von Weitem sieht man die gigantischen Rotorblätter der Windmühlen im Park für erneuerbare Energien, ITER.
Unten: 25 bioklimatische Häuser entstanden auf dem Gelände. Autarkes Wohnen im perfekten Einklang mit der Natur.

43 ITER-Windpark

Energieforschung zum Anfassen

ITER ist die Abkürzung für den spanischen Namen Institut für erneuerbare Energien. Und genau darum geht es auf dem weitläufigen Gelände, das als Versuchsprojekt begann und mittlerweile schon längst zum Vorzeigeobjekt von internationalem Ruf geworden ist. Wind, Wasser, Sonne und neue Wohnmodelle sind die Hauptforschungsthemen, die von Wissenschaftlern im Rahmen dieser Anlage verfolgt werden. Bei einem Besuch bekommt man einen leicht verständlichen und doch interessanten Überblick über die Energieformen und ihre Besonderheiten.

Zu dem Komplex gehört auch die vulkanologische Forschungs- und Überwachungsstation. Hier werden alle Daten in modernen Großrechnern gesammelt und ausgewertet – seismische Bewegungen, die Gaszusammensetzung der Emissionen rund um den Teide und vieles mehr, das die Sicherheit der Bewohner und Besucher garantiert.

Wind in den Rotorblättern

Insgesamt drei Windparks mit unterschiedlichen Modellen sind im kanarischen Institut für erneuerbare Energie, ITER, im Einsatz. Schon von der Autobahn aus weisen die weithin sichtbaren Rotorblätter der Windkrafträder den Weg zur Anlage. Gleich am Eingang befindet sich das Besucherzentrum, in dem man Infos zum Rundgang erhält. Die Windräder speisen aktiv Energie – derzeit jährlich 35 Gigawatt – in das öffentliche Netz ein. Dank dieser Energieform werden auf Teneriffa pro Jahr 39 200 Tonnen weniger Kohlendioxid in die Atmosphäre geblasen, das entspricht einer Ersparnis von 9450 Litern Rohöl. Mittlerweile zieht der Windpark ITER regelmäßig Wissenschaftler aus aller Herren Länder zum Erfahrungsaustausch an.

Windtunnel

Der Wind ist nutzbare Energie aus der Natur und hat zugleich auf Mensch, Objekte und Umwelt spezifische Auswirkungen. Um dies genauer zu definieren, wurde der Windtunnel gebaut. Das geschlossene System ermöglicht vielfältige Anwendungsgebiete: Zum Beispiel im zivilen Ingenieurwesen, in der Architektur, in der Landwirtschaft oder im Sport. Fahrradfahrer können beispielsweise den Luftwiderstand neuer Fahrräder oder Helme erproben. Der Einsatzbereich ist breit gefächert. Der Tunnel kann für Testreihen angemietet werden oder wird von den hauseigenen Experten für verschiedene Studien genutzt. Besucher sehen ihn nur von außen.

Ein praktisches Beispiel der Nützlichkeit: Bevor das Industriegebiet in Güímar gebaut wurde, nahm man mithilfe des Windtunnels Studien vor, die herausfinden sollten, ob sich die Veränderung der Windströmungen nachteilig auf das Naturschutzgebiet Reserva Natural Especial del Malpais de Güímar auswirken würde. Dazu wurde zu-

Besucherzentrum des ITER Parks

AUTORENTIPP!

FERIENDOMIZIL IM WOHNMODELL DER ZUKUNFT

»Gesünder bauen – gesünder wohnen«, so lautete der Arbeitstitel, unter dem 1995 ein internationaler Wettbewerb für energiesparende Wohnhäuser ausgerufen wurde. Architekten aus aller Welt bewarben sich, und insgesamt 25 der eingereichten Modelle wurden realisiert. Sie stehen heute auf dem küstennahen Geländeabschnitt des ITER-Parks.

Die 25 bioklimatisierten Häuser beleuchten den Gedanken an das eigene Traumhaus unter einem ganz neuen Aspekt. Die futuristischen Häuser sind so geplant, dass sie sich optimal den klimatischen und meteorologischen Gegebenheiten des Standortes anpassen und energietechnisch autark funktionieren. Wo lässt man Sonne herein, welche Seite muss vor Wind geschützt werden und wie?

Manche Häuser verschmelzen fast völlig mit ihrer Umwelt, andere orientieren sich an den Methoden aus der Landwirtschaft, um das Haus, ähnlich einer Pflanze, vor Widrigkeiten zu schützen. Wieder andere erscheinen verrückt futuristisch. Wer das Wohngefühl am eigenen Leib erleben möchte, kann diese Häuser über die Zentrale der Anlage auch als Feriendomizil buchen.

Oben: Sonnen- und Windenergie sind die Forschungsfelder des ITER-Zentrums. Aber man macht auch Versuche mit anderen Naturelementen wie zum Beispiel der Nutzung von Wellenkraft.
Unten: Modellhäuser

nächst erfasst, wie der Wind vor dem Bau strömte und wie die Natur damit umgeht. Später wurden die geplanten Gebäude simuliert, um herauszufinden, ob sich dadurch wesentliche Veränderungen in der geschützten Zone ergeben würden.

Sonnenenergie

Teneriffa ist bekannt für seinen Sonnenreichtum. Was liegt also näher als die Nutzung von Sonnenkraft zur Energieerzeugung? Auf dem Gelände sind auch in diesem Bereich unterschiedliche Solarfeld- und Umwandlungsmöglichkeiten in der Anwendung. Ein gigantisches Feld von Solarmodulen liegt dem Besucher quasi zu Füßen. Bei der Finanzierung ging man ungewöhnliche Wege. Das Solarfeld SOLTEN 1 mit seinen 130 Solarfeldern à 100 Kilowatt wurde komplett an Privatinvestoren verkauft. Die Wartung und Nutzung des Gesamtprojekts wird von den Experten vor Ort überwacht. Derzeit produziert die Anlage 22 750 Megawattstunden pro Jahr, was dem Energiebedarf von rund 5308 Haushalten entspricht.

Technologischer Spaziergang

Allen Interessierten, die einen leicht verständlichen und doch interessanten Überblick über die

Mal ehrlich …

ÖKO, ABER ZIEMLICH SOLO

Das Modelldorf auf dem ITER-Gelände ist ziemlich abseits gelegen. Weder richtige Strandlandschaften noch eine Infrastruktur in Form von Restaurants oder Bars sind in unmittelbarer Nähe vorhanden. Man muss in gewisser Weise schon ein Technikfreak sein, um sich hier niederzulassen. Das Wohnen in einem Haus der Zukunft kann aber durchaus auch eine spannende Erfahrung sein.

Wohngefühl der Zukunft

Ökohaus ist nicht gleichbedeutend mit Komfortverlust. Das stellen die Modellhäuser eindeutig unter Beweis.

Energieformen und deren Charakteristika unternehmen wollen, empfiehlt sich der technologische Spazierweg. Unter freiem Himmel spaziert man durch die Anlage, vorbei an verschiedenen ökologischen Energievarianten, deren einzelne Aspekte auf Schautafeln erklärt werden. Dieser Rundgang ist nicht nur technisch informativ, sondern bietet mit der umgebenden Grünanlage, Flüsschen und Wasserspielen auch ein schönes Naturerlebnis. Ein gewisses technisches Interesse sollte man natürlich mitbringen.

Andere alternative Energien

Das ITER-Forschungszentrum sucht nach immer neuen Betätigungs- und Forschungsfeldern. Es beschäftigt sich zum Beispiel mit Mini-Hydraulik, Biomasse oder Geothermik. Auch die Nutzung der Wellenkraft als Energieerzeuger ist interessant. Gerade in Zeiten knapper werdender Rohstoffe ist die Nutzung alternativer Energien ein immer zukunftsträchtigeres Thema. Auch darüber informiert das Besucherzentrum.

Infos und Adressen

ITER. Poligono Industrial de Granadilla, Granadilla de Abona, Tel. 922 74 77 36, www.iter.es

Anfahrt. Die richtige Autobahnabfahrt, aus Santa Cruz kommend, ist die Ausfahrt 52, Zufahrt B. Vom Süden nimmt man die Abfahrt 21, Zufahrt A.

Besichtigung. Das ITER-Institut kann sowohl auf eigene Faust besucht werden als auch unter einer fachkundigen Leitung. Wer lieber ohne Führer durch die Anlage streift, findet im Besucherzentrum interessante Informationen und kann anschließend gemütlich über den technologischen Spazierweg schlendern. Wer eine Führung bevorzugt, sollte sich vorher anmelden und nach dem Beginn einer geführten Tour fragen, da die Zeiten, je nach Bedarf, variabel sind.

Öffnungszeiten. Mo–Sa 10–16 Uhr.

Mitte: Das Stadtgebiet von Granadilla de Abona zieht sich bis hinunter an die Küste.
Unten: Rund um den alten Dorfkern findet man noch dörflichen Charme.

44 Granadilla de Abona

Industrie und Fischeridylle

Obwohl Granadilla de Abona nach Arona und La Orotava die drittgrößte Gemeinde auf Teneriffa ist, spielt der Tourismus hier kaum eine Rolle. Entlang der Autobahn finden sich weitläufige Industriegebiete, und Granadilla selbst ist eine eher durchschnittliche Kleinstadt. Das bedeutet allerdings nicht, dass es nicht auch dort etwas zu entdecken gibt, vor allem in der historischen Altstadt. In der Umgebung finden sich idyllische Buchten.

Relikte aus der Guanchenzeit

Zur Zeit der Vorfahren unterstand die Gegend dem Guanchen-König von Arona. Er war einer der wenigen, die sich zur Kooperation mit den Spaniern entschlossen und nahezu kampflos aufgaben. Doch ausgerechnet in dem Landstrich, in dem die Ureinwohner ihr Land den Spaniern überlassen hatten, versammelten sich Rebellen aus verschiedenen Teilen der Insel. Sie versteckten sich in den Bergen und versuchten, ihr gewohntes Leben weiterzuführen. Noch heute findet man dort Relikte der Ureinwohner, wie zum Beispiel die Höhlen von Chiñama und La Jaquita oder den Versammlungsort der Könige, Tagoror del Rey, in der gleichnamigen Schlucht.

Iglesia San Antonio Abad

Erst spät im 16. Jahrhundert wurde das Areal einem verdienten Feldherrn der spanischen Krone zur Kolonisierung zugeteilt. In diesem Fall war es González de Cuño, der den Grundstein für diesen Ort legte. Sein Nachfahre ordnete zu Beginn des 17. Jahrhunderts den Bau einer Kirche zu Ehren des heiligen San Antonio Abad an. Das ursprüngliche Gotteshaus fiel später einem Brand zum Opfer und wurde im 18. Jahrhundert mitten auf der zentralen Plaza im Ortskern wieder aufgebaut, der heutige Kirchturm wurde 1885 angebaut. Er steht mit seinem leuchtenden Weiß im Kontrast zu der barocken Architektur des Haupthauses aus braunem Naturstein. Im Inneren finden sich wunderschöne Arbeiten typisch kanarischer Holzschnitzkunst und ein besonders hübscher Altar. Die heiligen Silberbecher waren Spenden von Seeleuten, die in der Kirche um Schutz vor Unwettern auf hoher See baten.

Lokale Wirtschaft

Granadilla de Abona war bis zum Beginn des 20. Jahrhunderts nur schwer zu erreichen. Keine Straße führte in den Ort, und wer ihn erreichen wollte, musste per Esel, Pferd oder zu Fuß einen mühsamen Weg über die Berge auf sich nehmen. Einzig das Meer bot einen Weg, auf dem man andere Inselteile in relativ kurzer Zeit erreichen konnte. Erst in den 1930er-Jahren wurde die erste Straße gebaut.

In Granadilla de Abona leben viele Menschen von der Landwirtschaft, vor allem vom Anbau von Kartoffeln, Getreide, Hülsenfrüchten und Wein. Außerdem finden sich Arbeitsplätze im Industriegebiet, den nahe gelegenen Tourismushochburgen oder auf dem Südflughafen, der ebenfalls im Gemeindegebiet liegt.

Im Zentrum

Der Kern von Granadilla de Abona rund um die Kirche hat seinen dörflichen Charme behalten und ist durchaus einen Spaziergang wert. In den engen stillen Gassen mit den Geranientöpfen vor den Fenstern oder Türen findet man auch das his-

AUTORENTIPP!

SKULPTURENPARK

Zwischen Kiefern und Kakteen unterhält der deutsche Bildhauer, Designer und Kunstmäzen Gernot Huber außerhalb von San Isidro einen Skulpturenpark. Gemeinsam mit seiner Frau gründete er 1997 eine Stiftung. Seither fördert er lokale und internationale Künstler, die in dem 80 000 Quadratmeter großen Grundstück zahlreiche Skulpturen aufstellten, darunter Inspirationen aus Stahl, Stein oder Acryl, die perfekt mit der Landschaft harmonieren. Jedes Jahr kommen neue Werke hinzu.
Der Park ist nur im Winterhalbjahr von etwa Oktober bis Mai geöffnet. Der Besuch ist nur in kleinen Gruppen mit Voranmeldung möglich. Jeden ersten Sonntag im Februar zwischen 14 und 18 Uhr ist Tag der offenen Tür.
Fundacion Gernot Huber.
Finca Los Cardones, San Isidro,
Tel. 922 77 23 31.

Altstadt auf dem Weg zur Kirche San Antonio Abad in Granadilla de Abona

torische Museum, in dem Bilder, Fotos und Erinnerungsstücke die Entwicklung der Gemeinde von den Zeiten der Ureinwohner bis heute belegen.

Vulkanische Naturschönheit

Die landschaftliche Schönheit seiner Umgebung vom Meer bis in die Berge verdankt Granadilla vulkanischen Aktivitäten. Der Blick fällt zunächst auf den zweithöchsten Gipfel der Insel: Mit 2718 Metern wird der Guajara nur noch vom Teide überragt. Im Umfeld der relativ jungen Vulkankegel Ifara und Los Riscos lockt ein faszinierendes Wandergebiet. Zwischen Granadilla und Vilaflor liegt die Montaña Colorada, die von den vulkanischen Formationen Las Mesas, Tiones, Las Coloradas und La Rica gebildet wird. Bis zu sieben Meter hohe Vulkanbomben verdeutlichen die gewaltigen Kräfte, die sich bei einer Eruption entladen. Diese Riesenbälle entstehen, wenn heiße Magma, die in die Luft geschleudert wird, zu rotieren beginnt. Die Masse formt sich zu einer Kugel und knallt sozusagen als vulkanisches Geschoss zu Boden. Die gesamte Region ist aufgrund ihrer geomorphologischen Besonderheit als Naturschutzgebiet ausgewiesen und ein permanentes Studiengebiet für Natur- und Vulkanforscher.

Baden in Las Galletas

Fährt man unterhalb der Autobahn durch das Industriegebiet in Richtung Küste, erreicht man das Fischerdorf Las Galletas. An dem hübschen kleinen Fischerhafen mit meist kleinen schaukelnden Booten gibt es einen kleinen Verkaufsstand, an dem die Fischer ihren Fang zum Kauf anbieten – frischer kann Fisch nicht sein! Direkt am Hafen erstreckt sich ein 420 Meter langer Strand aus schwarzem Sand und kleinen Kieselsteinchen. Die Bucht ist sehr geschützt und hat kaum Wellen-

Oben: Der Innenhof eines ehemaligen Klosters neben der Kirche San Antonio Abad erinnert an vergangene Zeiten.
Unten: Echtes südländisches Flair des bescheidenen Bauernlebens

gang, weshalb sie bei Einheimischen sehr beliebt ist. Voll wird es hier vor allem am Wochenende, ansonsten gilt sie als Geheimtipp für alle, die dem Rummel entkommen wollen. Vor allem früh am Morgen kann man beim Sonnenbaden dem geschäftigen Treiben der Fischer zusehen. Eine kleine Strandpromenade mit einigen Restaurants lädt zum Spaziergang in der Meeresbrise ein. Las Galletas verzaubert durch seinen ruhigen und beschaulichen Charakter, der keinen Rummel, wohl aber ein bezauberndes Ambiente verströmt.

Fischerromantik in Los Abrigos

Los Abrigos, ein kleines verträumtes Fischerdorf, weist eine erstaunliche Anzahl kleiner Restaurants auf. Frischer Fisch und Meeresspezialitäten sind natürlich die Favoriten. In dem Dörfchen geht es eher beschaulich zu – also genau richtig, um sich aus dem Trubel der Zentren auszuklinken. Los Abrigos beweist, dass es auch im Süden Ursprüngliches und leise Töne gibt. Wie wäre es mit einem gemütlichen Essen mit Blick aufs Meer in einem Restaurant an der kleinen Uferpromenade? Dienstags ist in Los Abrigos übrigens Markttag.

Strahlendes Weiß – ein typisches Kennzeichen südlicher Lebensart

Der Skulpturenpark Gernot Huber ist ein ganz besonderes Erlebnis für Kunstliebhaber.

AUTORENTIPP!

LEBENDIGE TRADITIONEN

Wie jede Gemeinde auf Teneriffa hat auch Granadilla seine zentralen Festivitäten, die religiöse Anbetung mit weltlicher Lebensfreude verbinden. Am 13. Juni wird der Schutzpatron der Stadt, San Antonio de Padua, mit einem großen Umzug und Tanz gefeiert.

Noch eigentümlicher sind die Festivitäten zu Ehren von San Juan und Santa Ana im Ortsteil Las Vegas. Dort sticht besonders der Volkstanz *La Danza de las Varas* hervor, der auf der Insel einmalig ist. Der Tanz der Stäbe besteht aus viel Folkloremusik und aus mit Papierblumen und -bändern geschmückten Stöcken, die an jedem Ende von je einer Person gehalten werden. Ausgefallene Tanzschritte und Figuren werden unter dem rhythmischen Applaus der Zuschauer vorgeführt. Dieses Fest kann man vom 24. bis 26. Juli miterleben.

Oben: Die Playa de El Médano liegt im Stadtgebiet von Granadilla.
Mitte: Fischerromantik an der Küste
Unten: Blick auf den ITER-Windpark mit seinen gigantischen Windmühlen

Poris de Abona

Wenn man auf der Autobahn aus Santa Cruz kommend Richtung Süden fährt, sieht man schon von Weitem das Markenzeichen von Poris de Abona, einen rot-weißen Leuchtturm, der den Schiffern sicheres Geleit und Orientierung in der Nacht garantiert. Früher standen hier nur ein paar einsame Häuser, die von Fischern bewohnt wurden. Aus dieser Zeit stammen die Plaza und die 1514 erbaute Kirche Nuestra Señora de las Mercedes. Der Zahn der Zeit hatte seine Spuren hinterlassen, bis sie Anfang des 20. Jahrhunderts restauriert wurde. Noch heute erbitten die Einheimischen dort den Segen der heiligen Mercedes.

Inzwischen ist aber auch Poris de Abona gewachsen. Bungalows und Appartementanlagen entstanden, die idyllische Urlaubstage verheißen. Kleine Restaurants entlang der Strandpromenade laden zu einem landestypischen Imbiss ein. Der Kieselstrand von Poris de Abona zeigt ebenso wie der alte Teil des Dorfes ein Stück ursprüngliches Teneriffa. Die Fanggründe sollen hier noch sehr fischreich sein, deshalb sieht man entlang der Küste immer wieder Fischer ihre Angeln auswerfen. Am Wochenende wird die Bucht gerne von Einheimischen besucht. Oft tummeln sich die Frauen und Kinder dann am Strand, während die Männer mit der Angel ihr Glück versuchen.

Im Hinterland von Poris de Abona drehen sich die riesigen Flügel mehrerer Windparks majestätisch im Wind. Sie sorgen für eine umweltfreundliche Energieversorgung und bilden einen modernen Kontrast zur Dorfidylle.

Infos und Adressen

INFORMATION

Touristeninformation. Avda. Galván Bello, Golf del Sur, San Miguel de Abona, Tel . 922 73 86 64, www.sanmigueldeabona.org. Mo–Fr 9–11.30 und 12–17.30, Sa 9.30–13.30 Uhr.

Tenerife Sur Turismo Rural. C/La Plaza, 5 (neben Hotel Rural Senderos de Abona), Granadilla de Abona, Tel. 922 77 03 62. Winter Mo–Fr 8–14 und 16–18 Uhr, Sommer (Juli bis Sept) Mo–Fr 8–15 Uhr.

ESSEN UND TRINKEN

Casa Fito. Besonders hübsches Lokal im einheimischen Stil. Rustikales, gemütliches Flair, sehr schmackhafte und günstige landestypische Küche. Ctra. General del Sur 4, Chimiche, Granadilla de Abona, Tel. 922 77 71 79.

Restaurant El Mirador. Direkt an der Küste gelegen, mit Blick auf das glasklare Wasser des Atlantiks. Sehr gute kanarische Küche. Spezialität: fangfrischer Fisch. Avenida La Marina 7, Los Abrigos, Tel. 922 74 94 48.

Los Roques. Traditionsrestaurant an der Küste. Terrasse mit Meerblick. Salate und Gemüse kommen größtenteils von der eigenen Finca in den Bergen von Granadilla. C/ La Marina 16, Los Abrigos, Granadilla de Abona, Tel. 922 74 94 01.

Bodega & Restaurant Frontos. Hervorragende Küche in besonders schönem Ambiente und Wein aus der eigenen Kellerei. Lomo Grande 3, Los Blanquitos, Ctra. General del Sur TF 28, Km 70,2, Granadilla de Abona, Tel. 922 77 72 54, www.tierradefrontos.com

ÜBERNACHTEN

Hotel Aeropuerto Sur. Einfaches Drei-Sterne-Hotel in der Nähe des Flughafens und rund drei Kilometer von El Médano entfernt. C/ Benchijigüa 4, San Isidro, Granadilla de Abona, Tel. 922 39 00 36, www.hotelaeropuertosur.com

Hotel Rural San Miguel. Landhotel in den Bergen in einem Herrschaftshaus aus dem 17. Jahrhundert. Ländliches Flair, Thermalbad und eine hübsche Gartenanlage. C/ Las Morales 2, San Miguel de Abona, Tel. 922 16 79 22, www.hotelruralsanmiguel.com

Hotel Senderos de Abona. Kanarisches Landhotel im alten Ortskern von Granadilla, gleich neben der Kirche. Zauberhaftes inseltypisches Ambiente auf rustikale Art. C/ de la Iglesia 5, Granadilla de Abona, Tel. 922 77 02 00, www.senderosdeabona.com

Historisches Museum. Ein interessanter Einblick in die Geschichte der Stadt, die Lebensweise und bekannte Persönlichkeiten. C/ Arquitecto Marrero 11, Granadilla de Abona, Tel. 922 77 09 45, Mo–Fr 10–14 und 16–20 Uhr, Sa 10–13 Uhr, Eintritt frei.

Geräucherter Ziegenkäse und roher Schinken

Mitte: Kite- und Windsurfer finden an der Küste von El Médano die optimalen Windbedingungen für einen rasanten Wellenritt.
Unten: Spuren im Sand

45 El Médano
Das Surferparadies

Die meisten Urlauber, die an die u-förmige Bucht von El Médano kommen, haben nur ein Ziel: sich auf rasend schnellen Brettern übers Wasser blasen zu lassen. Das Suferparadies Teneriffas liegt nur wenige Kilometer östlich des Südflughafens Reina Sofía und zählt seit Jahrzehnten zu den Top Ten in der Surferszene. Am benachbarten Sandstrand kann man in dem beschaulichen Ort auch einen geruhsamen Badeurlaub verbringen.

El Dorado der Surfer

Das Mekka für Wind- und Kitesurfer, die sich nichts Schöneres vorstellen können, als mit ihren bunten Segeln in rasanter Fahrt über die Wellen zu reiten, genießt wegen der idealen Windverhältnisse hohes Ansehen in der Surferszene. Es versteht sich, dass in der Bucht immer wieder regionale, nationale oder sogar internationale Wettbewerbe ausgetragen werden.

Das Wort *médano* bedeutet im Spanischen »Windwelle im Sand«, und genauso sieht es in El Médano auch aus, denn diese Naturgebilde entstehen, wenn beständige Winde aus immer der gleichen Richtung den Sand zu einem Wall auftürmen. An dieser Küste weht fast immer ein Passatwind aus nordöstlicher Richtung. Die Dünen zaubern ein abwechslungsreiches Panorama und gewähren gleichzeitig auf der windabgekehrten Seite ein geschütztes Plätzchen. Gerade diese windige Eigenheit schafft die optimalen Bedingungen für Kitesurfen, Windsurfen und alle anderen Wassersportarten, die vom Wind abhängig sind.

Badefreuden

Weiter westlich zieht sich der längste natürliche Sandstrand der Insel kilometerweit hin. Zwischen Tufffelsen verstecken sich unbehelligte Buchten, und man findet leicht Badenischen, in denen kaum etwas los ist. Romantische Spaziergänge, bei denen man seine Spuren im Sand von Teneriffa zurücklässt, vermitteln Urlaubsfeeling pur.

Das Meer ist an dieser Stelle nicht besonders tief, sodass es auch für Kinder auf Bodyboards geeignet ist, die sich anschicken, die gleiche Geschicklichkeit im Spiel mit Wind und Wasser zu entwickeln wie die Großen, die vor dem Strand entlang surfen. Wer sich am Strand einfach nur dem Sonnenbad hingibt, sollte Vorsicht walten lassen. Durch den permanenten Wind unterschätzt man leicht die Intensität der Sonneneinstrahlung. Ehe man sich versieht, hat man sich einen deftigen Sonnenbrand eingefangen.

Der Ort El Médano

Die wunderschöne Küste hat El Médano bekannt gemacht. Wegen der optimalen Wassersportbedingungen entstanden die ersten Hotels. Das Älteste ist sogar auf Pfeilern direkt ins Meer gebaut. Auf seiner Terrasse sitzt man praktisch direkt über dem Ozean, was in neuerer Zeit zu heftigen Debatten geführt hat. Die Küstenbehörde forderte deshalb sogar den Abriss des Gebäudes, gegen den sich aber Hotelier und Gemeindeverwaltung bis dato wehren.

El Médano strahlt aber auch durch eine reizende Strandpromenade mit einer Fülle von Bars und Restaurants ein besonders südliches Urlaubsflair aus. Besonders empfehlenswert ist das Frühstück in der Strandbar Flashpoint direkt am Strand El

AUTORENTIPP!

TAJAO – DAS ÖKO-CAMPER-PARADIES

Im Fischerdorf San Miguel de Tajao, östlich von El Médano, verläuft das Leben auch heute noch in traditionellen Bahnen. Die modernen Strömungen scheinen an ihm vorbeigegangen zu sein. Wer hier Urlaub machen möchte, verzichtet auf den modernen Luxus der touristischen Hochburgen, sondern genießt einen sehr ursprünglichen Teil Teneriffas. Rund 17 Kilometer weit kann man an der Küste entlangspazieren, baden gehen oder angeln.

Ein Camper-Paradies findet sich auf dem Platz *Acampamento écologico Tajao*, wo jeder willkommen ist, der eine Oase der Ruhe sucht – egal ob per Zelt, Wohnwagen oder Wohnmobil. Eingebettet in die typische ockergelbe Felslandschaft, die von früheren Eruptionen und Erosionen geprägt ist, wurden auf verschiedenen Terrassen Parzellen angelegt, die auf Liebhaber des Freilufturlaubs warten. Eine etwas andere Art, Teneriffa zu genießen: Kein Traumstrand und keine Menschen in der Nähe, dafür aber pure Natur und Einsamkeit.

Caravan Club Tenerife.
C/ El Peral 23, Los Baldíos,
La Laguna, Tel. 922 65 36 05,
www.caravaningclubtinerfe.com

Oben: El Médano versprüht jugendliche Lebensfreude und Dynamik.
Mitte: Man muss nicht mit Brett ins Wasser, auch Schwimmen ist erlaubt.
Unten: Spaziergang auf der Uferpromenade

Mal ehrlich ...

WIND-SAND-GESTRAHLT

El Médano ist ein echtes Paradies für Windsurfer, aber wer einfach nur baden und sonnen möchte, dem geht der permanente Wind schon mal auf die Nerven. Auch an die startenden und landenden Flugzeuge vom nahen Flughafen Reina Sofía muss man sich gewöhnen. Wer darüber hinwegsehen kann, hat wirklich ein Strand- und Sonnenparadies ohne großen Urlaubsrummel.

Médanos. Vom leichten Müsli- oder Früchte-Frühstück bis zur üppigen Variante ist alles vorhanden.

Seinen höchsten Feiertag begeht der Ort am dritten Wochenende im September. Dann wird die Schutzpatzronin Nuestra Señora de Las Mercedes de Roja geehrt, unter anderem mit einer farbenprächtigen Prozession auf dem Atlantik.

Vulkanische Naturdenkmäler

Das natürliche Wahrzeichen El Médanos ist der bizarr geformte Felsen Montaña Roja, der sich vor der Küste 170 Meter hoch aus dem Atlantik erhebt und einen eigenartigen Kontrast zum blauen Ozean bildet. Rot leuchtet er aufgrund seiner besonderen geologischen Zusammensetzung aus anorganischem Sand. Der rund 116 Hektar umfassende vulkanische Felsen erhält vom Spiel des Wassers und des Windes seine Zeichnung. Er bildet die Heimat vieler Wasservögel, darunter auch endemische Arten, die nur auf den Kanaren bekannt sind. Aus Afrika kommende Zugvögel legen hier eine Pause ein, ehe sie sich wieder über den Atlantik erheben. Am Fuß des Felsens erstreckt sich mit der Laguna La Mareta die letzte sandige Dünenlandschaft Teneriffas. Hier hat sich unter anderem eine Kolonie der seltenen Seeregenpfeifer niedergelassen und das Gebiet steht unter strengem Naturschutz. Trotzdem darf man den Felsen innerhalb des vorgegebenen Weges erklimmen. Von dort aus hat man einen herrlichen Panoramablick über El Médano und die gesamte umgebende Küstenlinie.

Die Montaña Pelada, der »geschälte Berg«, mit seinem rund einem Kilometer Durchmesser ist wie vieles auf Teneriffa feurigen Ursprungs. Hier hat sich die vulkanische Natur mit der Verdunstung des Meerwassers gepaart und dadurch selbst ein außergewöhnliches geologisches Monument hervorgebracht. Auch diese rund 152 Hektar große Fläche bietet vielen Wasservögeln einen optimalen Lebensraum und wird geschützt.

Playa de las Tejitas

Westlich der Montaña Roja erstreckt sich der nächste riesige natürliche Sandstrand, der praktisch nur durch den »roten Felsen« von der Playa El Médano getrennt wird. Direkt in seinem Windschatten ist man vor der ständigen Brise geschützt, weshalb dieser Abschnitt bei allen beliebt ist, die sich nicht dem windigen Wassersport hin-

Die windgeschütztere Seite des Traumstrandes Playa de las Tejitas

AUTORENTIPP!

AKTIVSPORT

El Médano wird besonders von jungem und dynamischem Publikum besucht, das seine Freizeit gerne aktiv gestaltet. Deshalb findet man außer Surfen auch noch andere Angebote. Zum Beispiel ist der Atlantik nicht nur über dem Meeresspiegel, sondern auch darunter interessant. In speziellen Tauchschulen kann man sich als Anfänger in die Geheimnisse des Unterwassersports einweisen lassen oder aber als alter Hase einfach an einer Exkursion in die Unterwasserwelt teilnehmen.
Wer genug vom Wasser hat, könnte es auch mal auf dem Rücken der Pferde versuchen. Auf der Bonanzaranch werden Reitstunden sowohl für Anfänger als auch für Fortgeschrittene oder auch geführte Ausritte in verschiedenen Schwierigkeitsgraden angeboten. Die Ausflüge führen fast immer in unberührte Natur und damit in Gegenden, die man ohne das Pferd vielleicht niemals entdecken würde. Ein besonderes Highlight von April bis Oktober ist der Fünf-Stunden-Ritt an den Pelada-Strand. Dort geht man dann gemeinsam mit dem Pferd ins Wasser.
Rancho Bonanza.
Cueva Gacha 25, El Desierto, Granadilla, Tel. 922 77 42 69,
www.ranchobonanza.net
Tauchcenter descubare – atlantico. C/ Pescadores 3, El Médano, Tel. (mobil) 659 19 03 68,
www.tauchen-teneriffa.net

geben. Mit Spielen im Sand, beim Burgenbauen oder einem stimmungsvollen Spaziergang, bei dem die Wellen die Füße sanft umschmeicheln, lassen sich die Energiequellen aufladen. Trotz seiner optimalen sandigen Beschaffenheit ist der Strand, der teilweise übrigens als FKK-Gebiet ausgewiesen ist, fast nie richtig voll. Im Gegenteil: Häufig fühlt man sich fast wie ein Strandläufer auf einer einsamen Insel.

Direkt angrenzend findet man den Campingplatz Montaña Roja, auf dem man sich per Zelt oder Wohnmobil zum alternativen Urlaub einquartieren kann. Er bietet sanitäre Anlagen, eine Cafeteria und den Schutz eines offiziellen Campingplatzes. Ein Geheimtipp für junge Leute, die mit kleinem Gepäck und Geldbeutel in den Genuss Teneriffas kommen möchten. Hier logieren sie direkt am Strand.

La Cueva de San Pedro

Zu den außergewöhnlichen Sehenswürdigkeiten im Umfeld des Strandes von El Médano zählt die Cueva de San Pedro. Diese Höhle am Strand erinnert an einen kanarischen Heiligen, Pedro aus Vilaflor. Bevor er sich entschloss, seine Heimat zu verlassen und als Missionar nach Mittelamerika zu gehen, soll er an diesem Ort mehrere Wochen lang gelebt und meditiert haben. Noch heute wird der Heilige hier verehrt. Auf einfachen Stühlen lassen sich die Gläubigen nieder, um zu beten. Bilder, Bittgesuche und Dankesschreiben an den Wänden zeugen von der lebendigen Religiosität des Ortes und dem tiefen Vertrauen, das die Inselbewohner dem Heiligen in Notzeiten entgegenbringen. Ein Pilgerweg von Vilaflor bis an die Höhle am Strand ist geplant. Der Weg zur Grotte ist ausgeschildert. Man biegt vor der Einfahrt zu El Médano in Richtung Playa Las Tejitas ab.

Oben: Regionale, nationale und internationale Surfer-Wettbewerbe finden an der Küste von El Médano statt.
Mitte und unten: Direkt unterhalb des Stadtzentrums beim Hotel Médano findet man einen weiteren Sandstrand für Badefreuden.

Infos und Adressen

INFORMATION

Tourismusbüro. Playa de El Médano, Granadilla de Abona, Tel. 922 17 60 02.

ESSEN UND TRINKEN

Restaurant in Contro. Hervorragendes italienisches Restaurant mit leckeren Vorspeisen, hausgemachter Pasta und Pizza und vor allem sehr guten Fleischspezialitäten. C/ La Graciosa, Tel. 922 17 81 82.

Restaurant Familiar. Sehr gutes kanarisches Familienrestaurant, seit mehr als vier Jahrzehnten im Familienbesitz. Hübsches Ambiente in kräftigen Farben; hervorragende und günstige einheimische Küche. C/ Carmen Nobrega 23, Tel. 922 17 66 17.

Restaurant Yaiza. Kleines, aber feines Restaurant mit gemütlichem Ambiente und einer hervorragenden deutsch-französischen Küche. C/ Iriarte 14, Tel. 922 17 69 52, www.restaurant-yaiza.com, tägl. ab 18.30 Uhr.

ÜBERNACHTEN

Arenas Mar Beach & Spa Hotel. Modernes Haus, direkt an einer kleinen Nebenbadebucht, der Playa de la Jaquita. Großzügige Zimmer, Wellness und Spa bieten ein modernes Wohlfühlkonzept. Das Haus fällt in die Kategorie Vier Sterne Plus. Avda. Europa 2, Tel. 922 17 98 30, www.hotelarenasdelmar.com

Hotel Médano. Drei-Sterne-Traditionshotel direkt an der Playa El Médano mit Sonnenterrassen am Meer. Paseo Picacho 2, Tel. 922 17 70 00, www.hotelmedano.com

Hotel Playa Sur. Drei-Sterne Hotel direkt am Strand El Médano unter deutscher Leitung. Ein ideales Hotel für unkomplizierte Leute, die vor allem eines wollen: von der Hoteltür auf den Strand fallen. C/ La Gaviota, Tel. 922 17 61 20, www.hotelplayasurtenerife.com

Camping Montaña Roja. Ctra. Gral. El Médano – Los Abrigos, Km 3, Tel. 922 17 62 51, www.camping-tenerife.com

Eine gute Vorbereitung gehört dazu, bevor man sich auf dem Brett über die Wellen gleiten lässt.

46 Candelaria

Die Wiege der Schwarzen Madonna

Ihren hohen Bekanntheitsgrad verdankt die 20 000-Einwohner-Stadt Candelaria vor allem der Schwarzen Madonna. Die Virgen de Candelaria ist die Schutzpatronin der Kanaren und die Urmutter der christlichen Anbetung auf Teneriffa. Als meistverehrte Statue der Insel residiert sie in einer stattlichen Basilika. Die Altstadt ist aber ebenso einen Besuch wert wie die Strände.

An einem ähnlichen Strand wurde die Marienfigur einst angeschwemmt und wurde auch wieder ins Meer hinausgetragen. Im Hintergrund sieht man die Basilica der Virgen de Candelaria.

Die Legende

Die Geschichte der Virgen de Candelaria begann im 14. Jahrhundert. Damals hüteten zwei Hirten, die zum Gefolge des Guanchenherrschers Mencey Acaymo gehörten, ihre Herde am Rand des Barranco Chinguaro. Plötzlich sahen sie eine Frau am Strand von Chimisay, in der Nähe des heutigen Güímar: Sie stand aufrecht und hatte ein Kind auf dem Arm. Nachdem es damals nicht erlaubt war, Frauen, die alleine waren, anzusprechen, machten die Hirten Handzeichen, um der Frau zu signalisieren, dass sie verschwinden solle. Nachdem diese keinerlei Reaktion zeigte, beschlossen sie, die Gestalt aus der Nähe zu betrachten. Die Perfektion der Statue und die ungewöhnliche Kleidung, die sie trug, erregte instinktiv Aufmerksamkeit und löste Skepsis aus. Sie glaubten, ihre Herde sei durch die seltsame Erscheinung in Gefahr. Einer der Hirten hob einen Stein auf, um ihn auf den ungebetenen Gast zu werfen, doch noch in der Bewegung blieb sein Arm steif und unbeweglich. Er konnte den Stein nicht einmal mehr loslassen. Sein Freund, der das Geschehen beobachtet hatte, griff nach einem weiteren Stein und versuchte einen Finger von der

Hand der Statue zu lösen. Kurioserweise war es seine eigene Hand, die Schnittwunden aufwies und verletzt wurde. Erschrocken und verunsichert zogen sich die Hirten zurück, um ihrem Herrscher, dem Mencey, von dem seltsamen Vorfall zu berichten. Acaymo beschloss, sich persönlich von der wundersamen Frau zu überzeugen und ging mit den beiden Hirten zurück zum Strand. Er befahl dem Hirten die Figur zu berühren und – welch Wunder! – seine Hand war auf der Stelle geheilt. Sie schickten weitere Verwundete und Alte zu der Figur und auch sie erfuhren Heilung. Daraufhin brachten sie die Statue zur Unterkunft des Menceys. Man wusste zwar nicht, was es mit dieser Gestalt auf sich hatte, war sich aber sicher, dass keine Bedrohung von ihr ausgehen würde.

Die Mutter, die die Welt ernährt

Etwa fünfzig Jahre später wurde sie von einem entflohenen christianisierten Gefangenen der Spanier namens Antón Guanche als Jungfrau Maria identifiziert. Er bewog den Mencey, die Statue in die Höhle Achbinico zu bringen, nahe dem Strand, wo sie gefunden wurde. Von da an nannten die Ureinwohner die Figur Chaxiraxis, was so viel bedeutet wie »Mutter, die die Welt erhält«. Die Höhle war die erste Kultstätte der Jungfrau von Candelaria. Später, 1526, wurde in unmittelbarer Nähe eine kleine Kapelle für die Statue errichtet, und viele Jahre danach übergab der kanarische Erzbischof Don Luis Cabeza de Vaca die Muttergottesfigur in die Obhut des Dominikanerordens. In der zweiten Hälfte des 18. Jahrhunderts initiierte Bischof Don Bartolomé García Jiménez den Bau eines eigenen Gotteshauses an dem Ort, an dem heute die Basilika steht. Am 15. Februar 1789 vernichtete ein Feuer sowohl die Kirche als auch das Dominikanerkloster, nur die Statue konnte vor den Flammen gerettet werden. Wieder brachte man sie in die Cueva de Ach-

AUTORENTIPP!

TÖPFERKUNST IN CANDELARIA

Die Frauen von Candelaria hatten schon immer geschickte Hände. Während ihre Männer auf Fischfang gingen, formten sie Schüsseln, Krüge und Vasen aus Ton. Die Töpferware aus Candelaria war einst so bekannt, dass sie im 18. und 19. Jahrhundert bis in die spanischen Kolonien in Lateinamerika exportiert wurde. Die gute Qualität und die Muster haben sie zu einem begehrten Handelsgut gemacht.

Im Zentrum für Töpferkunst Casa de las Miquelas kann man den Frauen heute noch auf die Finger schauen und ein Stückchen in die Geschichte der Töpferfrauen eintauchen.

Casa de las Miquelas. C/ Isla de la Gomera 7. Das Museum ist Di–Sa 9–14 und 15–17.30 Uhr geöffnet. Eintritt frei.

Die Guanchen- und Kanarenfrauen beherrschen die Kunst, den Ton ohne Drehscheibe, sondern einzig durch ihre Hände, zu formen.

Oben: Die schwarze Madonna ist eine Kultfigur und Schutzpatronen aller Kanareninseln.
Mitte: Blick auf die Basilica von der Strandpromenade aus
Unten: Souvenirläden machen ihr Geschäft mit der Verehrung der Schutzpatronin.

binico, die daraufhin durch die Kapelle San Blas erweitert wurde. Währenddessen bauten die Dominikanermönche ihr Kloster wieder auf und integrierten 1803 einen Raum, der der Anbetung der Virgen de Candelaria vorbehalten sein sollte. Die Statue wurde nun von der Höhle wieder in das Kloster gebracht, wo sie bis 1826 verblieb, als ein heftiger Sturm und aufgepeitschte See bis ins Kloster vordrangen und die Figur mit sich rissen. Das Meer, das sie gebracht hatte, hatte sie auch wieder mitgenommen. 1830 schuf der Bildhauer Fernando Estévez eine identische Replik der Virgen de Candelaria, die vom Bischof geweiht und zur Schutzpatronin der Kanaren erklärt wurde.

Marienverehrung

Seither sind die Festtage am 2. Februar sowie am 15. August die höchsten Feiertage auf Teneriffa. Pilger kommen aus allen Teilen der Insel zu Fuß, um der Jungfrau ihre Aufwartung zu machen. Eine feierliche Prozession, zu der alle politischen, militärischen und religiösen Würdenträger der Insel kommen, unterstreicht die Schlüsselrolle, die diese Figur im spirituellen Leben der Menschen spielt. Jedes Jahr wird die Geschichte der beiden Hirten von Laiendarstellern vor der Basilika aufgeführt.

Die Stadt Candelaria

Candelaria ist nicht nur der wichtigste Wallfahrtsort der Kanaren, sondern eine dynamische Kleinstadt, die vor allem von der guten Autobahnanbindung nach Santa Cruz profitiert. Viele Menschen, die in Santa Cruz arbeiten, entscheiden sich, rund 20 Kilometer von der Hauptstadt entfernt zu leben.

Mit zwölf Stränden sowie einem beeindruckenden Kulturangebot bietet Candelaria zeitgemäße Lebensqualität, umrahmt von einer geschichtsträchtigen Kulisse. Candelaria zieht sich fast ausschließlich an der Küste entlang. Die rund fünfzig Quadratkilometer des Gemeindegebiets liegen durchschnittlich nur fünf Meter über dem Meeresspiegel. Daraus erklärt sich, dass die Traditionen auf den Fischfang zurückgehen.

Der historische Stadtkern

Das Zentrum von Candelaria gruppiert sich um die imposante Basilica de Nuestra Señora de Candelaria, in der die heilige Jungfrau ihren ständigen Wohnsitz hat. Bekannt ist sie auch für ihre Wandmalereien, die die Legende erzählen.

Auf der Plaza de la Patrona de Canarias vor der Kirche trifft man auf neun lebensgroße Bronzefiguren, die die letzten Guanchenkönige darstellen. Damit wird versinnbildlicht, dass die Marienstatue nicht nur eine zentrale Figur ist, sondern durch ihre Geschichte eine Brücke in die Zeit vor der spanischen Eroberung schlägt. Direkt an die Basilika wurde in den 60er-Jahren im neokanarischen Stil das Dominikanerkloster angebaut. Besonders hervorstechend ist die Seiteneingangstür, die auf korinthischen Säulen ruht. Im Untergeschoss sind ein Museum, eine Bücherei sowie Konferenzsäle, im Obergeschoss die Wohn-, Schlaf- und Gebetsräume der Mönche.

Die Fußgängerzone Calle Obispo Pérez Cáceres, im Volksmund Calle de la Arena, führt von der Plaza in die Hauptgeschäftsstraße. Die Casa del Cabildo (17. Jahrhundert), neben der Basilika, war einst die Herberge der hochrangigen Würdenträger. Heute dient sie als Ausstellungsraum und Kulturzentrum. Oberhalb der Basilika erreicht man den alten Stadtkern Santa Ana, mit der gleichnamigen Kirche (17. Jahrhundert), in der die holzgeschnitzten Figuren der heiligen Anna und der heiligen Carmen zu bewundern sind. Vom davor liegenden Aussichtspunkt genießt man einen herrlichen Blick auf das gesamte religiöse Zentrum und den blauen Ozean.

Spaziergang auf der Strandpromenade von Candelaria

AUTORENTIPP!

KLEINER STRANDFÜHRER

Candelaria bietet neben einem Meerwasserschwimmbad insgesamt zwölf Strände zur Auswahl. Die meisten schmiegen sich rund um die Stadt an die Küste an, und fast alle sind durch Rampen barrierefrei zugänglich. Hier nur ein kleiner Auszug:

Playa de La Arena. Zugang direkt unterhalb der Plaza mit den Bronzestatuen. Der Strand ist etwa 800 Meter breit und hat feinen, schwarzen Sand, der stellenweise von kleinen granulierten Steinchen abgelöst wird. Außerdem ist ein kleiner künstlicher See integriert.

Playa del Alcalde. Dieser hufeisenförmige und nur etwa 30 Meter lange Strand befindet sich unterhalb der Avenida La Constitución. Im oberen Teil und im Wasser tritt man auf Sand. Dazwischen liegen kleine Kieselsteinchen. Eine grüne Gartenanlage trägt zur Verschönerung bei.

Playa de La Hornilla. In der Straße zum Schwimmbad, entlang der kleinen Meerespromenade, sind verschiedene Badezonen ausgewiesen. Von verschiedenen Stellen aus steigt man ins Meer. Bei Ebbe ist sogar ein kleiner Sandstrand vorhanden.

Oben: Das wichtigste Gotteshaus der Insel, in dem die Jungfrau von Candelaria zu Hause ist.
Mitte: Imposante Basilica
Unten: Rund um die Plaza vor der Basilica strotzen die letzten Guanchen-Könige als überlebensgroße Figuren Wind und Wetter.

In Candelaria ist außerdem das Zentrum für marianische Studien und das oberste theologische Konservatorium, daher sind altgediente Priester und angehender Nachwuchs keine Seltenheit.

Die Höhle Achbinico

Wer die Basilika am Meer entlang umrundet, stößt auf die Höhle Cueva Achbinico, die nach der drumherumgebauten Kapelle Cueva de San Blas benannt wurde. Die beeindruckende Höhle ist 14 Meter lang, sechs Meter breit und fünf Meter hoch. Ihr Dach hat eine kuppelförmige Wölbung. Zahlreiche archäologische Fundstücke weisen daraufhin, dass die Höhle nicht erst seit Auffinden der Jungfrau zu religiösen Zwecken genutzt wurde, sondern schon etwa drei Jahrtausende lang. Es soll immer ein rituelles Feuer darin gebrannt haben, und Wandmalereien beschreiben die Legende der Jungfrau.

Die Randbezirke von Candelaria

Las Caletillas, drei Kilometer nördlich vom Ortskern, war einst ein winziges Fischernest, wo Fischer und Tomatenbauern wohnten. Erst in den 1960er-Jahren entwickelte sich der Ort zu einer touristischen Attraktion. Vor allem in Richtung Meer entstanden Hotels und Appartementkomplexe, die mit Restaurants und Einkaufszentren sowie einem Strand aus grobkörnigem schwarzem Sand heute noch beliebt sind.

Araya, Malpais und Cuevecitas sind die wenigen Bergdörfer, die zum Stadtbezirk Candelarias gehören. Dort konzentrieren sich die Menschen auf die Landwirtschaft, auf den Anbau von Kartoffeln und Wein. Die Trauben werden unter der Herkunftsbezeichnung Valle de Güímar kommerzialisiert, besonders bekannt und ausgezeichnet sind die Weine der Marke Brumas.

Infos und Adressen

INFORMATION

Tourismusbüro. C/ Obispo Pérez Cáceres, direkt in der Altstadt von Candelaria, Tel. 922 03 22 30. Mo–Fr 9–14 und 15–17 Uhr. Auf Voranmeldung sind geführte Touren möglich.

ESSEN UND TRINKEN

Taberna el Archete. Dieses Restaurant nahe der Basilika begann als Taverne und hat sich mittlerweile zu einem empfehlenswerten Speiselokal gemausert. Es ist bekannt für seine traditionelle Küche mit modernen Eigenkreationen. Weine bevorzugt aus der Gegend. Aroba 2, Tel. 922 50 03 54.

El Segoviano. Renommiertes Restaurant im Stadtteil Caletillas mit Terrasse direkt am Meer. Spezialität des Hauses sind außergewöhnliche Fleisch- und Fischgerichte, gehobenes Preisniveau. Avda. Marítima 33, Edif. Caletillas Beach. Local 11, Las Caletillas, Tel. 922 50 12 09.

El Autentico. Ein hübsches Lokal mit Aussichtsterrasse in einer authentischen kanarischen Finca. Abwechslungsreiche Karte mit spanischen, belgischen, französischen und internationalen Gerichten. C/ Santo Domingo 21, Las Cuevecitas, Tel. (mobil) 649 15 28 11, www.fincalapaz.es

La Cueva. Das Restaurant ist in eine ausgebaute Höhle integriert und bietet so ein außergewöhnliches Ambiete. Sehr gemütlich mit hoch gelobter internationaler Küche. Camino de la Cueva 30, Cuevesitas de Candelaria, Tel. 922 50 69 02.

ÜBERNACHTEN

Hotel Catalonia Punta del Rey. Vier-Sterne-Haus direkt an der Küste im Ortsteil Caletillas. Fischerdorfambiente, drei Poolanlagen und freundlicher Service. Avda. Marítima 165, Las Caletillas, Tel. 922 50 18 99, www.hotelescatalonia.com

Hotel Tenerife Tour. Drei-Sterne-Hotel im Bungalowstil, eingebettet in eine großzügige, blühende Gartenanlage. Direkt am Meer mit Blick auf den Ozean. Großzügige Poollandschaft. Avda. Marítima 170, Las Caletillas, Tel. 922 50 02 00, www.tenerifetour.com

Appartements Casa Maria. Hübsche Appartementanlage, unter deutscher Leitung, in ca. 400 Meter Höhe über Candelaria. Ideal für Urlauber, die gerne wandern und Ruhe suchen. Individuelle Ferienwohnungen in verschiedenen Größen. Las Cuevecitas de Candelaria, Tel. 922 50 37 62, www.casamariateneriffa.com

In Candelaria findet man kanarische Gastlichkeit und Hausmannskost.

Mitte: Blick auf Güímar bei der Anfahrt über den Esperanzawald
Unten: Eingangsbereich der Pyramiden von Güímar

47 Güímar
Mysteriöse Pyramiden

Pyramiden assoziiert man eher mit Ägypten, aber doch nicht mit Teneriffa. Und trotzdem gibt es in Güímar vor den Toren der Stadt einen Tempelbezirk in Pyramidenform zu besichtigen, den der norwegische Forscher Thor Heyerdahl auf einen Transfer der entfernten Kulturen zurückführt. Den Beleg führt er im zugehörigen Museum dieses Ethnoparks, das man ebenso wenig versäumen sollte wie das historische Zentrum Güímars.

Das gibt es doch nicht …

Der Gast aus dem hohen Norden war experimenteller Archäologe, Zoologe, Geologe, Ethnologe, Botaniker, Anthropologe und einer der letzten großen Abenteurer in einer Person – eine Mischung, die man heutzutage nur noch selten antrifft. Zur Zeit der Entdeckung der Pyramiden hatte er gerade ein internationales Projekt mit Ausgrabungen von Lehmziegelpyramiden aus der Vor-Inka-Zeit in Peru abgeschlossen und sofort sprang bei ihm auch im Fall Güímar der Funke über. War er auf einen Beweis für eine Verbindung zwischen Kulturen auf verschiedenen Seiten des Atlantiks gestoßen?

Bis zu diesem Zeitpunkt hatten die Inselbewohner die Überreste für einen von Bauern aufgeschichteten, unbedeutenden Steinhaufen gehalten, was nicht überrascht angesichts der Tatsache, dass es üblich ist und war, die Felder von Steinen zu säubern, um sie besser bearbeiten zu können.

Doch was Thor Heyerdahl ans Licht brachte, versetzte alle in Erstaunen. Der sechsteilige, stufenförmig angelegte Tempelkomplex wurde offenbar auf Basis genauer Berechnungen konstruiert. Früher einmal sollen es sogar neun Pyramiden gewesen sein, von denen allerdings drei unfreiwillig zerstört wurden, indem die präzise gehauenen Steine als kostenloses Baumaterial für Häuser und Ställe genutzt wurden.

Die Entdeckung

Heyerdahl erkannte in den Pyramiden ähnliche Bauten, wie er sie auch in Mittelamerika, Nordafrika, Europa und Asien kennengelernt hatte. Er hoffte auf einen Beleg zu stoßen, der den kulturellen Austausch der Ureinwohner mit anderen hoch entwickelten Völkern belegen würde, oder aber einen Hinweis auf die rätselhafte Abstammung der Guanchen zu finden.

Fakt ist, dass die Pyramiden auf einem künstlich angehäuften Berg erbaut wurden. Die einzelnen Lavasteine wurden in große Blöcke gehauen und sorgfältig und systematisch aufeinandergeschichtet, wobei die flache Seite jeweils nach außen

Steintreppen auf den Westflanken der Pyramiden

AUTORENTIPP!

GÜÍMAR

Vor allem im Stadtkern von Güímar findet man zahlreiche historische Fassaden, die für ein anheimelndes Ambiente sorgen. Die Verbindung zur Vergangenheit wird aber vor allem durch die traditionellen Feste lebendig gehalten. Dazu gehört zum Beispiel der Bändertanz, einer der ältesten Bräuche der Gemeinde. Kinder tanzen um einen Pfahl, der mit bunten Bändern geschmückt ist, dazu erklingen Trommeln und Kastagnetten. Dieser Tanz gehört zum Beispiel zur Fiesta Virgen del Socorro, die am 7./8. September an der Plaza de San Pedro gefeiert wird. Auch traditionelle Brettspiele, bei denen Mandeln als Spielsteine genutzt werden, sind nostalgische Erinnerungen.
Etwas gespenstisch wird es am ersten Freitag nach Aschermittwoch, wenn *Las Burras,* die Eselinnen, auf den Plan gerufen werden. Ein Theaterstück erzählt von einem Bischof, der von Bauern auf Hexen aufmerksam gemacht wird. Nachdem man sie vertrieben hatte, sammelten sich die Frauen, der Geschichte zufolge, in Eselskostüme um einen Hexensabbat zu feiern. Ihr Plan, die dunklen Mächte zu Hilfe zu rufen, wird von Erzengel Michael durchkreuzt. Die Hexen enden auf dem Scheiterhaufen. Das Stück erzählt von dem archaischen Kampf zwischen Gut und Böse. Auch wenn man kein Spanisch spricht, ist es sehenswert.

Oben: Das Besucherzentrum des Pyramidenparks
Unten: Heute sind die Pyramiden in einen riesigen Garten mit endemischen Pflanzen eingebettet.

Mal ehrlich ...

DIE WAHRHEIT BLEIBT EIN GEHEIMNIS

Gerne würde man beim Anblick der Pyramiden an einen magischen Kultplatz aus den Zeiten der Ureinwohner glauben. Die Tatsache, dass sie aus geschichtlicher Sicht so neu sind, mindert den archäologischen Wert und das Gefühl, vor etwas historisch Bedeutsamen zu stehen. Dies tut jedoch der Faszination, die sie auslösen, keinen Abbruch. Dieses Museum ist eine kleine Expedition in das Leben und Wirken eines der letzten wissenschaftlichen Abenteurer unserer Zeit und in die mysteriöse Vergangenheit der Insel.

weist. Jeweils an der Westseite führt eine Treppe auf das obere Plateau, das vermutlich rituellen Zwecken diente. Alle Pyramiden sind so angeordnet, dass sie sich an der Achse zwischen dem erloschenen Vulkan Montaña Grande und einer ins Auge springenden Felsformation des Teidemassivs orientieren. Astrophysiker der Universität in La Laguna machten eine weitere interessante Entdeckung: Der gesamte Komplex orientiert sich an den beiden markanten Jahrespunkten Winter- und Sommersonnenwende. Im Winter geht die Sonne über dem rechten Gipfel unter und im Sommer über dem linken. Über die Treppe auf der Westseite geht man zur Wintersonnenwende der aufgehenden Sonne entgehen. Eine weitere Besonderheit ist eine optische Täuschung zur Sommersonnenwende, die einen doppelten Sonnenuntergang suggeriert und die man mithilfe von 3D-Brillen besonders gut erkennen kann: Die Sonne taucht hinter einer Bergkuppe unter, kommt kurz danach zurück und versinkt hinter dem benachbarten Berg erneut. An diesen Tagen öffnet das Museum abends, um den Besuchern dieses einmalige Erlebnis zu ermöglichen.

Es ist also bewiesen, dass es sich keinesfalls um wahllos aufgeschichtete Steinhaufen, sondern um ein gut durchdachtes Konstrukt handelt. Thor Heyerdahl wurde in dem Bemühen, diesen Pyramidenkomplex zu schützen und als Museum auszubauen, von dem ebenfalls aus Norwegen stammenden Reeder Fred Olsen unterstützt. Die Anlage wurde zu einem interessanten Ethnopark aufbereitet, in dem vieles schlüssig erklärt wird, aber auch immer noch Platz für Spekulationen bleibt.

Wo kommen die Pyramiden her?

Nachdem geklärt ist, dass es sich um Bauten menschlicher Architekturkunst handelt, stellt sich die Frage: Wer hat diese Pyramiden erbaut und wofür? Hinzu kommt, dass die Herkunft der kanarischen Ureinwohner bis zum heutigen Tag umstritten ist. Dazu gibt es verschiedene Versionen. Die Gängigste lautet, dass sie von einem Berberstamm in Nordafrika abstammen. Aber wer mit einem Schiff, das nicht kreuzen, also manövrieren kann, von Nordafrika aufbricht, wird durch die Passatwinde nicht in Richtung Kanaren getrieben. Schon vor der Entdeckung der Pyramiden, im Jahr

Der Pyramidenkomplex gibt weiterhin Rätsel auf.

Eine Nachbildung der RA II, mit der Thor Heyerdahl den Atlantik überquerte.

AUTORENTIPP!

THOR HEYERDAHL

Der Zoologe und Geograf wurde am 6. Oktober 1914 im norwegischen Larvik geboren und verstarb am 18. April 2002 in Colla Micheri in Andorra. Schon während seines Studiums interessierte er sich für Anthropologie. Diese Mischung verschiedener Wissenschaftszweige war die Grundlage seiner späteren Forschungsreisen.

Obwohl er zu Lebzeiten umstritten war, gelang es ihm als Erstem, die Hochseetüchtigkeit von Schilfbooten und Balsaflößen zu beweisen und damit seine Theorien zu untermauern. Er nahm an vielen wagemutigen Expeditionen teil und erhielt zahlreiche Auszeichnungen und Preise für seine wissenschaftliche Arbeit. Im Norwegischen Schifffahrtsmuseum in Oslo kann man Nachbauten seiner primitiven Boote und Flöße, auf denen er die Meere eroberte, besuchen.

Die letzten Jahre seines Lebens widmete Heyerdahl vor allem der Entdeckung der Pyramiden in Güímar und dem Aufbau des kleinen Museums.

Erstaunliche Parallelen zwischen den ägyptischen, nordeuropäischen und südamerikanischen Pyramidenbauten.

Die Heilkraft der kanarischen Aloe Vera soll besonders groß sein.

1970, versuchte Thor Heyerdahl mit einem Nachbau der damals üblichen Schilfboote von Marokko auf den kanarischen Archipel zu gelangen. Fehlanzeige: Wegen des permanenten Passatwinds, der von Nordost nach Südwest weht, und des Golfstroms landete er stattdessen auf Barbados in der Karibik.

Einfacher zu erklären wäre daher eine Einwanderung aus Europa: West- oder Südspanien, die Bretagne oder Portugal wären mögliche Verbindungen. Dafür spricht eine ähnliche Physiognomie zwischen den Basken, die von den Cromagnon-Menschen abstammen, und den Guanchen. In Bezug auf Körpergröße, Schädelgröße und sogar aufgrund der vorherrschenden Blutgruppe 0 finden sich Belege für eine Übereinstimmung. Andere Thesen favorisieren die Besiedlung durch phönizische Seefahrer, die Schiffbruch erlitten hatten, entlaufene römische Sklaven, Kelten – oder sehen auf den Kanaren die Überreste des mythischen versunkenen Inselreichs Atlantis. Eine spannende Frage also, die bis dato nicht eindeutig geklärt werden konnte.

Bleibt die Frage nach dem Bau der Pyramiden. Gab es Kontakte zwischen den Ureinwohnern und ägyptischen Gelehrten? Auch die Kelten hinterließen ähnliche Tempelbauten, und schließlich wäre sogar ein transatlantischer Kulturaustausch denkbar. Gibt es eine imaginäre Linie, die von Tempelbauten in Gizeh/Ägypten über Güímar auf Teneriffa bis nach Teotihuacan in Mexiko führt?

Doch die Pyramiden halten noch eine weitere Überraschung bereit. Genaue Untersuchungen durch archäologische Experten datieren sie auf das frühe 19. Jahrhundert, also eine Zeit weit nach der spanischen Eroberung, als die Kultur der Ureinwohner schon längst ausgerottet war. Eine neue Hypothese bringt daher die Freimaurerloge ins Spiel. Für diese Theorie spricht, dass der Besitzer des Grundstücks zum Zeitpunkt der Erbauung Freimauerer war. Außerdem spielen die Sonnenwenden auch in den Riten dieser Loge eine große Rolle, und die Freimaurer waren auf den Kanaren nicht unbekannt. Einen weiteren Hinweis auf ihr Wirken findet man in der Anlage des Jardins de la Quinta Roja in La Orotava. Eine eindeutige Aussage lässt sich also nicht treffen. Das tut dem Interessantheitsgrad des Pyramidenparks allerdings keinen Abbruch.

Thor Heyerdahl glaubte jedenfalls trotz der ernüchternden Datierung der Pyramiden von Güímar, an eine Verbindung zwischen der prähispanischen Zivilisation und den Pyramiden auf Teneriffa.

Oben: Cafeteria des Pyramidenparks
Mitte: Mit diesem Schiff (hier ein Modell) entdeckte Christopher Kolumbus Amerika.
Unten: Die kleine Dorfkirche von Güímar

Abenteuerfahrt per Schilfboot

Heyerdahl war ein ungewöhnlicher Forscher. Er stellte nicht nur theoretische Überlegungen an, sondern versuchte diese in der Praxis zu beweisen. Eines seiner Themen war die frühgeschichtliche Besiedlung von entlegenen Inseln in verschiede-

Oben: Riesenechsen sollen einst Teneriffa bevölkert haben.
Unten: Blütenpracht an stacheligen Blättern

nen Teilen der Welt. Außerdem war er davon überzeugt, dass es eine Verbindung zwischen den Hochkulturen im Mittelmeerraum, im Zweistromland zwischen Euphrat und Tigris und denen in Südamerika und Mexiko gegeben haben muss. Doch wie kamen die Menschen von der einen Seite des Atlantiks auf die andere? Heyerdahl sah die Antwort auf diese Frage in den traditionellen Schilfbooten, die zu dieser Zeit benutzt wurden. Selbst in Wissenschaftskreisen wurde er für diese These belächelt. Man glaubte nicht, dass diese leichten Schilfboote eine Chance auf dem rauen Atlantik haben.

Der Norweger ließ deshalb in Marokko ein solches Boot, die »Ra I«, nach Originalplänen nachbauen. Ein erster Beweis, der 1969 gestartet wurde, schlug fehl. Doch davon ließ sich der abenteuerlustige Forscher nicht entmutigen. Er gab die Idee der Atlantiküberquerung mit einfachsten Booten nicht auf und stach am 17. Mai 1970 mit der zwölf Meter langen und fünf Meter breiten »Ra II« von Marokko aus erneut in See. Trotz einiger Widrigkeiten auf hoher See landete er am 12. Juli 1970 auf der Insel Barbados. In nur 57 Tagen hatte er 6056 Kilometer quer über den Atlantik zurückgelegt und dabei sogar Stürme überstanden. Damit war der Nachweis erbracht, dass es Menschen schon vor 5000 Jahren möglich war, den rauen Ozean zwischen den Kontinenten zu überwinden. Ein kultureller Austausch und eine gegenseitige Beeinflussung sind demnach möglich gewesen. Ein Nachbau der »Ra II« ist heute im Pyramidenpark in Güímar zu sehen. Beim Anblick dieses Bootes kann man sich kaum vorstellen, dass es robust genug sein soll, eine Atlantiküberquerung zu meistern.

Adressen in Güímar

INFORMATION

Tourismusbüro. Avda. Obispo Pérez Cáceres, Tel. 922 51 15 90. Mo–Fr 9–15 Uhr.

ESSEN UND TRINKEN

Casona Santo Domingo. Stilvolles Restaurant in urigem Landhausambiente. Leckere kanarische und internationale Küche. Leicht zu finden in der Innenstadt von Güímar in der Nähe des Rathausplatzes. C/ Santo Domingo 32, Tel. 922 51 02 29, www.casonasantodomingo.com

Cofradía de Pescadores. Sehr gutes und günstiges Lokal der Fischervereinigung. Spezialität des Hauses ist natürlich frischer Fisch. C/ Almirante Gravina 28, Puertito de Güímar, Tel. 922 52 82 84.

Mojo Picon. Typisches einheimisches Lokal. Schlicht, aber günstige und schmackhafte traditionelle kanarische Küche. Avda. Bayón, El Escobonal, Tel. 922 52 85 58.

ÜBERNACHTEN

Landhotel Casona Santo Domingo. Kleines Landhotel in der Innenstadt von Güímar in einem denkmalgeschützten Anwesen aus dem 17. Jahrhundert. Das Hotel verfügt nur über sechs Zimmer. Familiäres und typisch kanarisches Flair. C/ Santo Domingo 32, Tel. 922 51 02 29, www.casonasantodomingo.com

Finca Salamanca. Hübsches kleines Hotel mit 20 Zimmern auf Vier-Sterne-Niveau. Rustikales, liebevolles Ambiente, botanischer Garten und Restaurant. Rund drei Kilometer vom Fischer- und Sporthafen El Puertito de Güímar entfernt. Ctra. Güímar – El Puertito Km 1,5, Tel. 922 51 45 30, www.hotel-fincasalamanca.com

Landhaus Casa La Hoyita. Ein kleines Ferienhäuschen für Selbstversorger. Geeignet für zwei Personen. Das Haus mitten in der Natur wurde um 1800 erbaut. C/ La Morena 22 C, Tel. 922 51 13 57, www.casalahoyita.com

AKTIVITÄTEN

Parque Etnográfico Pirámides de Güímar. C/ Chacona, Tel. 922 51 45 10, www.piramidesdeguimar.net. Tägl. 9.30–18.30 Uhr, Eintritt für Erwachsene 10,40 €, Kinder von 9 bis 12 Jahren zahlen die Hälfte.

Anfahrt über die Südautobahn, Ausfahrt Puertito de Güímar bei Km 23. Danach orientiert man sich in Richtung des Ortsteils Chacona und folgt den Hinweistafeln.

Wanderung Malpaís. Besonders beliebt sind Wanderungen rund um den Vulkankegel Montaña Grande mit seiner kargen Landschaft. Mit *Malpaís* bezeichnet man in der Regel unbrauchbares Land. Diese ungewöhnlichen Vulkanlandschaften haben aber durchaus ihren eigenen Reiz, man muss vielleicht nur etwas genauer hinsehen. Der sieben Kilometer lange Rundwanderweg beginnt am Ortsrand im Osten von Güímar und ist als »Malpaís« gut ausgeschildert. Im späteren Verlauf orientiert man sich an den Hinweisschildern Richtung Montaña Grande. Der gesamte Wanderweg nimmt rund drei Stunden in Anspruch und ist streckenweise durch lose Lavasteinchen nicht ganz einfach zu laufen. Für ausreichenden Sonnenschutz sollte man sorgen.

Strände. In El Puertito de Güímar gibt es kleine geschützte Badebuchten mit Sandstrand. Am bekanntesten sind die Bucht direkt am Hafen von Güímar und der direkt südlich davon liegende neu angelegte Strand Playa de las Palmeras. Er ist durch Wellenbrecher vor starkem Seegang geschützt, und an Land kann man sich auf warmen schwarzen Vulkansand betten. Vor allem von Juni bis September wird es von Einheimischen aus den nahe liegenden Metropolen Santa Cruz und La Laguna frequentiert. Man erreicht die Küste über die gleiche Autobahnausfahrt wie Güímar, nur orientiert man sich im Kreisverkehr nicht in Richtung Landesinnere, sondern zum Atlantik hin.

Oben: Am Horizont wecken die Nachbarinseln Teneriffas die Neugier.
Mitte: Die Schnellfähre von Fred Olsen ist in einer halben Stunde auf La Gomera und in einer Stunde auf Gran Canaria.
Unten: Das Valle Gran Rey auf La Gomera hat neben grüner Natur auch schöne Strände zu bieten.

48 Inselhüpfen

La Gomera und Gran Canaria

Teneriffa ist die größte und vielseitigste Insel des Kanarischen Archipels. Abwechslungsreiche Landschaften, historische Städte und bunte Themenparks bieten beste Voraussetzungen für einen unterhaltsamen Urlaub. Für Urlauber, die längere Zeit auf der Insel bleiben oder sogar überwintern, bietet sich ein Tapetenwechsel an. Bei einem Tages- oder Wochenendausflug auf eine Schwesterinsel erkennt man, wie sehr sich die einzelnen Inseln voneinander unterscheiden.

La Gomera – die kleine Grüne

Sowohl die Schnellfähre »Fred Olsen« als auch die etwas behäbigere »Navierra Armas« verkehren mehrmals täglich zwischen Los Cristianos und San Sebastián, der Hauptstadt La Gomeras. Bei gutem Wetter und ruhiger See fährt »Fred Olsen« auch direkt auf die Westseite Gomeras, ins Valle Gran Rey. Die Überfahrt dauert zwischen 40 Minuten und einer Stunde.

La Gomera gehört zur Provinz Santa Cruz de Tenerife und ist die zweitkleinste Insel der Kanaren. Rund 1486 Meter erhebt sich der höchste Gipfel namens Garajonay aus dem Ozean. Die äußere Gestalt der Insel mit einem Durchmesser von etwa 25 Kilometern erscheint nahezu kreisrund, doch der Schein trügt, denn La Gomera ist durch Erosionen von tiefen Schluchten gekennzeichnet. Fruchtbare Täler und üppige Vegetation erwarten den Besucher an der Küste und in den mittleren Höhenlagen. Dichter Lorbeerwald, wild wuchernde Waldgebiete und karge Landschaften wechseln in der Bergwelt ab. La Gomera ist die palmenreichste

Insel des Archipels. Mit rund 23 000 Einwohnern übertrifft die Bevölkerungszahl kaum die Größe einer Kleinstadt. Kein Wunder, dass Besucher dieser Insel vor allem eines suchen und finden: Ruhe und Natur pur.

Von den 15 Kilometern Strand sind etwa die Hälfte Sandstrände. Allein etwa zwei Kilometer Sandstrand erstrecken sich im Valle Gran Rey. In den Wintermonaten kann der Sand an einigen Küstenabschnitten vorübergehend verschwinden, was die typischen Gomera-Touristen aber nicht stört. Auch wenn man nur für einen Tag oder ein Wochenende auf die Insel hüpft, wird man die Zeit nicht mit faulem Strandleben vergeuden, denn La Gomera ist in erster Linie ein Wanderparadies. Der Nationalpark rund um den höchsten Gipfel nimmt zehn Prozent der Inselfläche ein und ist seit 1986 von der UNESCO als Weltnaturerbe anerkannt. Hier findet man den berühmten Lorbeerwald, der aufgrund des milden Klimas und der Tatsache, dass es auf Gomera nie eine Eiszeit gab, überlebt hat. Das Herz des Parks und die grüne Lunge der Insel ist der immergrüne Nebelwald. Knorrige alte Baumriesen, die mit Moosen bewachsen sind, und Bartflechten, die auf ihren Ästen wachsen, machen ihn zum wahren Märchenwald. Der Farn wächst unglaubliche zwei Meter hoch. Dazwischen sorgen kleine Wasserfälle und Quellen für Erfrischung und hübsche Fotomotive.

Interessante Ausflugsziele

Wer nicht wandern gehen und La Gomera trotzdem hautnah erleben möchte, kann sich zum Beispiel mit einem Ausflugsboot auf den Weg nach Los Órganos an der Nordküste machen. Auf einer Länge von 200 Metern recken sich Basaltröhren wie Orgelpfeifen bis zu 80 Meter hoch in den Himmel – daher auch ihr Name (*órgano* (span. »Orgel)«.

AUTORENTIPP!

MIT WELCHER FÄHRE NACH GRAN CANARIA?

Je nach gewählter Reederei läuft man auf Gran Canaria unterschiedliche Häfen an. Die Abfahrt in Teneriffa erfolgt in jedem Fall ab Santa Cruz. Schiffe von »Fred Olsen« fahren nach Agaete, einem entzückenden kleinen Fischerdorf. Von dort wird ein kostenloser Bustransfer in die Hauptstadt Las Palmas angeboten, den man beim Ticketkauf mitbucht. Die Überfahrt dauert eine Stunde, die Busfahrt eine weitere. Die Firma Fred Olsen setzt Schnellfähren ein, die häufiger verkehren, allerdings aber etwas teurer sind.
Wer sich für die Reederei Naviera Armas entscheidet, fährt in einer großen Fähre im Stil eines Kreuzfahrtschiffs. An Bord befinden sich Restaurants und sogar eine Liegeterrasse mit Pool. Man ist rund zweieinhalb Stunden unterwegs, dafür läuft man aber direkt im Hafen von Las Palmas ein. Diese Fähre verkehrt je nach Wochentag zu unterschiedlichen Zeiten und weniger häufig, dafür ist sie günstiger. Beide Reedereien eignen sich bei guter Planung aber auch für einen Tagesausflug.

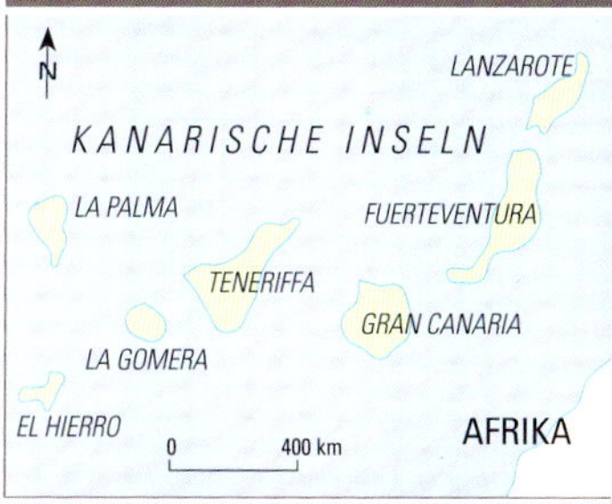

Oben: Maspalomas an der Südspitze von Gran Canaria ist für seine großartige Dünenlandschaft bekannt.
Mitte: In Gran Canarias Hauptstadt Las Palmas hat man alles – den Traumstrand Playa de las Canteras und ein dynamisches Stadtleben.
Unten: Die Fähren am Hafen

Mal ehrlich …

KEINE IST SCHÖNER

Eigentlich kann keine der anderen Inseln Teneriffa das Wasser reichen. Keine andere Insel ist so vielseitig wie die Königin der Kanaren, die vom mächtigen Teide bewacht wird. Ein kleiner Ausflug kann aber eine nette Abwechslung sein, und vor allem gewinnt man auf die Schnelle einen kleinen Eindruck davon, was die anderen Inseln zu bieten haben.

Was wie von Menschenhand gemacht aussieht, ist pure Natur, denn die Säulen, die nur vom Meer aus zu sehen sind, entstanden aus dem Kern eines ehemaligen vulkanischen Schlots. Als dieser abkühlte und die Atlantikwellen gegen ihn prallten, kamen mithilfe der Brandung die beeindruckenden Röhren zum Vorschein. Weltweit gibt es nur wenige Zeugnisse dieser Art, die in Größe, Ausprägung und Einzigartigkeit vergleichbar wären. Die Ausflugsboote starten in Playa de Santiago und Vueltas.

Die Hauptstadt La Gomeras, San Sebastián, wirkt wie ein Dorf. In dem charmanten Ort mit historischen Gebäuden und einem gemütlichen Flair wird man den typischen Stadttrubel sicher nicht finden.

Das Valle Gran Rey, das grüne »Tal des großen Königs« auf der Westseite der Insel, ist nach dem Guanchenoberhaupt Hupalupa benannt. Ein reiches Wasservorkommen macht dieses Tal zum pflanzenreichsten La Gomeras – ein einziger blühender und grünender Garten. In dieser touristisch bestens erschlossenen Ecke finden sich reizvolle Strände und Buchten. Bekannt wurde das Valle Gran Rey aber vor allem durch die Hippiebewegung in den 1970er-Jahren, als sich in den natürlichen Höhlen der Bucht immer wieder Aussteiger niederließen. Auch heute noch kann man dort Menschen antreffen, die der Konsumwelt den Rücken kehrten. Meditation, Trommelklänge und spirituelle Gespräche gehören zum Alltag und sind fast schon eine Touristenattraktion geworden.

Wenn man von einem Ausflug nach La Gomera zurückkommt, wird man von der Größe und Dynamik Teneriffas überrascht sein. Die kleine Grüne ist eben eine Oase der Ruhe mitten im blauen Atlantik.

Gran Canaria – Ziel im Osten

Wer Gran Canaria, die östliche Nachbarinsel, als Ziel für einen Abstecher auswählt, erlebt genau das Gegenteil von La Gomera. Die turbulente Insel, die mit Teneriffa in Bezug auf Urlauber immer wieder in direkter Konkurrenz steht, war lange Zeit die Hauptattraktion der Kanaren. Mittlerweile hat allerdings Teneriffa im Hinblick auf Besucherzahlen die Nase vorn.

Der Name Gran Canaria kommt nicht, wie viele annehmen, daher, dass es die größte Kanareninsel ist, steht sie doch im Größenvergleich nach Teneriffa und Fuerteventura erst an dritter Stelle. Vielmehr leitet sich Gran Canaria vom lateinischen *Canis* ab, was so viel wie »Hund« bedeutet. Als die ersten Besucher und Eroberer auf die Insel kamen, war sie außer von den Urkanariern vor allem von großen Hunden bewohnt – daher der Name »großer Hund«. Andere Forscher glauben, dass die Verbindung in dem Stamm der Canarii in Nordafrika besteht. Bis heute ist allerdings nicht geklärt, ob die Ureinwohner tatsächlich von den Berbern abstammen.

Gran Canaria ist zweite Provinzmetropole der Kanaren und verwaltet auch Lanzarote und Fuerteventura. Außerdem ist sie Sitz der Kanarenregierung. Die Einwohnerzahl liegt knapp unter einer Million. Diese Zahl vervielfacht sich allerdings, wenn vor allem in den Wintermonaten die große Reisewelle auf die Kanaren schwappt.

LEGENDE VON GARA UND JONAY

In der Bevölkerung wird von Generation zu Generation die Geschichte weitergegeben, wie der höchste Berg La Gomeras zu seinem Namen kam. In einem kleinen Dorf auf La Gomera lebte das Mädchen Gara. Sie war wunderhübsch, anmutig und bezauberte jeden, der sie sah. Auf Teneriffa lebte zu dieser Zeit der gut aussehende, wagemutige Jonay. Eines Tages stach er auf zwei mit Luft gefüllten Ziegenfellen in See und nahm Kurs auf das gegenüberliegende Ufer. Als er auf La Gomera ankam, begegnete er Gara und sofort entflammte er in heißer Leidenschaft für die Inselschönheit. Die Eltern des Mädchens hatten für die junge Liebe wenig Verständnis und verboten ihrer Tochter, den Fremden wiederzusehen. Die Liebenden flohen vor der Dorfgemeinschaft in die Berge, die Verfolger trieben sie jedoch immer weiter bis auf den höchsten Gipfel. Dort gab es kein Entrinnen mehr. In ihrer Verzweiflung legten sie einen Stock, dessen Enden sie angespitzt hatten, zwischen ihre Brustkörbe. Sie umarmten sich innig und durchbohrten einander so das Herz. In Erinnerung an dieses Paar, das lieber sterben wollte, als getrennt zu sein, heißt der Berg seither Garajonay, und die beiden sind auf diese Weise für immer vereint.

Oben: Kreuzfahrtschiff im Hafen von Santa Cruz
Mitte: Naviera Armas fährt mit einer großen Fähre direkt nach Las Palmas de Gran Canaria. Sie braucht zweieinhalb Stunden.
Unten: Das archäologische Museum in Gáldar auf Gran Canaria

Wohin auf Gran Canaria?

Wer von Teneriffa aus nach Gran Canaria möchte, sticht in Santa Cruz in See. Von dort führen alle Fährverbindungen nach Las Palmas, der Inselhauptstadt. In der pulsierenden Metropole mit ihrer historischen Altstadt schaffen gastfreundliche Bewohner und eine große Fußgängerzone mit alten Fassaden und modernen Boutiquen eine angenehme Atmosphäre. Außerdem kann man sich in der Badebucht Playa Las Canteras auf tollen Sand freuen.

Die typischen Urlaubsgebiete Gran Canarias liegen an der Südspitze. Die wüstenähnliche Dünenlandschaft von Maspalomas ist weltberühmt und ein kleines Wunderwerk der Natur. Noch etwas weiter südlich trifft man in Puerto del Mogán auf ein reizendes Fischerdorf, das dank seiner zahlreichen Kanäle »Kleines Venedig der Kanaren« genannt wird. Gran Canaria besitzt eine eher karge Vegetation, nur in den Bergen findet man rund um das Wahrzeichen Roque Nublo auf 1813 Metern Höhe waldreiche Wandergebiete. Der höchste Gipfel ist der 1949 Meter hohe Pico de las Nieves, ein erloschener Vulkan. In der Regel sind die Temperaturen heißer als auf Teneriffa, was sich in der Natur bemerkbar macht. Selbst im niederschlagsreicheren Norden sucht man üppiges Grün vergeblich. Aber einen Abstecher ist die Insel allemal wert. Umso mehr wird der Kontrast zum grünen Teneriffa bewusst, wenn man wieder zurückkommt.

Archäologisches Museum

Direkt in der Innenstadt von Gáldar an der Nordküste ist das Archäologische Museum Cueva Pintada – ein echtes Highlight. Es wurde direkt über einer Fundstätte mit Original-Überresten eines Guanchendorfes erbaut. Man setzt morgens mit der Fähre nach Agaete über, fährt dann per Bus oder Taxi die wenigen Kilometer nach Gáldar.

Infos und Adressen auf La Gomera

INFORMATION

Tourismusbüro. C/ del Medio 20, San Sebastián de La Gomera, Tel. 922 14 01 47.

ESSEN UND TRINKEN

Restaurant Marqués de Oristano. Nettes Lokal in der Inselhauptstadt mit sehr guten kanarischen Gerichten, Grillspezialitäten und Tapas. C/ Real 24, San Sebastián de La Gomera, Tel. 922 14 15 41.

Bar La Tasca. Die In-Bar auf La Gomera mit tollen Drinks und Cocktails. Die beste Art, Leute kennenzulernen. C/ La Cuesta de Abisinia, Valle Gran Rey, www.barlatasca.com

ÜBERNACHTEN

Hotel Jardín Tecina. Vier-Sterne-Hotel auf einem Felsplateau über dem Fischerdorf Playa Santiago. Üppiges Grün, schöne Zimmer, Pools, Wellness und Nähe zum Golfplatz. Lomada de Tecina, Playa Santiago, 922 14 58 50, www.jardin-tecina.com

Appartements Gomera Lounge. Sehr schöne Anlage unter deutscher Leitung. Die zwölf individuellen Wohnungen sind jeweils nach unterschiedlichen Mottos eingerichtet und dekoriert – Wohnen wie in Hawaii, Kuba oder Afrika. C/ La Playa 9, Valle Gran Rey, Tel. 922 80 51 95, www.gomera-lounge.de

Infos und Adressen auf Gran Canaria

INFORMATION

Tourismusbüro. Plaza de Las Palmeras 3, am Museum Pueblo Canario, Las Palmas de Gran Canaria, Tel. 928 24 35 93.

ESSEN UND TRINKEN

Restaurant Oliva. Familiäres Restaurant an der Nordspitze des Strandes Las Canteras. Mittelmeerküche, viele der Gerichte werden mit hochwertigem Olivenöl zubereitet. Den köstlichen Haussalat sollte man probieren. Am besten Tapas bestellen und teilen. C/ Prudencio Morale 17, Playa de las Canteras, Las Palmas de Gran Canaria, Tel. 928 46 97 57.

La Focaccia. Direkt gegenüber dem Hafen an der Promenade gelegen. Geboten wird typische kanarische Küche, und die Spezialität ist natürlich frischer Fisch in verschiedenen Varianten. Paseo Poetas 24, Agaete, Tel. 928 89 86 73.

ÜBERNACHTEN

Sheraton Salobre Golf Resort & Spa. Fünf-Sterne-Hotel direkt am Golfplatz. Absolute Ruhe, fernab des Trubels und dennoch nur wenige Autominuten von den Stränden und den Zentren entfernt. Urb. Salobre Golf, Maspalomas, Tel. 928 94 30 00, www.sheratonsalobre.com

Dunas Canteras Las Palmas. Vier Sterne Hotel direkt am beliebten Sandstrand der Hauptstadt. Egal ob Strandtag oder Stadtbummel – beides ist direkt vor der Haustür. Paseo de las Canteras 78, Las Palmas de Gran Canaria, Tel. 928 22 40 62, www.hotelesdunas.com

MUSEUM

Museo y Parque Archeológico Cueva Pintada. C/ Audiencia, Gáldar, Tel. 928 89 54 89. Di–Sa 9.30–19, So 11–18.30 Uhr, www.cuevapintada.org

FÄHREN

Achtung: Am Freitag- und Sonntagabend sind die Fähren oft durch Pendler und Studenten ausgebucht. Eine rechtzeitige Reservierung ist ratsam.

Fred Olsen. Polígono Industrial Añaza s/n, Santa Cruz de Tenerife, Tel. 922 62 82 00, www.fredolsen.es Auf der Webseite finden sich alle Verbindungen zu anderen Inseln und Preise mit oder ohne Pkw. Tickets können online gebucht werden.

Navierra Armas. C/ Dársena de Anaga, Muelle de enlace s/n, Santa Cruz, Tel. 922 53 40 52, www.navieraarmas.com. Auch hier sind online alle Verbindungen aufgeführt und zu reservieren.

DIE INSELMITTE

Vorangehende Doppelseite groß: Farbige Bänder beim Erntedankfest in Los Realejos
Vorangehende Doppelseite klein: Riesige steinerne Caldera des Teide
Mitte: Die Tajinaste ist ein Naturwunder Teneriffas.
Unten: Bizarre Steinformationen

49 El Teide

Der Wächter Teneriffas

Schon beim Anflug auf Teneriffa raubt einem der Anblick des 3718 Meter hohen Teide den Atem. Der aktive Vulkan – majestätisches Wahrzeichen der Insel und höchster Berg Spaniens – schenkt der Insel fruchtbare, faszinierende Landschaften und prägt das Leben der Menschen. Immer wieder zieht es auch die Einheimischen in das Naturschutzgebiet Cañadas, das zu seinen Füßen liegt, oder sogar auf den Pico, den Gipfel.

Ein feuriger Schlaf

Der Teide ist zwar ein aktiver Vulkan, aber dennoch wird er von den Bewohnern nicht als Bedrohung empfunden. Der gesamte vulkanische Komplex wird permanent von Experten überwacht, aber selbst im Falle eines Ausbruchs geht man davon aus, dass sich dieser niemals in einer gewaltigen Explosion manifestieren würde, sondern eher in Lavaströmen, die sich irgendwo durch die Erdkruste bohren. Tatsächlich gingen die letzten Eruptionen auf Teneriffa auch nicht von ihm, sondern von einem seiner Nebenkrater aus.

Die Hauptzufahrten zum Nationalpark Las Cañadas am Fuß des mächtigen Kraters führen vom Norden über La Esperanza und La Orotava, vom Süden aus über Vilaflor und Guía de Isora. Die leicht ansteigende, kurvige Auffahrt von La Esperanza aus lässt sich wunderschön fahren. Über La Orotava fährt man Serpentinen, die sich etwas steiler bergan ziehen und durch eine dichte Waldlandschaft führen. Auf diesem Weg laden Aussichtspunkte immer wieder zu kurzen Zwischenstopps ein.

Wer sich vom Süden aus in Richtung Teide in Bewegung setzt und die Anfahrt über Vilaflor wählt, kann diese Tour gut mit einem Besuch des höchst gelegenen Bergdorfs in Spanien kombinieren. Auch in diesem Bereich passiert man dichte Wälder, ehe man auf die karge Landschaft der Teide-Region trifft. Die vierte Variante führt über Guía de Isora in die luftige Höhe. Naturschutzgebiete links und rechts der Zufahrtstraße erlauben bemerkenswerte Ausblicke. Hier kann man vor allem Pinienwald bewundern, bevor man auf die Lavafelder trifft.

Name und Legende

Der Name El Teide wird abgeleitet aus dem prähispanischen Begriff *Echeyde*, den die Ureinwohner Teneriffas dem gewaltigen Berg gaben. Sie glaubten, dass er der Wohnort des bösen Dämons Guayota sei. Der Legende nach hielt der böse Geist den Sonnengott Magec in dem Berg gefangen. Die Guanchen fürchteten die Dunkelheit und riefen die höchste Gottheit Achamán zu Hilfe. Dieser besiegte Guayota und befreite den Sonnengott aus dessen Gefangenschaft. Die obere Öffnung verschloss er daraufhin mit einem Pfropfen, der *Pan de Azúcar*, »Zuckerbrot«, genannt wird.

Das Naturschutzgebiet

Wer auf den Teide fährt, taucht in eine andere Welt ein. Unvermittelt erstreckt sich die Weite einer kargen und zum Teil bizarr geformten Vulkanlandschaft. Für Bruchteile von Sekunden kann man sich vorstellen auf dem Mond gelandet zu sein. Fast 19 Hektar groß ist der Naturschutzpark, der 2007 von der UNESCO zum Weltnaturerbe erklärt wurde.

AUTORENTIPP!

PARADOR-HOTEL

Nicht für einen ganzen Urlaub, aber durchaus für eine romantische Nacht oder ein Wochenende eignet sich das Parador-Hotel direkt in den Cañadas. Einsam steht es auf weiter Flur, wenn sich die Nacht über den Teide stülpt und nichts als absolute Ruhe zurückbleibt. Seine Holzbalkone im typisch kanarischen Stil lassen eine gemütliche Atmosphäre erwarten, die sich in den 37 Zimmern und dem Restaurant mit sehr guter Landesküche wiederfinden. Den Gästen stehen Garten, Fitnessraum, Sauna, beheizter Pool, Restaurant, Bar und ein Café zur Verfügung. Es ist nicht gerade der ideale Ort für einen Tagesbesuch, wohl aber für einen Aufenthalt in außergewöhnlicher Umgebung.

Parador Las Cañadas del Teide.
Las Cañadas del Teide, La Orotava,
Tel. 922 38 64 15 oder
922 37 48 41, www.parador.es

Allein mit dem Teide, dem Mond und den Sternen im Parador Hotel mitten im Nationalpark des Teide

Oben: Teilweise schnurgerade und dann wieder kurvig zieht sich die Landstraße durch die Cañadas. **Mitte:** Die Vulkanwüste – ein langer erstarrter Lavastrom hebt sich über einen Hügel am Fuße des Teide. **Unten:** Die Felsen schillern in den unterschiedlichsten Farben.

Kein Wunder also, dass diese außergewöhnliche Landschaft die Fantasie der Menschen beflügelt. Zahlreiche Werbespots und sogar Filmaufnahmen wählten diese Gegend als Hintergrundkulisse. Besonders Sciencefiction-Szenen finden ideale Bedingungen. So wurden Teile des Hollywood-Klassikers »Planet der Affen« (1968) oder das Remake von »Kampf der Titanen« (2010) in den Cañadas gedreht.

So karg und bizarr die Gegend wirkt, birgt sie doch mehr Leben, als man auf den ersten Blick annimmt. Eine Vielzahl endemischer Pflanzen und Tiere lebt am Fuß des Vulkans und trägt ihren Teil zu dessen Einzigartigkeit bei. Außerdem findet man dort den Edelstein Obsidian, das vulkanische Pendant zum Granit. Er entsteht, wenn Lava mit weniger als rund vier Prozent Wasser schnell abkühlt.

In den Cañadas erlebt man, wie abwechslungsreich und faszinierend eine Vulkanlandschaft sein kann – von weiten Ebenen, die in Weiß, Rot, Grün oder Schwarz leuchten, bis hin zu einzelnen Felsmonumenten, die sich stolz und kurios geformt dem Himmel entgegenstrecken. Beliebt sind übrigens auch die Vollmondnächte auf dem Teide: Nicht nur Verliebte suchen die Cañadas auf, in der Regel findet man einige Besucher, die irgendwo eine Decke ausbreiten und in den Sternenhimmel schauen. Der Mond scheint hier wirklich zum Greifen nah.

Die Vulkanwüste lebt

Endemische Echsenarten und eine Vielzahl von Insekten fühlen sich im Schatten des Vulkans besonders wohl. Aber es ist vor allem die einmalige Flora, die im Frühjahr zum Leben erwacht und den Betrachter fasziniert. Arten, die es nur auf Teneriffa gibt, verzaubern die Gegend mit ihrer Blütenpracht. Allen voran die Tajinaste, die von dem deutschen Botaniker Hermann Wildpret (1834–1908) entdeckt wurde. Er war ab 1870 Direktor des Botanischen Gartens in Puerto de la Cruz und der Erste, der diese Wildpflanze entdeckte und katalogisierte. Deshalb trägt sie ihm zu Ehren den Beinamen Wildbrets Natternkopf (*Echium wildpretii*). Die Tajinaste erhebt sich im Mai aus dem dunklen Vulkangestein und verwandelt die Landschaft in ein purpurrotes Blütenmeer. Bis zu drei Meter hoch wächst die Blütendolde des zweijährigen Kräutergewächses. Im ersten Jahr bildet sich die Blätterrosette auf dem Boden aus, und erst im zweiten Jahr sprießt eine mehrere Meter hohe Blütendolde, an der sich tausende kleine Blüten bilden. Dazwischen formen sich kleine Härchen, die wie Schlangenzungen aus der Dolde züngeln. Nach der Blüte bildet die Pflanze Samenkapseln und stirbt ab. Sie ist optimal an die Bedingungen in dieser luftigen Höhe angepasst und übersteht intensive Sonneneinstrahlung ebenso wie Wasserknappheit oder einen frostigen Winter. Auch der duftende Retama-Busch, Teideginster, Teidemargerite, der Guanchen-Rosenstrauch oder das Teideveilchen bescheren dem Teide blühendes Leben.

Mit ein bisschen Glück kann man schwarze Obsidiane sehen.

STEINERNE SEHENSWÜRDIGKEITEN

Die Cañadas zu Fuß des Teide-Gipfels sind ein Vulkankessel mit einem Durchmesser von rund 17 Kilometern, der vermutlich durch einen Einbruch früherer Vulkane entstanden ist. Die Faszination entsteht einmal durch den Gesamteindruck, aber auch durch verschiedene Felskuriositäten. Aufgrund unterschiedlicher Mineraleinlagerungen und Oxidation leuchten die Felsen in den unterschiedlichsten Farben. Vom Süden kommend begegnet man zum Beispiel dem kräftigen Jadegrün der *Azulejos*. Nur wenige Kilometer weiter befinden sich im Südosten das Parador-Hotel und gegenüber im Nordwesten ein Aussichtspunkt um die Felsformation Los Roques. Markant erhebt sich der *Roque Chinchado*, der auch Finger Gottes und Steinerner Baum genannt wird. Unterschiedliche Farbschattierung und vor allem seine Maserung machen ihn zu einem klassischen Postkartenmotiv. An diesem wichtigen Aussichtspunkt blickt man gleichzeitig auf die Felsen, die als *Kathedrale* bekannt sind oder südwärts auf das Hochplateau Llano de Ucanca. Im Hintergrund erkennt man einen Felsen, der wie ein Pumps geformt ist und deshalb *Schuh der Königin* genannt wird. Schautafeln am Mirador Los Roques verdeutlichen, was man genau in welcher Himmelsrichtung sieht.

Oben: Picknick vor der Schutzhütte Refugio de Altavista auf 3270 m Höhe
Mitte: Mit der Seilbahn überwindet man 200 Höhenmeter in wenigen Minuten.
Unten: Unterschiedliche Wanderwege durchziehen den Nationalpark.

Mal ehrlich ...

TASCHENDIEBSTAHL LEICHT GEMACHT

Die zahlreichen Aussichtspunkte im gesamten Nationalpark laden immer wieder zu einem Zwischenstopp ein. Doch hier ist Vorsicht geboten. Gerne machen sich organisierte Banden auf, um mit einem schnellen Griff Handtaschen und Wertgegenstände aus dem Auto zu entfernen. Deshalb bitte immer Handtaschen, Fotokameras und Ähnliches mit aus dem Auto nehmen, damit die herrlichen Aussichten und der außergewöhnliche Tag nicht von einem bösen Erwachen getrübt werden.

Wandern und Schutzhütte

Rund um den Teide sind zahlreiche Wanderwege ausgeschildert, die durch eine außergewöhnliche Landschaft führen. Das beliebte Wandergebiet hält von einfachen Wanderungen bis zum schwierigen Aufstieg für jeden etwas bereit. Ein besonderes Erlebnis ist es, den Sonnenaufgang vom höchsten Punkt Spaniens zu genießen: Das atemberaubende Panorama, wenn sich die Sonne langsam über den Horizont schiebt, ist nicht zu übertrumpfen. Bei schönem Wetter kann man dann sogar alle anderen Kanareninseln sehen. Diesem unvergesslichen Moment steht allerdings ein harter Aufstieg bis zum Pico bevor, für den man normalerweise eine Genehmigung von der Nationalparkverwaltung braucht. Die meisten Wanderer übernachten in der Wanderhütte Refugio de Altavista auf 3270 Metern, die über die Montaña Blanca zu erreichen ist. Von dort brechen sie in der Dunkelheit auf, um rechtzeitig zum Sonnenaufgang oben zu sein. In diesem Fall ist man von der Genehmigungspflicht befreit. Für den beschwerlichen Aufstieg braucht man Winterkleidung, eine Taschenlampe und Proviant sowie einen guten Sonnenschutz und ausreichend

Wasser. Im Übernachtungspreis von 20 Euro ist eine wärmende Decke und Bettzeug enthalten. Die einfache Herberge wurde 1892 von einem Engländer erbaut, um dem Wanderer einen Unterschlupf vor der eisigen Kälte zu gewähren. Seit 1950 ist sie im Besitz der Inselregierung und wurde erst kürzlich aufwendig renoviert. Sie bietet 60 Personen in Doppel- und Mehrbettzimmern Schutz. Eine Übernachtung kann über das Büro der Seilbahn gebucht werden.

Die Seilbahn

Auch beim schnellen Aufstieg via Seilbahn sollte man sich warme Kleidung anziehen, da es oben kalt werden kann. Die Talstation ist direkt an der Landstraße, die durch den Nationalpark führt, auf einer Höhe von 2356 Metern. In nur etwa acht Minuten überwindet man die rund 1200 Meter Höhenunterschied bis zur Bergstation und genießt einen prachtvollen Ausblick. Von dort aus führt ein mit Pflastersteinen markierter Weg zum Mirador Fortaleza. Hier, in unmittelbarer Nähe zum Himmel, erscheint der Alltag weit entfernt und unwichtig. Der Blick wandert zu den westlichen Inseln La Gomera und La Palma oder schweift ins Orotavatal und an die Nordküste der Insel.

Aufgrund des empfindlichen Ökosystems ist nur eine begrenzte Anzahl von Besuchern pro Tag erlaubt. Deshalb wurde die Genehmigungspflicht eingeführt. Wer einen feurigen Schlund erwartet, wird allerdings enttäuscht, denn der Pfropfen, der dem Mythos nach einst auf den Vulkan gestülpt wurde, ist dort heute noch. Übrigens: In der Talstation lädt das höchst gelegene Restaurant Spaniens zu einer kleinen Stärkung ein. Auch von hier aus genießt man einen wunderschönen Blick.

Am besten ist man schon gegen zehn Uhr an der Talstation, dann hält sich der Ansturm noch in

Kaum zu glauben, wie beliebt das Teidegebiet bei Nacht ist. Nicht nur Romantiker zieht es vor allem in den Vollmondnächten in den Park.

AUTORENTIPP!

DEN STERNEN SO NAH

Die Höhe und das Klima der Insel sind die Gründe, weshalb man in den Cañadas auf ein weiteres Highlight stößt – die Sternwarte Observatorio de Izaña. Sie liegt am Rande des Naturschutzgebietes, an der Zufahrtsstraße aus La Esperanza, auf einer Höhe von 2400 Metern und wird vom Astrophysischen Institut der Kanaren (IAC) betrieben. In dieser Anlage aus mehreren europäischen Gemeinschaftsprojekten genießt man den meist klaren Blick auf das Himmelszelt. Auch drei deutsche Sonnenteleskope sind auf dem abgeschotteten Gelände installiert. Einmal im Jahr, meist im Frühsommer, öffnet das streng überwachte Observatorium seine Pforten für die Öffentlichkeit. An einem Freitag und Samstag können die Besucher im Rahmen geführter Touren einen Blick in das Tätigkeitsfeld der Astrophysiker werfen. Die Führungen werden in spanischer, englischer und deutscher Sprache angeboten. Der Eintritt ist frei.

Observatorio del Teide. Instituto de Astrofísica de Canarias, C/ Vía Láctea s/n, La Laguna Tel. 922 32 91 10, teide@iac.es

Oben: Am Aussichtpunkt Los Roque gegenüber dem Parador-Hotel hat man einen tollen Rundumblick.
Mitte: Schneefelder kurz vor dem Gipfel des Teide gibt es bis tief in den Frühling hinein
Unten: Die Tajinaste bevor sie ihre Blütenpracht entfaltet.

Grenzen. Später kann es zu Wartezeiten kommen, da jeweils immer nur eine Gondel bergauf oder bergab fährt. Wer sich mit dem Naturschutzgebiet zu Füßen des Vulkanriesen begnügt, bewegt sich auf einer Höhe von etwa 2000 bis 2300 Metern über dem Meeresspiegel.

Der Teide im Winter

Besonders zauberhaft ist der Gipfel des Teide, wenn er im Winter sein Schneemützchen aufsetzt und sich in weiß strahlender Pracht präsentiert. Abends schickt er seinen eisigen Hauch ins Tal, und man spürt selbst an der Küste einen Schneegruß vom Gipfel. Wenn der Schnee bis hinunter ins Naturschutzgebiet fällt, gibt es für die Inselbewohner kein Halten mehr. In langen Blechlawinen ziehen sie in Richtung Teide, um sich dem Wintervergnügen hinzugeben. Ausgelassen toben nicht nur die Kinder in der Winterlandschaft. Es wird gerodelt, Schneemann gebaut oder eine Schneeballschlacht in Gang gesetzt. Natürlich gibt es auf Teneriffa keine richtigen Schlitten, und der Mitteleuropäer ist erstaunt, was sich so alles als Ersatz eignet. Auf Luftmatratzen, alten Autoreifen, Müllsäcken oder sogar Pfannen rutscht man die leicht verschneiten Hänge hinunter. Besonders gut eignen sich auch Surfbretter, die hier einer neuen Bestimmung zugeführt werden. So seltsam die Rutschvehikel sind, so komisch sehen die dazugehörigen Menschen aus. Vor allem Küstenbewohnern mangelt es oft an richtiger Winterkleidung, und so nutzen manche Nikolausmützen oder Küchenhandschuhe zum Schutz vor der Kälte. Meist ist das Vergnügen nur von kurzer Dauer, denn nach wenigen Tagen schmilzt der Schnee in der Höhensonne und es bleiben nur noch Schneefleckchen zurück. Doch Teneriffa gehört zu den wenigen Orten auf der Erde, an denen man morgens eine Schneeballschlacht machen und sich am Nachmittag am Strand aalen kann.

Infos und Adressen

INFORMATION

Besucherzentrum Cañada Blanca. Direkt neben dem Parador-Hotel, tägl. 9–16 Uhr. Dort findet man zahlreiche Informationen zum archäologischen Reichtum des Nationalparks.

SEILBAHN

Teleférico del Teide. Tägl. 9–16 Uhr. Bei schlechtem Wetter oder starkem Wind wird der Betrieb eingestellt. Hin- und Rückfahrt für Erwachsene 22 €, Kinder bis 14 Jahre zahlen die Hälfte. Menschen mit Blutdruck- und Herzproblemen sollten den Ausflug vorsichtig angehen, denn die Luft in der Höhe ist sehr dünn und kann bei kritischer Verfassung Unwohlsein verursachen.

Refugio de Altavista. Wer in der Schutzhütte übernachten möchte, muss sich vorher über das Büro der Seilbahnverwaltung anmelden. Adresse: Oficina del Teleférico, C/ San Francisco 5, 4. Stock, Santa Cruz, Tel. 922 01 04 40. Übernachtung in einfachen Doppel- und Mehrbettzimmern, Bettzeug wird gestellt.

GENEHMIGUNG FÜR DEN GIPFEL

Die Erlaubnis, um auf den Gipfel zu steigen, muss man sich vor dem Aufstieg besorgen. Sie wird auf eine bestimmte Person, Datum und Uhrzeit vom Büro des Nationalparks ausgestellt (Mo–Fr 8–14 Uhr).

Oficina del Parque Nacional. C/ Emilio Calzadilla 5, 4. Stock, Santa Cruz, Tel. 922 29 01 29 oder 922 29 01 83, teide.maot@gobiernodecanarias.org.

Wer möchte, kann sich auch an ein Tourismusbüro am Urlaubsort oder die Hotelrezeption wenden.

50 Volksfeste auf Teneriffa

Feiern wie die Canarios

Oben: Die schwarze Madonna – Schutzpatronin
Mitte: Am Vorabend des Dia de Candelaria wird die Legende der Schwarzen Madonna und ihrem Fund durch die Guanchen nachgestellt.
Unten: Auch die Jungen sind mit vollem Herzen dabei.

Kaum ein Volk versteht so gut zu feiern wie die Canarios. Das volkstümliche Brauchtum wird dabei hoch in Ehren gehalten. Weltliches und Religiöses verschwimmen zu einer Einheit, die vor Lebensfreude nur so sprüht. Egal ob am Meer oder in den Bergen – es gibt in jedem Monat mindestens ein Fest, das Lust auf mehr macht. Dabei heißen die Canarios ausländische Gäste gerne willkommen.

Mit dabei sind natürlich immer die tanzenden oder singenden Folkloregruppen. Gitarren und die kleine typisch kanarische Minigitarre, *Timble* genannt, sorgen für die typische Musikbegleitung, ebenso wie Rasseln aus Kürbiskernen, originelle Ratschen oder andere leichte Taktinstrumente. Besonders unter die Haut geht der Klang der Trommeln – egal ob groß und dumpf oder klein und frech. Die Lieder der Kanaren erzählen vom Herzeleid, der großen Liebe, Sehnsucht und Wehmut oder vom Meer, seinen Gefahren, dem Alltag oder der Liebe zur Heimat. Meistens enthalten sie auch einen Hauch Nostalgie und eine gute Prise Humor.

Romerías

Die größten Feiern werden zu Ehren der Schutzpatrone der einzelnen Orte zelebriert. So kommt es, dass jedes Dorf auf Teneriffa seinen eigenen Feiertag hat. Viele dieser Feste sind mit einem bunten Umzug, einer *romería*, verbunden. Dabei werden Ochsen vor riesige Karren gespannt, beides farbenfroh geschmückt und danach durch die

Straßen gezogen. Auf den Wagen wird häufig gegrillt, Fleisch und Würstchen werden an die Zuschauer verteilt – auch die Kartoffeln dazu, Bananen, hart gekochte Eier oder das traditionelle Gofio. Sogar Weinfässer werden mittransportiert, denn das Gläschen Rotwein darf auf keinem richtigen kanarischen Fest fehlen.

Die Menschen, die am Zug teilnehmen, sind in kanarische Trachten gehüllt, Zuschauer können ebenfalls Tracht tragen, müssen dies aber nicht. Je nach Ort fallen diese Umzüge mehr oder weniger pompös aus, Spaß machen sie aber überall. Manche Elemente treten nur lokal auf, andere trifft man überall an, wie man auch so manche Musik- oder Tanzgruppe von Ort zu Ort wiedertrifft. Der Umzug ist ein wichtiger Programmpunkt in einem mehrere Tage langen Festprogramm. Er dient immer der Danksagung für die reiche Ernte und der Bitte um das Wohlergehen der Menschen. Große Tanzabende gehören ebenfall zu diesen Festen. Mal erklingen Folkloreweisen, und mal schwingt man das Tanzbein zur feurigen Salsamusik. Willkommen ist im Grunde jeder, nur wenn ein *Baile de Magos* angesagt ist, heißt es Vorsicht, denn zu diesem hat man wirklich nur in Tracht Zutritt. Auf Wunsch kann man sich die traditionelle Kleidung in der Regel im Ort für einen Tag ausleihen.

Fiesta de los Corazones

Erntedankumzüge gibt es viele, aber die Fiesta de los Corazones gibt es nur in Tejina, im Hinterland der Nordküste. Sie wird am vorletzten oder letzten Sonntag im August gefeiert und ist etwas absolut Besonderes. Man weiß nicht so genau, woher dieses Fest kommt, aber es wird schon seit mindestens 100 Jahren gefeiert.

AUTORENTIPP!

TRADITIONELLE SPEZIALITÄTEN ALS SOUVENIR

Oft überlegt man sich, was man vielleicht den Lieben zu Hause oder einem Nachbarn, der sich während des Urlaubs um die Pflanzen kümmerte, mitbringen kann. Wie wäre es mit einer kanarischen Spezialität, die auf der Reise nicht verdirbt? Mandeln oder aus ihnen hergestellte Produkte bieten sich dafür geradezu an. Wer also nicht einfach mit einem Säckchen Mandeln als Mitbringsel auftauchen möchte, könnte zum Beispiel auf den leckeren Mandellikör oder Mandelgebäck ausweichen. Sogar eine rote Mojo, die traditionelle Soße zu den Runzelkartoffeln, gibt es in einer Mandelvariante.
Wer es lieber fruchtiger mag, kann stattdessen Feigen oder Datteln mitbringen. Sie schmecken köstlich, und der weiße Fruchtzuckerfilm, der an den Feigen haftet, lässt einem schon von Weitem das Wasser im Mund zusammenlaufen. Die getrockneten Kaktusfeigen sind schon schwieriger zu finden, aber mit ein bisschen Glück findet man sie auf einem Bauernmarkt.

Mit vielen bunten Früchten, Blumen und Teigteilchen werden die überdimensionalen Herzen geschmückt.

Mal ehrlich …

WEICHE SCHALE, RAUER KERN

Die Kaktusfeigen schmecken süß-säuerlich und eigentlich sehr lecker. Aber die vielen kleinen Samenkerne, die sie in ihrem Inneren bergen, sind gewöhnungsbedürftig. Deshalb sind sie nicht unbedingt jedermanns Sache, Kinder spucken sie meistens komplett wieder aus, wenn sie die Kerne im Mund spüren. Dabei ist die Feige des Opuntia-Kaktus sehr gesund. Wer den Geschmack mag, aber sich nicht mit den Samenkernen oder in der Rohversion mit den Stacheln anfreunden mag, kann es mit Kaktusfeigenmarmelade versuchen.

Oben: Die drei Herzen der drei Straßen thronen als besondere Dekoration vor dem Kirchenportal.
Mitte: Die Fiesta im Bergdorf Santa Barbara im August ist voller ortstypischer Eigenheiten.
Unten: Selbst der Esel wird kanarisch herausgeputzt.

Bei diesem Fest dreht sich alles um den Schutzpatron Sankt Bartholomäus und um drei Straßen im Dorf. Sie konkurrieren nämlich darum, wer das schönste Herz zustande bringt. Dabei handelt es sich um überdimensionale Herzen, die erst mit lautem Trara Richtung Kirche getragen, und danach vor dem Portal an hohen Masten befestigt werden.

Heimlich werden die Kunstwerke in der Nacht vor der Prozession in Garagen zusammengebaut. Auf der Unterkonstruktion der Herzen befestigt man in äußerst geheimer Mission Brotteile aus Mehl und Wasser, Früchte, Blumen und kunstvolle Ornamente. In dem Ehrgeiz, das schönste Herz zu fertigen, vergisst man selbst Freundschaften vorübergehend, wenn man in der konkurrierenden Straße wohnt. »Früher haben sich die Leute sogar geprügelt – heute machen sie das nicht mehr, aber die Konkurrenz ist trotzdem noch da«, erinnert sich ein alter Dorfbewohner, der es wissen muss.

Die Herzen bestehen aus einem großen und einem kleineren Herzen sowie prachtvollem Blumengebinde an der Spitze. In der Mitte wird ein Kreuz dargestellt. Ausgefüllt wird die Konstruktion zunächst mit einem Untergrund aus grünem Laub und Blättern. Jedes Herz wird mit Früchten umrahmt. Äpfel, Birnen, Zitronen, Granatäpfel oder Ananas – der Fantasie sind keine Grenzen gesetzt. Früchte und die Brotteile zieren auch das Innere des Herzens. Dabei gibt es durchaus eine Symbolik: Der Apfel steht für den Paradiesapfel, mit dem Eva ihren Adam verführte, und das Brot symbolisiert das Brechen des Brotes, das Jesus mit seinen Jüngern beim letzten Abendmahl zelebrierte.

Bei diesem bunten Fest steht die sprühende Lebensfreude im Zentrum, die in Musik, Viva-Rufen oder gegenseitigen scherzhaften Beschimpfungen Ausdruck findet. Ein ganz besonderes Volksvergnügen, das allen viel Spaß bereitet. Früher wurden die Früchte nach dem Fest an die arme Bevölkerung verteilt, wie übrigens auch heute noch, mit dem Unterschied, dass die Bewohner heute glücklicherweise nicht mehr hungern müssen.

Dia de Canarias

Die Inselbewohner hatten es nicht immer leicht. Lange Zeit litten sie unter der Franco-Diktatur und der Bevormundung durch das spanische Festland. Immer wieder kämpften die Kanaren um ihre

Folklore, Tradition und gute Laune machen jede Romeria zu einem sehenswerten Erlebnis.

Auf dem Mandelfest in Aripe demonstrieren die Frauen, wie die Mandeln geerntet und nach Hause gebracht werden.

Infos und Adressen

FEIGEN FÜR DIE MUTIGEN

Je nach Jahreszeit kann man an den mannshohen Kaktusfeigen Teneriffas eiförmige stachelige Früchte entdecken. Hunderte winziger Stacheln auf ihrer Außenhaut mahnen zur Vorsicht. Die winzigen Stacheln haben nämlich einen unschönen Widerhaken, der sich in die Haut bohrt und noch lange ein unangenehmes Pieksen verursachen kann. Deshalb braucht man viel Geschick, um diese gesunde Frucht zu ernten. Dazu trägt man feste Handschuhe oder verwendet noch besser eine spezielle Holzzange mit einer Einbuchtung für die Frucht. Danach werden die Feigen auf dem Boden ausgebreitet und mit einem Besen so lange hin und her bewegt, bis die feinen Nadeln abfallen.

Auf den Märkten begegnet man den beliebten Früchten wieder. Früher machte man auch die Kaktusfeigen für den Winter haltbar. Dazu musste man sie nur mit einem Holzstück in das obere Ende stechen, die Luft herausdrücken und die gequetschte Frucht zum Trocknen an die Sonne legen. Rund acht bis zehn Tage dauert dieser Trocknungsprozess.

Oben: In den Orten an der Küste werden Boote bunt geschmückt. **Mitte:** Mit Stöcken werden die Mandeln auf eine unter dem Baum ausgebreitete Decke geschlagen. **Unten:** Bei der Trilla del Trigo in El Palmar wird gezeigt, wie man die Spreu vom Weizen trennt.

Selbstständigkeit, und im August 1982 wurden sie endlich als autonome Provinz anerkannt. Am 30. Mai 1983 trat unter dem Vorsitz von Pedro Guerra Cabrera zum ersten Mal das kanarische Parlament zusammen. Dieser Tag ist seither ein offizieller Feiertag, der die Herzen der Menschen mit Stolz erfüllt. Sämtliche Aktivitäten – große oder kleine Festlichkeiten – drehen sich an diesem Tag um alles, was typisch kanarisch ist: Kleidung, Essen, traditionelle Sportarten. Mit viel Folklore und Tanz wird der Tag begangen, der den Canarios die Selbstständigkeit und Eigenverwaltung gebracht hat.

Mandelfest in Aripe

In Aripe, einem Bergdorf in der Gemeinde Guía de Isora, feiert man im Herbst zur Mandelernte ein besonderes Fest. Inmitten von Mandelhainen gelegen, erinnert sich Aripe gerne an seine harte, aber herzliche Vergangenheit: Trotz der schweren Arbeit vergaß man nie, den Alltag mit einer Prise Frohsinn oder einem lustigen Lied zu würzen. Längst ist es zu einem Geheimtipp abseits der üblichen Tourismusorte geworden. Hier erfährt man, wie die Mandel in die Tüte oder der Stachel aus der Kaktusfeige kommt, denn es wird demonstriert, wie man diese harte Arbeit früher bewerkstelligte. Wenn im Herbst die Mandeln reif waren, wurden Decken unter den Bäumen ausgebreitet, und dann schlug man die Früchte von den Bäumen. Sie wurden aufgesammelt und in Körben nach Hause getragen. Wer Glück oder einen bescheidenen Wohlstand hatte, konnte einen Esel die schwere Last transportieren lassen. Getrocknete Mandeln und Feigen hatte früher jeder Haushalt zu Hause. Sie waren die Nascherei in der Winterzeit und manchmal auch der richtige Energiespender, wenn es wenig zu essen gab. Noch heute mögen die Menschen diese Kombination.

Auszug aus dem Festkalender

Adeje	Fiesta de San Sebastián	21. Januar
Arafo	Romería de San Agustín	letzter Samstag im August
Aripe	Sehenswertes Mandelfest	letztes Oktoberwochenende
Arona	San Antonio Abad	17. Januar
Buenavista del Norte	Fest der Schutzpatronin	24. Oktober
Candelaria	Fest der Schwarzen Madonna	15. August
Garachico	Fiesta de San Roque	16. August
Granadilla de Abona	San Isidro Labrador	15. Mai
Güímar	Romería Virgen del Socorro	7. September
Icod de los Vinos	Santa Barbara	17. bis 25. August
	San Andrés	29. bis 30. November
La Esperanza	Romería	1. Sonntag im August
La Laguna	Romería San Benito Abad	Juli
La Orotava	Romería de San Isidro	Juni
Los Realejos	Romería San Isidro	letzter Sonntag im Mai
Puerto de la Cruz	San Andrés	29. November
Santa Cruz	Gedenken der Schlacht gegen Admiral Nelson	25. Juli
Tacoronte	Allerheiligster Christus	21. September
Tejina	Fiesta de los Corazones	24. August

(Abweichungen vorbehalten)

Dazu kommen die Dreikönigsumzüge am 5. Januar, das Johannisfest am 23. Juni und der kanarische Volksfeiertag am 30. Mai, die in vielen Gemeinden gefeiert werden.

TENERIFFA VON A BIS Z

Vorangehende Doppelseite: Wer kein Mietauto hat, kann sich einer Reisegruppe anschließen. Es werden geführte Touren von allen touristischen Zentren angeboten.
Oben: Blick auf Teide von La Orotava
Mitte: Denkmäler der Herrscher
Unten: Kanarische Behaglichkeit

Klima und Reisezeit

Teneriffa ist die Insel des ewigen Frühlings, denn es herrschen das ganze Jahr über angenehme Temperaturen zwischen 21 und 24 °C. Im Sommer klettert das Quecksilber auch mal höher, vor allem im Süden auf 30 bis 35 °C. Der heißeste Monat ist der August. Im Winter wird der Unterschied zwischen Nord und Süd am deutlichsten. Im Norden ist es kühler und wolkiger. Trotzdem liegen die Tagestemperaturen bei rund 20 °C. In der Regel regnet es auf der ganzen Insel zwischen Mai und Oktober überhaupt nicht. Die Nächte sind durch den Passatwind angenehm kühl, auch wenn es am Tag heiß war. Ausnahme ist die Calima-Wetterlage aus der Sahara – dann bleibt es auch nach Sonnenuntergang ungewöhnlich warm. Die klassische Reisezeit, vor allem der Senioren, ist in der Wintersaison von Oktober bis April. Jüngere Menschen und Familien kommen auch gerne in den Sommerferien.

Fremdenverkehrsämter

Deutschland – Spanisches Fremdenverkehrsamt
Kurfürstendamm 63, 10707 Berlin
Tel. (030) 88 26 55 43, berlin@tourspain.es

Grafenberger Allee 100, 40237 Düsseldorf
Tel. (0211) 6 80 39 80, duesseldorf@tourspain.es

Myliusstr. 14, 60323 Frankfurt/Main
Tel. (069) 72 50 33, frankfurt@tourspain.es

Schubertstr. 10, 80336 München
Tel. (089) 5 30 74 60, munich@tourspain.es

Österreich – Spanisches Fremdenverkehrsamt
Walfischgasse 7–14, 1010 Wien 1
Tel. (01) 5 12 95 80, viena@tourspain.es

Schweiz – Spanisches Fremdenverkehrsamt
Seefeldstr. 19, 8008 Zürich
Tel. 253 60 50, zurich@tourspain.es

Teneriffa im Internet

Teneriffas Fremdenverkehrsamt betreibt die Webseiten **www.todotenerife.es** und **www.webtenerife.es** wo man zahlreiche Infos findet.

Infos und Buchungstipps mit einer großen Auswahl an Ferienhäusern, Landhotels und Privatunterkünften gibt es auf **www.teneriffa.com**.

Tipps von A–Z

Anreise

Die Anreise nach Teneriffa erfolgt in der Regel per Flugzeug. Es besteht zwar auch die Möglichkeit, von Cádiz (Andalusien) aus mit der Fähre überzusetzen, aber diese zeitintensive Variante wird von den wenigsten Urlaubern genutzt.

Teneriffa verfügt über zwei Flughäfen: Reina Sofía im Süden und Los Rodeos im Norden. Die meisten internationalen Maschinen landen auf dem Südflughafen. Von Deutschland aus bieten sowohl Linienmaschinen von Condor, Airberlin oder Ryanair, als auch Chartermaschinen von Reiseveranstaltern wie TUI zahlreiche Verbindungen auf die Insel. Der Flug nach Teneriffa dauert rund fünf Stunden. Je nach Fluggesellschaft ist eine Verpflegung an Bord inbegriffen oder muss mitgebracht werden. Dabei muss man darauf achten, dass Getränke aufgrund der Normen für Flugsicherheit erst nach dem Check-in-Schalter im Flughafengebäude gekauft werden dürfen.

Baden

Der Atlantik ist nicht das Mittelmeer. Der Wellengang kann rau sein, vor allem im Winter an Stränden, die nicht von Wellenbrechern geschützt sind. Die Einheimischen haben in den Monaten mit »r« großen Respekt vor dem Ozean. Wer sich an die

Oben: Das ITER Besucherzentrum wartet mit interessanten Informationen rund um das Thema erneuerbare Energien auf.
Mitte: Blick vom Flugzeug auf die Tourismushochburg des Südens
Unten: Zufahrten zum Teide

Oben: Die Playa de las Arenas in Puerto Santiago ist im Sommer wie im Winter ein beliebter Bade-Treffpunkt.
Unten: In der Bodega Monje in El Sauzal fusionieren Kunst und Weinkultur.

Fahnen am Strand hält und bei hohem Wellengang gesunden Menschenverstand einsetzt, dem droht auch keine Gefahr. **Grüne Fahne** bedeutet »keine Gefahr, baden erlaubt«, **orange** heißt »Vorsicht« und »Nicht zu weit hinausschwimmen« und **rot** ist gleichbedeutend mit »Bitte nicht ins Wasser gehen«.

Am Strand sonnt man sich in der Regel in Badekleidung. Seit einigen Jahren bemerkt man eine Tendenz zum »Oben ohne«. Trotzdem sollt man, vor allem an kleinen Stränden, an denen fast nur Einheimische verkehren, mit Rücksicht auf die Inselbewohner lieber darauf verzichten.

Neben dem Baden im offenen Meer kann man auf Teneriffa vielerorts natürliche Pools nutzen, die zwischen den Steinen am Ufer entstanden. Zu den bekanntesten Naturpools zählt die Küste von Garachico. Bei hohem Wellengang ist aber auch hier Vorsicht geboten.

Busse

Das öffentliche Busnetz ist gut ausgebaut. Je nach Ort und Ziel fahren die Busse im halbstündigen oder Stundentakt, sehr abgelegene Orte werden weniger häufig angefahren. Dennoch kann man Wanderungen oder Ausflüge auch per Bus planen. Die grünen Fahrzeuge der Busgesellschaft TITSA verkehren sowohl innerhalb von Ortschaften als auch überregional. Am besten, man besorgt sich bei Ankunft einen Busfahrplan oder schlägt die möglichen Verbindungen auf der Webseite www.titsa.com nach. Einzelkarten kauft man im Bus. Bei mehreren Fahrten gibt es die Vorteilskarte Bono-Bus für Mehrfachnutzung. Das kommt billiger und erspart die ständige Suche nach Kleingeld. Die Bono-Bus-Tickets werden in Buchhandlungen, manchen Kiosken oder an Busbahnhöfen verkauft.

Einkaufen, Shopping, Souvenirs

Auf Teneriffa findet man sowohl spanische als auch deutsche Supermärkte. Man kann sich mit bekannten Artikeln eindecken. In Touristengebieten haben auch spanische Filialen teilweise deutsche Produkte. Allerdings muss man damit rechnen, dass sie teurer sind als die spanischen Vergleichsprodukte.

Souvenirgeschäfte bieten vor allem Kunsthandwerkartikel (Töpferei), Gesticktes oder Kulinarisches an. Beliebt sind auch Strelitzien, die als Schnittblume oder mit Wurzel flugfertig verpackt werden. Teneriffa ist auch voller Aromen. Einige davon sind eingefangen und werden als Parfüms verkauft. Das Duftwasser riecht nach Strelitzie, Weihnachtsstern oder Tajinaste. Ein hübsches Reisesouvenir, das den Duft Teneriffas mit nach Hause nimmt.

Essen und Trinken

Das Angebot an Restaurants auf den Kanaren ist groß. Es reicht von der einfachen Kneipe bis zu gehobener Gastronomie. Typische Gerichte sind Fisch, Kaninchen in Soße, Ziegenfleisch und -käse. Dazu trinkt man Rotwein. Sonntags ist bei den Canarios Ausgehtag, mittags sind viele landestypische Lokale brechend voll. Allerdings essen die Canarios meist spät: Wie auf dem spanischen Festland liegt die typische Mittagszeit zwischen 14 und 15 Uhr.

Geld

Auf Teneriffa findet man ein dichtes Netz öffentlicher Bankautomaten. Am besten, man klärt vor der Anreise mit seiner Bank, wo Gebühren anfallen. Auch über die Höhe der Gebühren sollte man sich informieren. In Restaurants und Geschäften werden in der Regel Kreditkarten akzeptiert. Es sei denn auf dem Land – in kleineren Lokalen kann man nicht damit rechnen, dass Kreditkarten üblich sind. Im Zweifelsfall vorher nachfragen.

Oben: Die Kanarischen Weine haben im letzten Jahrzehnt enorm an Qualität gewonnen. Hauptsächlich werden Rot- und Weißweine oder aber süßer Malvasia produziert.
Unten: Typische Mahlzeiten

Oben: Baratmosphäre im Hotel Reserva San Blas
Mitte: Hund und Herrchen auf der Plaza de la Luz in Los Silos
Unten: Cocktail gefällig? Die elegante Bar des Reserva San Blas in Buenavista del Norte ist eine gute Adresse.

Gesundheit (Ärzte, Notruf)

Notruf Polizei und Krankenwagen: Tel. 112.
Auf Teneriffa existiert ein gutes Netz privater deutschsprachiger Ärzte, die man in den lokalen deutschen Zeitungen vor Ort findet. Die Behandlung muss vor Ort bar bezahlt werden. Meist werden die Beträge von den Krankenkassen in der Heimat zurückerstattet. Wer gesetzlich versichert ist, sollte sich vor der Reise einen europäischen Krankenschein besorgen. Mit diesem können auf Teneriffa Kassenärzte in Anspruch genommen werden.

In der Regel verfügt jeder größere Ort über ein öffentliches Gesundheitszentrum, *centro salud*, in dem man rund um die Uhr Hilfe bekommt. Allerdings darf man nicht davon ausgehen, dass man Deutsch spricht. Manchmal funktioniert Englisch.

Hunde

Hunde, die auf die Insel mitgebracht werden, müssen nicht in Quarantäne. Aktuelle Impfpapiere und ein Gesundheitszeugnis (nicht älter als 4 Wo.) sind Vorschrift. Hunde bis fünf Kilo können im Passagierraum transportiert werden, größere Tiere werden in einem speziellen Behälter, den der Besitzer besorgen muss, im Frachtraum transportiert. Die Mitnahme eines Tieres muss bei der Flugbuchung angemeldet werden.
Hunde sind auf der Insel nicht überall gern gesehen, in Restaurants und Bussen sowie an öffentlichen Stränden sind sie generell verboten. Auch in puncto Unterkunft sollte man vor Anreise abklären, ob das Mitbringen des Haustiers erlaubt ist. In der Öffentlichkeit gilt Leinenpflicht, gefährliche Rassen müssen einen Maulkorb tragen. Die Vierbeiner sollten nicht in Grünanlagen oder auf der Straße Gassi geführt werden, und Hundehäufchen an diesen Stellen müssen vom Halter entfernt werden. Bei Zuwiderhandlung droht ein Bußgeld.

Kaffee

Kaffee zu bestellen ist auf Teneriffa eine Kunst, denn hier gilt: Kaffee ist nicht gleich Kaffee. Die für deutsche Urlauber wichtigste Variante ist Milchkaffee, *cafe con leche*. Man bekommt eine große Tasse mit Milch und Kaffee. Wer den Kaffee lieber groß und schwarz trinkt, bestellt *cafe americano*. Und schon kommt man zu den Besonderheiten: Die Canarios trinken am häufigsten kleine Kaffees, die dem italienischen Espresso ähneln. Die Gängigsten sind *cafe solo*, ein kleiner Schwarzer, *cortado natural*, ein kleiner Kaffee mit Frischmilch oder *cortado leche*, ein kleiner Milchkaffee mit zusätzlich gesüßter Kondensmilch. Daneben gibt es alkoholische Varianten wie den *zaperoco* oder *barraquito*, die mit einem Schuss Orangenlikör, Zitronenstückchen und Zimt verfeinert werden, oder den *carajillo*, ein kleiner Schwarzer mit Brandy.

Kinder

Kinder werden auf Teneriffa fast überallhin mitgenommen. Genauso normal ist es, dass Kinder bei Dorffesten mitten in der Nacht dabei sind. Selbst Babys schlafen in ihrem Kinderwagen neben der Tanzfläche. Die traditionellen Feste werden generationenübergreifend gefeiert. Die Jüngsten sind genauso integriert wie die Uroma. In den meisten Hotels und Restaurants sind Kinder ebenso willkommen. Kinderbettchen oder Hochstühle gehören zum Service.

Kriminalität

Auf Teneriffa gibt es eine sehr niedrige Kriminalitätsrate. Dennoch ist man nicht vor Übergriffen gefeit. Taschen- und Autodiebstähle kommen am häufigsten vor. Meist werden sie von ausländischen organisierten Banden verübt. Deshalb sollte man stets ein Auge auf Taschen und Wertsachen haben.

Oben: Auf den Kanaren sind Kinder überall herzlich willkommen.
Unten: Ein Cortado natural – Milchkaffee in der kleinen Tasse

Kleines Kulinarisches Lexikon

Auf Teneriffa findet man ein breites Angebot an kulinarischen Genüssen – allen voran frischen Fisch.

Aceituna	Olive
Aguacate	Avocado
Atún	Thunfisch
Bacalao	Kabeljau
Berenjena	Aubergine
Cherne	Silberbarsch
Chopitos	frittierte Baby-Tintenfische
Dorada	Goldbrasse
Gamba	Garnele
Garbanzos	Kichererbsen
Mojo	würzige typische Soßen, pikant (rot) oder mit Kräutern (grün)
Miel de Palma	Palmenhonig
Papas Arrugadas	Runzelkartoffeln
Pachita	Maracuja
Pulpo	Tintenfisch
Queso asado	gebackener Ziegenkäse
Quesillo	hausgemachter Pudding
Ropa Vieja	kanarischer Eintopf
Sama	Rotbrasse
Sargo	Weißbrasse
Vieja	Papageienfisch

Liköre

Die Canarios trinken gerne mal etwas Süßes zwischendurch. Dazu muss man wissen, dass alle Liköre mit Eis serviert werden, das gilt sowohl für Creme- als auch für normale Liköre. Wer das nicht möchte, sollte ohne Eis, *sin hielo*, bestellen. Aufgrund der warmen Temperaturen zieht man kühle Getränke vor, selbst Rotwein wird meist gekühlt serviert.

Auf Teneriffa erhält man international bekannte Marken, aber auch Besonderheiten. Kräuterliköre werden meist selbst hergestellt. In Souvenirläden kann man diese typischen Kräuterliköre erstehen. Von der Nachbarinsel Gran Canaria kommt der beliebte *ron con miel*, ein mit Honig verfeinerter Rumlikör.

Mietfahrzeuge

In zahlreichen Autovermietungen kann man Pkws verschiedener Größe anmieten. Motoräder und -roller werden von spezialisierten Unternehmen angeboten. Zweiräder sind teurer als Autos, da die Versicherungen sehr hoch sind. Helm ist Pflicht.

Die Verkehrsregeln entsprechen der europäischen Norm. Eine Eigenheit der kanarischen Fahrer ist, dass sie nachfolgenden Verkehr mit dem Blinker auf der Fahrerseite warnen, wenn sie auf einen Stau oder ein Verkehrshindernis zufahren. Vorsicht: Im Straßenverkehr gilt eine Promillegrenze von 0,25.

Öffnungszeiten

Banken haben Mo–Fr 9–14 Uhr geöffnet. In Tourismusgebieten öffnen manche zur Saisonzeiten auch am Samstag. Geschäfte öffnen meist 9–13 und 17–19 Uhr, große Einkaufszentren haben durchgehend und länger geöffnet, bis circa 21 Uhr. In Restaurants wird man ab etwa 12 Uhr bedient. Manche schließen von 16 bis 19 Uhr, andere sind durchgehend geöffnet. Viele haben montags Ruhetag.

Oben: Lost City – das Kinderparadies im Siam Park in Adeje
Unten: Auch wer nur kurz zum Fotografieren aussteigt, sollte seine Wertsachen bei sich oder im Auge haben.

Oben: Romantische Abendstimmung im Restaurant des Hotels San Blas
Mitte: Candelaria hat auch bei Nacht Flair, wenn die Altstadt heimelig beleuchtet wird.
Unten: Kinder und Jugendliche ver-gnügen sich auf der Plaza von El Médano.

Post

Die Portogebühren von Teneriffa nach Deutschland bei Briefen und Karten bis 20 Gramm sind 67 Cent, bis 50 Gramm 1,29 Euro. Postämter öffnen in der Regel Mo–Fr 9–14 Uhr, Sa 9–13 Uhr. In kleineren Gemeinden kann es Abweichungen geben. Briefmarken erhält man auch an Kiosken oder in Buchhandlungen, oft aber nur in Verbindung mit dem Kauf einer Postkarte.

Rauchen

Das Rauchen ist in öffentlichen Gebäuden und in Restaurants verboten. Allerdings gibt es in größeren Restaurants häufig Nischen für Raucher. Auch auf Terrassen oder in Straßencafés darf geraucht werden. Nach Einführung des Verbots sind die Umsätze in vielen Lokalen stark zurückgegangen. Kleine Lokale machen daher zum Teil von ihrem Recht Gebrauch, sich am Eingang als Raucherlokal auszuweisen. In diesem Fall darf auch im Inneren geraucht werden.

Sonnenschutz

Die UV-Strahlung auf Teneriffa ist hoch, deshalb sollte man den Körper entsprechend schützen und die Mittagshitze meiden. Vorsicht: Aufgrund der leichten Brise, die häufig weht, merkt man oft zu spät, dass man sich einen Sonnenbrand eingefangen hat. Auch wer in die Berge fährt, sollte die Sonnenkraft nicht unterschätzen und Sonnencremes mit hohem Lichtschutzfaktor (ab LSF 30) und Sonnenhüte benutzen. Genaue lokale Vorhersagen über Strahlungsintensität: www.aemet.es

Telefonieren

Vorwahl Teneriffa: 0034, danach die Rufnummer. Nach Deutschland 0049, Österreich 0043, Schweiz 0041, danach jeweils die 0 der Vorwahl weglassen.

Die öffentlichen blauen Fernsprechzellen sind kaum zu übersehen. Sie funktionieren mit Münzen oder Telefonkarten, die man an Tankstellen bekommt. Prepaid-Karten fürs Handy erhält man direkt beim Anbieter. Ins Internet kommt man am besten in Internetcafés, oder man nutzt eine Gemeindebibliothek, in der der Zugang kostenlos ist.

Trinkgeld

In der Regel ist das Trinkgeld in den Preisen enthalten. Das heißt aber nicht, dass sich das Servicepersonal nicht über einen kleinen Bonus freut. Je nach Verzehr sind 20 Cent bis 2 Euro angemessen.

Übernachtung

Für jeden Geschmack findet sich auf Teneriffa die richtige Bleibe. Von Ferienwohnungen, über ländliche Bauernhäuschen oder Landhotels bis hin zu den klassischen Vier-Sterne-Hotels ist das Angebot auf der ganzen Insel sehr groß. Der Luxusbereich in der Fünf-Sterne-Kategorie wird vor allem im Süden abgedeckt. Im Norden gibt es nur je ein Luxushotel in Puerto de la Cruz und in Buenavista del Norte.

Zoll

Die Kanarischen Inseln gehören zur EU, besitzen aber in Bezug auf die Mehrwertsteuer einen Sonderstatus. Deshalb werden sie bei der Zollabfertigung als Nicht-EU-Land behandelt. Urlauber, die älter als 17 Jahre sind, dürfen beim Rückflug an auf Rauchwaren 200 Zigaretten, 50 Zigarren oder 250 Gramm Rauchtabak mit sich führen. Bei Alkohol sind ein Liter Spirituosen über 22 Prozent oder zwei Liter alkoholischer Getränke unter 22 Prozent erlaubt. Wahlweise kann man zwei Liter Schaum- oder Likörwein sowie zusätzlich zwei Liter anderer Weine über die Grenze bringen. Geschenke sind im Wert von rund 175 Euro zugelassen.

Oben: Von Sonne und Wind gegerbte Gesichter, ein Lächeln und Gastfreundschaft – das ist typisch kanarisch.
Mitte: Kleine Landhotels oder Minipensionen sind oft die Geheimtipps in der Nische des ruralen Tourismus.
Unten: Bei dieser Telefonkabine in Las Américas kann man Telepathie üben.

Produktmanagement: Carina Jungchen-Wenzlick, Joachim Hellmuth
Lektorat: Jürgen Fischer, München
Layout: graphitecture book, Rosenheim
Umschlaggestaltung: Studio Schübel Werbeagentur, München
Repro: Cromika, Verona
Kartografie: Astrid Fischer-Leitl, München
Herstellung: Bettina Schippel
Printed in Slovenia by Korotan, Ljublijana

Alle Angaben dieses Werkes wurden vom Autor sorgfältig recherchiert und auf den aktuellen Stand gebracht sowie vom Verlag geprüft. Für die Richtigkeit der Angaben kann jedoch keine Haftung übernommen werden.
Für Hinweise und Anregungen sind wir jederzeit dankbar. Bitte richten Sie diese an:

Bruckmann Verlag
Postfach 40 02 09
80702 München
E-Mail: lektorat@verlagshaus.de

Bildnachweis:
Alle Aufnahmen stammen vom Fotografen Kay Maeritz, außer Achim Beyer: S. 44, 45, 62 M./u., 63, 67 u., 106 M./u., 107 o./u., 169 o., 254 o./M., 268 o./M./u., 269, 270 o./M./u., 271 o./u., 272 o./M./u.; Cabildo de La Gomera: S. 252 u.; Cornerstone/pixelio: S. 11 o., 276 o.; A. Dreher/pixelio: S. 21 M.; Carina Jungchen: 158 u., 166 u., 168 o., 262 M., 264 o., 266 M., 283 u.; Juana Krener/pixelio: S. 281 o.; Miroslaw/pixelio: S. 277 M.; Moisés Pérez: S. 24 M./u., 60 u., 190 M./u., 191, 192 o./M./u./rechts, 193; 229 o., Marit Peters/pixelio: S. 5 o.; Schlagbauer/pixelo: S. 21 o.

Umschlagvorderseite:
Oben: Lila farbene Bougainvillea-Blume
Mitte links: Verkleidetes Mädchen beim San-Antonio-Abate-Festival im Orotava-Tal (Foto: Bildagentur Huber/ Piai Arcangelo)
Mitte rechts: Condal & Penamel-Restaurant in Santa Cruz de Tenerife (Foto: Juergen Richter/LOOK-foto)
Unten: Die Nordküste mit Blick auf Puerto de la Cruz und Teide (Foto: Bildagentur Huber/R. Schmid)

Umschlagrückseite:
Links: Ein typisch kanarisches Essen: Schwarze Kartoffeln mit grüner und roter Mojo-Soße im Hotel Seniorio del Valle, Santiago del Teide
Rechts: Die raue Küste von Buenavista del Norte

Die Deutsche Nationalbibliothek verzeichnet diese Publikation in der Deutschen Nationalbibliografie; detaillierte bibliografische Daten sind im Internet über http://dnb.d-nb.de abrufbar.

2. aktualisierte Nachauflage 2013

ISBN 978-3-7654-5529-2